2022
실기

쉽게 풀어쓴
전자캐드기능사
실기

Ver. Allegro OrCAD 16.x

최미선 지음

KB171349

■ 도서 A/S 안내

머리말

현재의 모든 전자제품에는 PCB(Printed Circuit Board)가 한 개 이상 탑재되어 있다고 해도 무방할 만큼 PCB 산업이 많이 발달되었다. 따라서 PCB를 설계하는 인력에 대한 수요도 많은 것이 사실이다. 하지만, 혼자서 공부할 때 관련 자료가 부족하고, 학교 현장에서 수업하기에 적합한 교재가 부족한 것이 현실이다. 또한, 2020년 3회차부터 실기시험의 방향이 새롭게 개편되면서 더더욱 이와 관련된 교재가 없어서 학습하기에 어려움이 있다.

이 책은 학생이 혼자서 쉽게 따라 연습하면서 익힐 수 있는 교재이고, 학교에서 수업 시간에 활용하기에도 적합하며, 무엇보다 2020년 3회 시험부터 개정된 실기시험에 대비하여 연습하는 데 적합하다. 이 책으로 OrCAD를 연습하여 PCB 직무수행에 필요한 기능 및 기초 능력을 갖추어 산업 현장에 도움이 되는 훌륭한 인재로 성장하길 바란다.

Chapter 1. OrCAD의 기초에서는 거시적인 관점에서 OrCAD의 개념을 설명하였고, OrCAD Capture 프로그램 및 PCB Editor 프로그램의 화면 구성을 설명하여 이 책에서 사용하는 용어에 익숙해지도록 하였다. 또한 OrCAD를 이용한 회로설계 순서를 전반적으로 용이하게 파악하여 전자캐드기능사 시험을 준비하는 데 도움이 되도록 하였다.

Chapter 2. 좌표 연습에서는 좌표의 개념을 익히고, PCB(Printed Circuit Board)의 좌표 및 부품의 좌표를 연습할 수 있도록 예시를 제시하고 설명하였다.

Chapter 3. 간단한 전자회로 설계 연습에서는 매우 간단한 회로를 OrCAD Capture 프로그램을 이용하여 회로를 설계하고, PCB Editor 프로그램을 이용하여 PCB 설계를 한 후에 거버 파일을 만들도록 하였다. 이는 매우 간단한 회로로 연습하면서 전자캐드기능사 시험의 전반적인 과정이 익숙해지도록 하기 위함이다.

Chapter 4. 기출복원문제(CONTROL BOARD) 풀이에서는 전자캐드기능사 2020년 3회차 시험부터 실시된 기출복원문제를 기준으로 교재에서 설명하는 대로 따라 하면 거버 파일을 생성할 수 있도록 설명하였다.

본 교재는 학습자 중심에서 이해하기 쉽고 따라하기 쉽도록 구성하는 데 중점을 두고 만들었다. 어렵다고 포기하지 말고 Chapter 3 간단한 전자회로 설계 연습을 반복적으로 학습하여 전반적인 과정을 충분히 익힌 후에 Chapter 4의 기출복원문제를 연습하는 것이 좋다. 그리고 본 교재에서 사용된 [메뉴바], [프로젝트 매니저 창], [회로설계 창], [툴바], [작업 창(디자인 창)], [명령어 창(Command 창)], [컨트롤 패널] 등의 용어는 Chapter 1의 화면 구성을 참고하면 된다. 이 책으로 공부를 하는 모든 독자분들이 전자캐드를 다루는 실력을 갖추어서 전자캐드 기능사 자격증을 꼭 취득하기를 바라는 마음이다.

시험안내

① 실기시험 안내

① 시행처 : 한국산업인력공단

② 관련 학과 : 전자 분야 관련 학과 등

③ 시험 과목 : 전자제도(CAD) 작업

④ 검정 방법 : 작업형(4시간 30분)

⑤ 합격 기준 : 100점을 만점으로 하여 60점 이상

② 출제 기준

직무 분야	전기·전자	중직무 분야	전기	자격 종목	전자캐드기능사	적용 기간	2019. 1. 1 ~ 2023 .12. 31

○직무내용 : 전자, 통신 및 컴퓨터 등의 기기 및 제품의 설계와 제작을 위하여 전자 회로를 설계하고, 전자회로도의 표현, 부품목록표(BOM) 작성, 인쇄회로기판(PCB) 설계, 회로의 제작 및 시험 등을 컴퓨터 설계(CAD) 프로그램을 활용해서 처리하는 직무

○수행준거 : 1. 하드웨어 관련 부품 및 설계정보등을 파악하고, 효율적인 PCB 설계 계획을 수립할 수 있다.
2. 회로 및 PCB 도면의 설계에 필요한 부품을 생성하고, 부품의 배치와 배선을 할 수 있다.
3. 부품의 배치와 배선이 완료된 도면에 각종 문자 정보를 삽입하고, 부품 참조번호를 갱신할 수 있다.
4. 설계 규칙에 따라 부품배치, 배선, 문자삽입 등을 검사하여 도면을 수정 및 보완할 수 있다.
5. 설계된 도면을 이용하여 PCB 제조에 사용될 자료를 생성하고, 관련된 도면을 출력할 수 있다.

실기검정방법	작업형	시험시간	4시간 30분 정도

실기과목명	주요항목	세부항목	세세항목
전자제도 CAD작업	1. 하드웨어 기초회로설계	1. 블록별 회로 설계하기	1. 기초 회로의 시뮬레이션을 통하여 상세 단위 회로를 설계할 수 있다. 2. 설계된 단위 회로를 조합하여 각 블록별 회로를 설계할 수 있다.
		2. 하드웨어 전체 설계도 작성하기	1. 검증된 기초 회로를 조합하여 전체 회로를 구성할 수 있다. 2. 구성된 단위 회로를 시뮬레이션을 통하여 성능을 검증할 수 있다. 3. 검증된 회로를 바탕으로 하드웨어 전체 설계도를 작성할 수 있다.

실기과목명	주요항목	세부항목	세세항목
전자제도 CAD작업	2. 하드웨어 회로 설계	1. 부품 규격 선정하기	1. 제품 개발 전략을 바탕으로 적용 가능한 주요부품의 라인업을 파악할 수 있다. 2. 파악된 라인업에 따라 개발계획서의 요구기능을 구현할 수 있는 주요부품의 목록을 작성할 수 있다. 3. 작성된 주요부품의 목록에 따라 부품 규격서를 수집할 수 있다.
		2. 블록 설계하기	1. 제품 규격서에서 제시하는 제품 기능에 따라 블록도를 작성할 수 있다. 2. 작성된 블록도를 활용하여 블록별 회로를 설계할 수 있다. 3. 설계된 회로를 시뮬레이션을 진행한 후 이론적인 검토내용과 시뮬레이션 결과를 비교·검토할 수 있다.
		3. 회로도 설계하기	1. 검토된 블록별 회로를 신호와 타이밍을 고려하여 회로를 구성할 수 있다. 2. 구성된 회로를 분석하여 부품의 규격, 납기, 단가, 제조사 등에 따라 사용 부품을 확정할 수 있다. 3. 확정된 부품을 바탕으로 회로를 설계할 수 있다.
	3. 하드웨어 기능별 설계	1. 하드웨어 구성하기	1. 분석된 하드웨어 자료를 바탕으로 하드웨어 요소를 작성할 수 있다. 2. 작성된 하드웨어 요소를 기반으로 구성도를 작성할 수 있다. 3. 작성된 구성도와 기구 도면을 바탕으로 하드웨어를 배치할 수 있다.
		2. 블록도 작성하기	1. 제품 기능안과 하드웨어 구성도를 바탕으로 동작 순서를 작성할 수 있다. 2. 작성된 동작 순서를 바탕으로 주요부품을 중심으로 하드웨어 연결도면을 그릴 수 있다. 3. 전체블록도, 상세블록도를 나누어 작성할 수 있다.
	4. 하드웨어 회로구현 설계	1. 상세회로도 작성하기	1. 기초 회로 설계도를 기반으로 상세회로도를 그릴 수 있는 설계 프로그램을 사용할 수 있다. 2. 설계 프로그램을 이용하여 하드웨어 전체 설계도를 작성할 수 있다. 3. 작성된 하드웨어 전체 설계도에 대해 오류를 검증할 수 있다.

실기과목명	주요항목	세부항목	세세항목
전자제도 CAD작업	4. 하드웨어 회로구현 설계	2. 전자파 대응 설계하기	1. 작성된 전체 설계도에 대해서 전자파 유해성 관련 규격을 조사할 수 있다.
		3. 회로 검증하기	1. 회로 시뮬레이션 프로그램을 통하여 회로의 성능을 검증할 수 있다. 2. 전문가 집단이 작성한 하드웨어 체크리스트를 기반으로 전체 회로 설계도에 대한 적합 여부를 확인할 수 있다.
	5. 하드웨어부품 선정	1. 부품의 특성 분석하기	1. 기초 회로에 적용된 부품에 대한 특성을 분석할 수 있다. 2. 기초 회로에 적용된 부품에 대한 동작조건을 확인할 수 있다. 3. 기초 회로에 적용된 부품에 대한 사용 환경의 적합성을 판단할 수 있다.
		2. 부품의 검사항목 결정하기	1. 제품의 종류와 사용 환경에 따른 부품의 사양을 정할 수 있다. 2. 정해진 사양에 대한 부품의 필요기능을 설정할 수 있다. 3. 정해진 필요기능에 따라 검사항목을 결정할 수 있다.
		3. 부품 선정하기	1. 전기적 성능 검사 결과를 바탕으로 부품 사용 가부를 결정할 수 있다. 2. 부품사양서를 확인하여 유해성분이 없는 부품을 선정할 수 있다. 3. 환경 안전규격을 검토하여 해당부품의 적용 가능 여부를 판단할 수 있다.
	6. 하드웨어 양산 이관	1. 관계부서 지원하기	1. 관련 부서 간 협의를 통하여 생산에 필요한 개발 내용을 해당 부서에 이관할 수 있다. 2. 관련 부서가 양산 체재를 구축할 수 있도록 제품 개발에 대한 정보 및 문서를 공유할 수 있다. 3. 양산 이관 시 문제점에 대한 관련 부서의 개선 요구 사항을 검토, 분석, 개선할 수 있다.
		2. 문제점 개선하기	1. 양산 시 발생 가능한 문제점을 파악하여 설계에 반영, 개선할 수 있다.
		3. 양산 이관문서 작성하기	1. 기술 문서 및 문제점 개선 이력을 작성할 수 있다. 2. 최종적으로 개선한 견본품을 이관할 수 있다.

목차

OrCAD의 기초

거시적인 관점에서 OrCAD의 개념을 설명하였고, OrCAD Capture
프로그램 및 PCB Editor 프로그램의 화면 구성을 설명하여 이 책에서
사용하는 용어에 익숙해지도록 하였다. 또한 OrCAD를 이용한 회로설계
순서를 전반적으로 용이하게 파악하여 전자캐드기능사 시험을 준비하는 데
도움이 되도록 하였다.

Craftman Electronic CAD

Chapter **1**

OrCAD의 기초

I OrCAD의 개요

CAD는 Computer Aided Design의 앞 글자 [C, A, D]를 따서 CAD라고 부른다. 즉 컴퓨터를 이용한 설계라고 말할 수 있다. 또한, CAD는 인간이 컴퓨터 능력을 활용하여 기획, 도면 작성, 수정 등을 편리하게 할 수 있게 해주는 설계 도구(Tool)라고도 할 수 있다.

CAD의 종류는 크게 Electronic CAD와 Mechanical CAD 두 가지로 볼 수 있다. 전자회로 설계인 Electronic CAD 프로그램은 OrCAD, Altium, PADS 등이 있다. 기계 및 건축, 토목 등의 포괄적인 디자인 설계에 쓰이는 Mechanical CAD 프로그램이 AutoCAD이다.

전자회로 설계 프로그램(Electronic CAD)은 대부분 기존의 전기, 전자 정보를 갖고 있는 라이브러리(Library)를 갖고 있으므로, 이를 이용해서 전자회로 설계를 구성할 수 있도록 한다. 또한, 미리 정의된 전기, 전자회로의 규정(Rule)에 따라 설계한 도면(Schematic) 및 레이아웃(Layout)을 검시할 수 있도록 지원한다. 그리고, 최종적으로 거버 파일(∗.art)을 생산하여 PCB를 제작하도록 하는 것이 목적이다.

Ⅱ OrCAD Capture 프로그램의 화면 구성

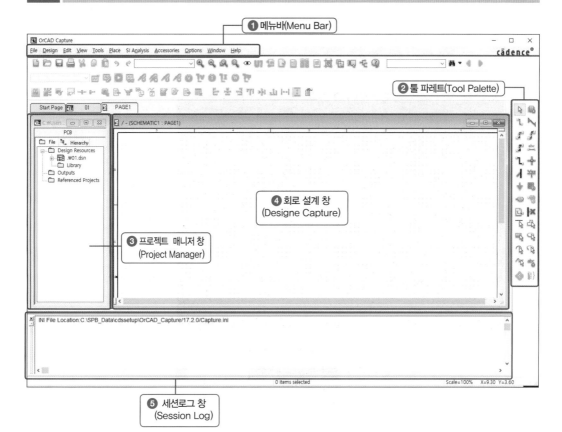

❶ 메뉴바(Menu Bar)
❷ 툴 파레트(Tool Palette)
❹ 회로 설계 창
(Designe Capture)
❸ 프로젝트 매니저 창
(Project Manager)
❺ 세션로그 창
(Session Log)

❶ 메뉴바(Menu Bar): 각종 명령을 수행하기 위한 메뉴

❷ 툴 파레트(Tool Palette): 자주 사용하는 명령을 쉽게 사용하기 위해 모아놓은 도구

❸ 프로젝트 매니저 창(Project Manager): 설계에 필요한 자료 수집, 정리 및 라이브러리 관리,
DRC(Design Rule Check), 네트리스트 생성 등을 할 수 있는 공간(창)

❹ 회로 설계 창(Designe Capture): 설계 작업을 하는 공간(창)

❺ 세션로그 창(Session Log): 회로 설계에 기록된 작업 내용을 보여주는 공간으로 에러나 경고(워닝;
Warning)의 내용을 확인할 수 있는 공간(창)

Ⅲ PCB Editor 프로그램의 화면 구성

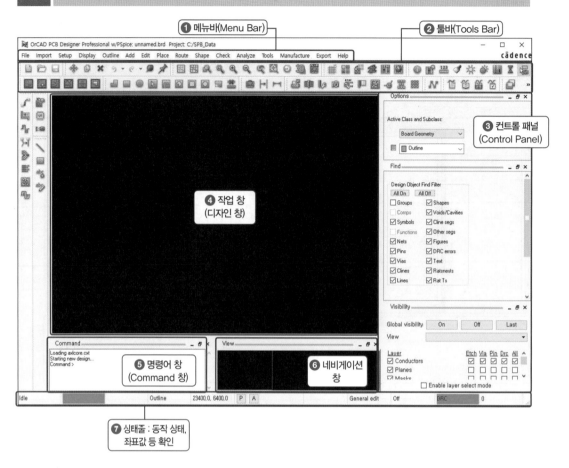

❶ 메뉴바(Menu Bar)

❷ 툴바(Tools Bar)

❸ 컨트롤 패널
(Control Panel)

❹ 작업 창
(디자인 창)

❺ 명령어 창
(Command 창)

❻ 네비게이션
창

❼ 상태줄 : 동작 상태,
좌표값 등 확인

❶ 메뉴바(Menu Bar): 각종 명령을 수행하기 위한 메뉴

❷ 툴 바(Tool Bar): 자주 사용하는 명령을 쉽게 사용하기 위해 모아놓은 도구(툴)

❸ 컨트롤 패널(Control Panel): 각 메뉴를 실행할 때 활성화되는 옵션(Options: 메뉴마다 다른 옵션
이 나옴), 파인드(Find: 메뉴에서 활성화하고자 하는 요소만 선택할 수 있음), 비지빌리티(Visibility:
Top 면 또는 Bottom 면 등을 선택적으로 보이게 할 수 있음) 등의 공간(창)으로 구성

❹ 작업 창(Layout Designe 창): 설계 작업을 하는 공간(창)

❺ 명령어 창(Session Log): 회로의 좌표 등을 입력할 수 있는 명령어 창

❻ 네이게이션 창(와일드뷰 창): 전체 도면에서 작업 창이 보여주는 창의 위치를 알 수 있는 공간(창)

❼ 상태줄 : 동작 상태, 좌표값 등 확인

Ⅳ OrCAD를 이용한 회로 설계 순서

OrCAD를 이용한 회로 설계 순서는 크게 2부분으로 볼 수 있다. OrCAD Capture 프로그램을 이용한 전자회로 설계(Schamatic)와 PCB Editor 프로그램을 이용한 레이아웃(Layout) 설계 과정으로 볼 수 있는 것이다. 단, 기존의 PCB Editor 프로그램의 라이브러리에 없는 풋프린트 심벌이나 비아홀을 생성해서 이용해야 할 경우에는 PAD Designer 프로그램이 필요하다. 그 이유는 PCB Editor 프로그램에서 풋프린트 심벌(PCB Editor 프로그램의 라이브러리)을 생성할 때 PAD Designer 프로그램에서 생성한 패드스택이 필요하고, PCB Editor 프로그램에서 배선이 교차되지 않도록 하기 위해 비아홀이 필요하기 때문이다.

OrCAD Capture 프로그램을 이용한 회로 설계(Schamatic)의 목적은 회로 도면을 작성하고, 부품 및 Netlist 정보를 PCB Editor 프로그램으로 전달하는 것이고, PCB Editor 프로그램을 이용한 레이아웃(Layout) 설계 과정의 목적은 거버 파일(*.art)의 생성이다. 즉, OrCAD 프로그램을 이용한 회로 설계의 최종 목적은 PCB 기판을 제작할 수 있도록 거버 파일(*.art)을 생성하는 것이다.

전자 회로도 설계(Schamatic)
OrCAD Captuer 프로그램 이용

프로그램 실행	
환경 설정	라이브러리 생성
Title Block 작성	
라이브러리 추가	
배치/배선	
레퍼런스 정렬	
Net alias 작성	
PCB Footprint 입력	
DRC (Design Rule Check)	
Netlist 생성	
전자회로 도면 인쇄	

PCB 설계(Layout)
PCB Editor 프로그램 이용

프로그램 실행	패드 디자이너 프로그램	풋프린트 심벌 (라이브러리) 생성	라이브러리 추가
풋프린트 확인			
환경 설정			
Board Outline 작성	패드 스택, 비아홀 생성		
hole 삽입			
grid 및 color 설정			
부품 배치			
Constraint(설계 규약) 설정			
배선			
카퍼			
Status(DRC)			
Reference 정리			
보드명 기입			
Dimension 작성(치수 기입)			
Drill file 생성			
거버 데이터 생성			
거버 파일 인쇄			

Chapter

2

좌표 연습

좌표의 개념을 익히고, PCB(Printed Circuit Board)의 좌표 및
부품의 좌표를 연습할 수 있도록 예시를 제시하고 설명하였다.

Craftman Electronic CAD

Chapter 2

좌표 연습

I 좌표의 개념

좌표란 직선, 평면, 공간 위에서 한 점에 대응하는 수의 짝이다. 좌표를 순서쌍(a, b)으로 나타낸다. 순서쌍은 순서를 정하여 두 수를 괄호 안에 짝지어 나타낸다. 즉, (x,y)와 같이 괄호 안에 먼저 나오는 수는 x좌표이고, 나중에 나오는 수는 y좌표이다.

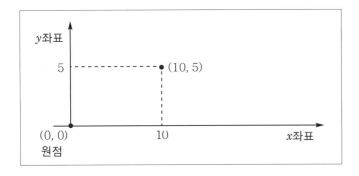

II 보드의 좌표

1. 다음은 PCB 도면 상의 좌표를 연습하기 위한 예시이다. 기구 홀은 각각의 모서리로부터 5mm 떨어진 지점에 배치되어 있다. 치수선을 참고하여 원점을 기준으로 좌표를 계산하면 된다.

   ※ ①~④는 보드 모서리의 좌표이고, ⑤~⑧은 홀(hole) 중심의 좌표이다. J1~J6은 커넥터로 1번 단자(■)의 중심을 좌표로 표시한다.

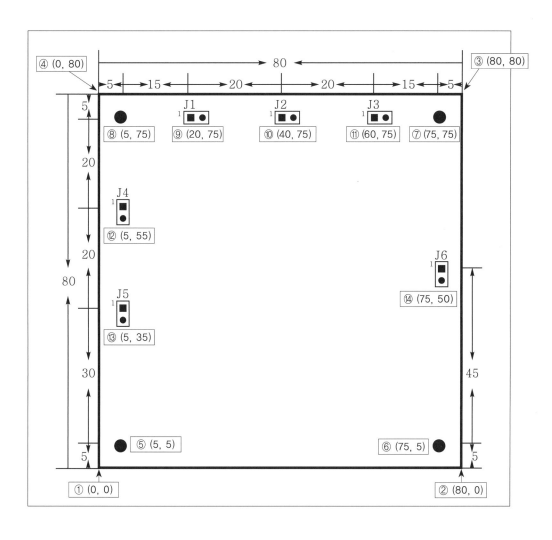

보드 외곽선을 그릴 때 절대좌표 또는 상대좌표를 이용하여 그릴 수 있다. 절대좌표는 원점을 기준으로 현재점과의 거리를 표현한 것이라면, 상대좌표는 이전 좌표(이전점)를 기준으로 현재점과의 거리를 표현한다.

다음은 앞에서 제시된 예시와 같이 가로 80mm, 세로 80mm인 PCB의 보드 외곽선을 그릴 때 사용할 수 있는 좌표이다. (단, PCB Editor 프로그램에서 Add Line 메뉴를 사용하여 원점부터 시작해서 시계 반대 방향으로 보드 외곽선을 그리는 것을 전제로 한다.)

보드 외곽선 상의 위치	절대좌표	절대좌표와 상대좌표 이용
①	x (0,0)	x (0,0)
②	x (80,0)	ix 80
③	x (80,80)	iy 80
④	x (0,80)	ix −80
①	x (0,0)	iy −80

- 절대좌표 : 좌표계의 원점으로부터 측정된 좌표값
- 상대좌표 : 이전 좌표에 대해 상대적으로 지정된 좌표

2. 제시된 PCB 도면의 좌표를 작성해보자. 기구 홀은 각각의 모서리로부터 5mm 떨어진 지점에 배치한다. ①번을 원점으로 하고 치수선을 참고하여 좌표를 계산한다.

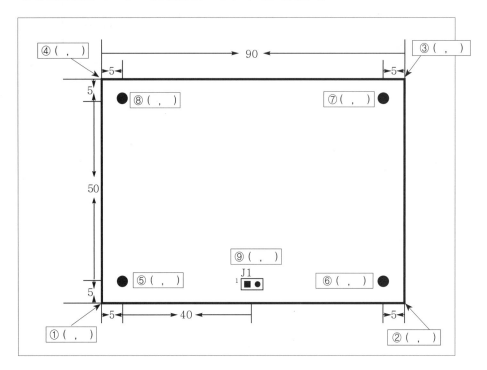

정답은 다음 좌표값과 같다.

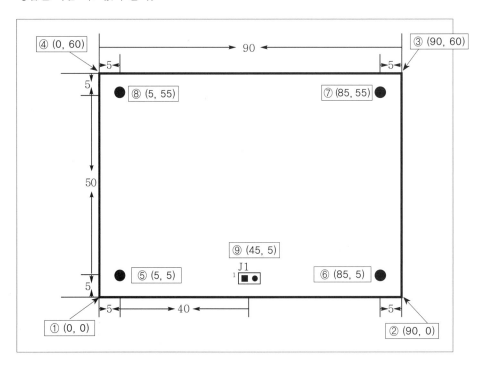

다음은 앞에서 제시된 예시와 같이 가로 90mm, 세로 60mm인 PCB의 보드 외곽선을 그릴 때 사용할 수 있는 좌표이다. (단, PCB Editor 프로그램에서 Add Line 메뉴를 사용하여 원점부터 시작해서 시계 반대 방향으로 보드 외곽선을 그리는 것을 전제로 한다.

보드 외곽선 상의 위치	절대좌표	절대좌표와 상대좌표 이용
①	x (0,0)	x (0,0)
②	x (90,0)	ix 90
③	x (90,60)	iy 60
④	x (0,60)	ix -90
①	x (0,0)	iy -60

3. 전자캐드기능사 2020년 3회차부터 실시된 기출복원 도면을 참고하여 PCB 보드 외곽선의 좌표를 작성해보자. 단, 기구 홀은 각각의 모서리로부터 4mm 떨어진 지점에 배치되어 있다. ①번을 원점으로 하고 치수선을 참고하여 좌표를 계산한다. 우선 보드 외곽선을 직사각형으로 생성한 후에 필렛 처리 (조건: 반지름 4mm)를 하여 보드의 모서리를 둥글게 만든다.

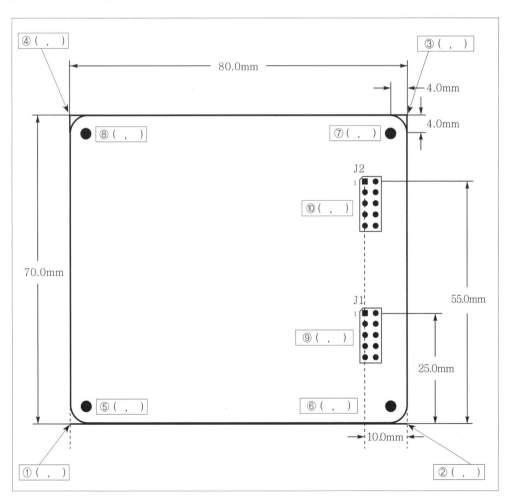

정답은 다음 좌표값과 같다.

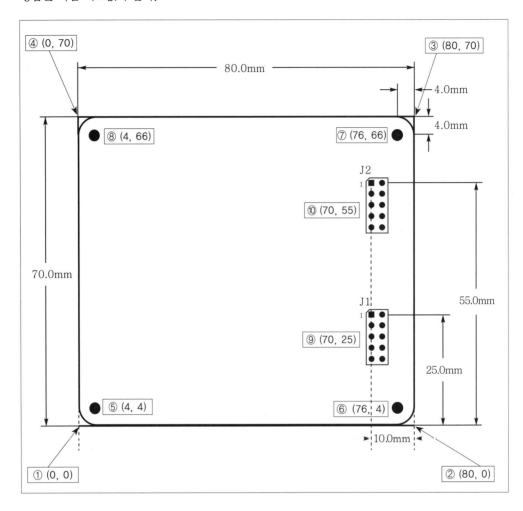

다음은 앞에서 제시된 공개 도면과 같이 가로 80mm, 세로 70mm인 PCB의 보드 외곽선을 그릴 때 사용할 수 있는 좌표이다. (단, PCB Editor 프로그램에서 Add Line 메뉴를 사용하여 원점부터 시작해서 시계 반대 방향으로 보드 외곽선을 그리는 것을 전제로 한다.

보드 외곽선 상의 위치	절대좌표	절대좌표와 상대좌표 이용
①	x (0,0)	x (0,0)
②	x (80,0)	ix 80
③	x (80,70)	iy 70
④	x (0,70)	ix −80
①	x (0,0)	iy −70

Ⅲ   부품의 좌표

① 부품의 원점

부품을 생성할 때 원점의 위치가 매우 중요하다. 일반적으로 뾰족한 다리가 기판을 통과하는 형태의 딥(DIP) 타입 부품은 **1번 단자(1번 핀)**의 위치를 원점으로 사용하고, 평평하고 납작한 모양의 다리가 기판 위에 장착되는 형태의 SMD(Surface Mounted Device) 타입 부품은 **부품의 중앙**을 원점으로 사용함을 주의한다.

② 딥(DIP) 타입 부품의 좌표

1) HEADER10 부품의 좌표

전자캐드기능사 2020년 3회차부터 실시된 실기시험 기출복원 도면을 참조하여 HEADER10 부품의 좌표를 구해보자.

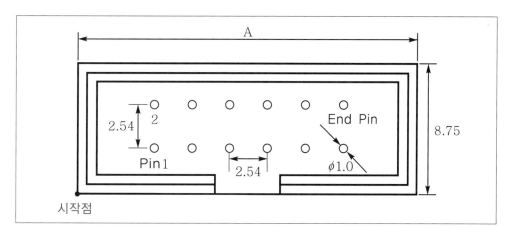

핀의 개수	Part No.	A
8	1200-08	17.78
10	1200-10	20.32
12	1200-12	22.86

데이터시트를 참고하여 시작점을 정하고, Pin1과 End pin의 위치를 참고하여 각 핀의 위치를 파악한다. 또한 핀의 간격이 가로 2.54mm, 세로 2.54mm인 것과 홀의 크기가 1.0 파이(∅1.0)임을 확인한다.

가. 부품의 폭(Width)은 데이터 시트에서 A이고 10핀이므로 표에서 핀의 개수 10 행의 A열 값이 20.32mm임을 알 수 있다.

나. 부품의 높이(Height)는 데이터 시트에서 8.75mm이다.

다. x축을 기준으로 시작점의 원점으로부터의 길이가 $(20.32-2.54 \times 4) \div 2 = 5.08$mm이다. 그런데, 시작점이 1번 핀(원점)을 기준으로 왼쪽에 위치하므로 x좌표는 −5.08이다.

라. y축을 기준으로 시작점의 원점으로부터의 길이가 $(8.75-2.54) \div 2 = 3.105$mm이다. 그런데, 시작점이 1번 핀(원점)을 기준으로 아래쪽에 위치하므로 y좌표는 −3.105이다.

이를 종합하여 HEADER 10 부품을 생성하는 데 필요한 좌표의 정보는 그림과 같다.

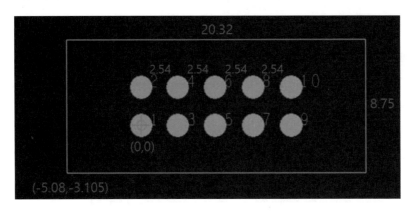

2) CRYSTAL16MHz 부품의 좌표

전자캐드기능사 2020년 3회차부터 실시된 실기시험 기출복원을 도면을 참조하여 CRYSTAL16MHz 부품의 좌표를 구해보자.

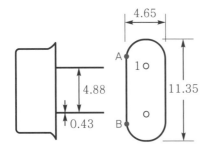

가. 크리스털의 폭(Width)이 4.65mm이므로 크리스털의 위와 아래에 있는 호의 반지름은 $4.65 \div 2 = 2.325$mm이다.

나. x축을 기준으로 점 A의 1번 핀(원점)으로부터의 길이가 $4.65 \div 2 = 2.325$mm이다. 그런데, 점 A가 1번 핀(원점)을 기준으로 왼쪽에 위치하므로 x좌표는 −2.325이다.

다. y축을 기준으로 점 A의 원점으로부터의 길이가 $(11.35-4.88) \div 2 - 2.325 = 0.91$mm이다. 그런데, 점 A가 1번 핀(원점)을 기준으로 위쪽에 위치하므로 y좌표는 0.91이다.

라. y축을 기준으로 점 B의 원점으로부터의 길이가 $4.88 + 0.91 = 5.79mm$이다. 그런데, 점 B가
1번 핀(원점)을 기준으로 아래쪽에 위치하므로 y좌표는 -5.79이다.

이를 종합하여 CRYSTAL 16MHz 부품을 생성하는 데 필요한 좌표의 정보는 그림과 같다.

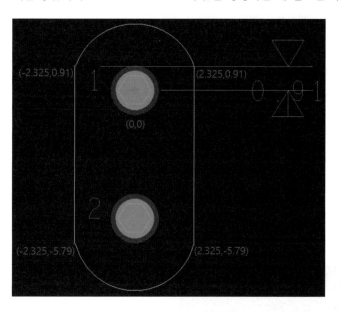

③ SMD(Surface Mounted Device) 타입 부품의 좌표

1) 전해커패시터 부품의 좌표

전자캐드기능사 2020년 3회차부터 실시된 실기시험 기출복원 도면을 참조하여 전해커패시터 부
품의 좌표를 구해보자.

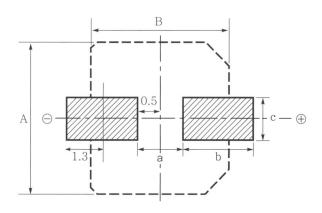

Case Code	A	B	a	b	c
D55	4.3	4.3	1.0	2.6	1.6

가. 전해커패시터가 SMD 타입이므로 부품의 중심이 원점(0,0)이다.

나. 전해커피시터의 +극성이 오른쪽에 위치하므로 1번 핀이 오른쪽에 위치한다. x 축을 기준으로 1번 핀의 원점으로부터의 길이가 $(a \div 2) + (b \div 2) = 0.5 + 1.3 = 1.8$mm이다. 그런데, 1번 핀은 원점을 기준으로 오른쪽에 위치하므로 1번 핀의 x좌표는 1.8이다.

다. 부품 외곽선의 폭을 구할 때 B 값을 참조하면 부품의 외곽선이 패드 위를 지나가므로 패드의 납땜 면(Soldermask)에 실크 데이터가 묻어서 납땜이 불안정하여 불량이 생길 수 있고 전자캐드기능사 실기시험에서 불합격할 수 있다. 따라서, 부품 외곽선을 패드 바깥쪽에 그리도록 주의한다. x축을 기준으로 원점(중심점)으로부터 부품 외곽선까지의 거리는 $0.5 + (1.3 \times 2) = 3.1$mm보다 크면 된다. 여기에서는 3.2mm로 한다. 따라서, x축을 기준으로 원점으로부터 왼쪽 부품 외곽선의 x좌표는 -3.2이다.

라. 부품 외곽선의 높이를 구할 때 A 값 4.3mm를 참조한다. y축을 기준으로 원점(중심점)으로부터 부품 외곽선까지의 거리는 $4.3 \div 2 = 2.15$mm이다.

이를 종합하여 전해커패시터 부품을 생성하는 데 필요한 좌표의 정보는 그림과 같다.

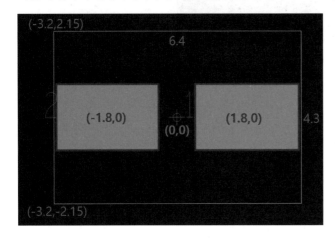

간단한 전자회로 설계 연습

Craftman Electronic CAD

Chapter **3**

간단한 전자회로 설계 연습

I 트랜지스터 기본회로(TR BASIC)

제시된 간단한 전자회로 도면을 주어진 조건에 만족하게 시간 내에 작성한다. OrCAD Capture 프로그램에서 전자 회로도를 설계(Schematic)하고, PCB Editor 프로그램에서 PCB 설계(Layout)를 한후에 거버 파일을 생성한다. 그리고 전자회로 도면 및 거버 파일을 A4 용지에 인쇄한다.

OrCAD 회로도면 설계 및 PCB 설계 연습문제 1	
과제명	트랜지스터 기본 회로
작품명	TR BASIC
작업시간	2시간
파일명	01
저장 경로	C:\CAD\01

1 조건

>> 과제 **1**　OrCAD 회로 도면 설계 및 PCB 설계 연습문제 1

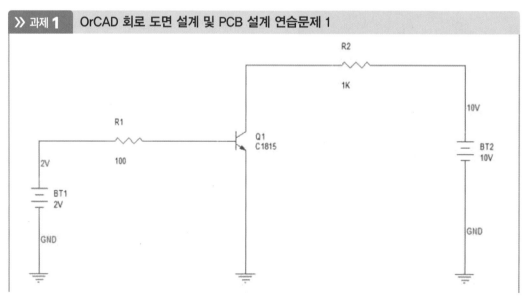

가. 제시된 회로를 참고하여 OrCAD Capture 프로그램에서 전자 회로도를 설계(Schematic) 한다.

나. OrCAD Capture 프로그램에서 제공하는 라이브러리 사용이 기본이다. 단, 그 외 라이브러리가 필요하면 라이브러리 명을 본인에게 **지정된 비번호(여기에서는 비번호를 [01]로 한다.)**로 저장하여 직접 생성한다.

    A. 새로운 부품(Part)을 생성할 때 라이브러리의 이름은 **본인에게 지정된 비번호**로 정하고, 반드시 하나의 라이브러리 안에 저장한다.

다. 폴더명 및 파일명을 본인에게 지정된 **비번호**로 저장한다. (여기에서는 비번을 [01]로 한다.)

라. 전자회로 도면의 영역을 균형 있게 작성하되, 좌측 하단의 모서리(스테이플러 편철 자리) 부분은 비워둔다.

마. 타이틀 블록(Title block)을 작성한다.

    A. Page size: A4(297mm＊210mm)

    B. Title: 작품명(크기 14)

        예 TR BASIC

    C. Document Number: ELECTRONIC CAD, 시행일자(크기 12)

        예 ELECTRONIC CAD, 2021.01.01

    D. Revision: 1.0(크기 7)

바. 사용하지 않는 부품의 핀은 DRC(설계규칙 검사)를 할 때 에러를 유발하지 않도록 처리한다.

사. 다음 조건과 같이 네트의 이름을 정의하여 연결하거나 네트의 이름을 이용하여 연결한다. (**포트도 활용 가능**)

부품의 지정 핀	네트의 이름	부품의 지정 핀	네트의 이름
BT1의 ＋	2V	BT1의 －	GND
BT2의 ＋	10V	BT2의 －	GND

아. 풋프린트(Foot Print) 값을 정확하게 입력하고, DRC(설계규칙검사)를 해서 에러가 있으면 수정하여 DRC 검사를 다시 하고, 에러가 없으면 감독위원에게 확인을 받는다. (**감독위원에게 ERC: Electronic Check Rule 검사를 한 결과 에러가 없다는 것을 확인받지 못하면 실격 처리됨**)

자. DRC(설계규칙검사)에서 에러가 없으면 네트리스트를 생성(Create Netlist) 한다.

차. 네트리스트 생성이 정상적으로 되면 PCB Editor 프로그램에서 인쇄회로기판(PCB)을 설계한다.

카. 시험 종료 전에 작성한 전자회로 도면을 A4용지에 인쇄한다.

가. OrCAD Capture 프로그램에서 설계한 전자회로도를 분석하여 PCB Editor 프로그램에서 인쇄회로기판(PCB)을 설계한다.

    A. 파일 폴더 및 파일명은 **본인에게 지정된 비번호로 설정(여기에서는 01)** 한다.

나. PCB Editor 프로그램에서 제공하는 라이브러리의 부품을 사용하는 것이 기본이다. 단, 그 외 필요한 부품은 제시된 데이터시트를 참고해서 규격에 맞게 본인이 직접 부품을 생성한다.

    A. 수검자가 직접 생성한 부품은 **본인에게 지정된 비번호**로 라이브러리 폴더명을 정하고(여기에서는 **바탕화면\01\01**) 그 라이브러리 폴더 안에 저장한다.

다. 설계 환경 : 양면 PCB(2-Layer)

라. 설계 단위: mm

마. 보드 사이즈 : 100mm[가로]×100mm[세로]
  (치수 보조선을 이용하여 보드 사이즈를 실크스크린 레이어에 표시한다.)**(실크스크린 이외의 레이어에 표시한 경우 실격 처리됨)**

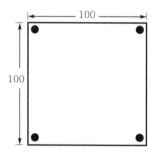

바. 부품 배치 : 주요 부품은 위 그림과 같이 배치하고, 그 외는 임의대로 배치하되, 부품은 TOP 면에만 실장한다. 부품을 실장할 때 이격거리를 고려하여 배치하고, IC와 LED 등 극성이 있는 부품은 되도록이면 동일한 방향으로 배열하여 배치한다.

사. 네트(NET)의 폭(두께)

네트명	폭(두께)
+2V, +10V, GND	1mm
일반선	0.5mm

아. 배선

    A. 배선은 양면(TOP, BOTTOM)에서 한다.**(자동배선을 하면 실격처리됨)**

    B. 배선 경로는 최대한 짧게 한다. 100% 배선하고, 직각배선은 하지 않는다.

    C. 각 Layer에 가급적 배선 방향 기준을 정하는 것이 좋다. 예를 들어 배선 방향의 기준이 TOP Layer에 수평이면, BOTTOM Layer에 수직[또는 TOP Layer에 수직이면, BOTTOM Layer에 수평]으로 배선한다.

자. 기구 홀(Mounting Hole) 삽입

    A. 보드 외곽의 네 모서리에 직경 3∅의 기구 홀을 삽입한다.

    B. 각각의 모서리로부터 5mm 떨어진 지점에 배치한다. (위의 그림 참고)

    C. 기구 홀은 비전기적(Non-Electrical) 속성을 갖는다.

    D. 기구 홀의 부품 참조 값은 생략한다.

차. 실크 데이터(Silk Data)

    A. 실크 데이터의 부품 번호는 한 방향으로 정렬하고, 불필요한 데이터는 삭제한다.

    B. 다음의 내용을 보드 상단 중앙에 위치시킨다.

       (TR BASIC)

       (line width: 0.5mm, height: 4mm)

카. 카퍼(Copper Pour)

    A. 보드의 카퍼는 Bottom Layer에만 GND 속성으로 처리한다.

    B. 보드 외곽으로부터 0.5mm 이격을 두고 카퍼 처리한다.

    C. 모든 네트와 카퍼와의 이격거리(Clearance)는 0.5mm, 단열판과 GND 네트 사이 연결선의 두
께는 0.5mm로 설정한다.

타. DRC(Design Rule Check)

    A. 모든 조건은 default 값(Clearance: 0.254mm)을 따른다.

    B. DRC 검사(설계규칙검사)를 해서 에러가 있으면 수정하여 DRC(설계규칙검사)를 다시 하고, 에
러가 없으면 감독위원에게 확인을 받는다. **(감독위원에게 DRC(설계규칙검사) 결과 에러가 없다
는 것을 확인받지 못하면 실격 처리됨)**

    C. DRC(설계규칙검사)를 한 결과 에러가 없을 때 다음 단계의 작업을 진행한다.

파. PCB 제조에 필요한 데이터의 생성

    A. 양면 PCB 제조에 필요한 데이터 파일(거버 데이터(RS274-X) 등)을 모두 생성한다.

    B. 이동식 저장장치에 작업한 폴더를 저장하여 감독위원 PC로 이동한다. **(파일 제출 후 작품 수정
시에는 부정행위자로 간주하여 실격 처리됨)**

    C. 감독위원이 입회하에 작품을 출력한다.

    D. 수험자가 전자 회로도와 PCB 제조에 필요한 데이터 파일(거버 데이터 등)을 실물(1:1)과 같은
크기로 출력한다. **(실물과 다르게 출력한 경우 실격 처리됨)**

② 회로 도면 설계(Schematic)

OrCAD Capture 프로그램에서 전자 회로도 설계(Schematic)의 흐름은 다음과 같다.

▣ OrCAD Capture에서 전자회로도 설계(Schematic)의 흐름

프로그램 실행	New Project 생성	환경 설정	Title Block 작성	라이브러리 추가	배치/ 배선	Net alias 작성	레퍼런스 정렬	PCB Footprint 입력	DRC	Netlist 생성

1) 프로그램 실행

회로 도면을 설계(Schematic)하기 위해서 OrCAD Capture 프로그램을 실행한다.

▣ OrCAD Capture에서 전자회로도 설계(Schematic)의 흐름

프로그램 실행	New Project 생성	환경 설정	Title Block 작성	라이브러리 추가	배치/ 배선	Net alias 작성	레퍼런스 정렬	PCB Footprint 입력	DRC	Netlist 생성

가. 버전 16.5인 경우:

[시작] 〉 [모든 프로그램] 〉 [Cadence] 〉 [Release 16.5] 〉 [OrCAD Capture]

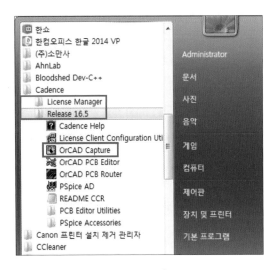

나. 버전 16.6인 경우:

[시작] 〉 [Cadence] 〉 [OrCAD Capture] 클릭 또는 바탕화면에서 OrCAD Capture 아이콘
(🖳)을 실행한다.

2) 새 프로젝트 생성

■ OrCAD Capture에서 전자회로도 설계(Schematic)의 흐름

프로그램 실행	New Project 생성	환경 설정	Title Block 작성	라이브러리 추가	배치/ 배선	Net alias 작성	레퍼런스 정렬	PCB Footprint 입력	DRC	Netlist 생성

가. 메뉴바에서 [File] 〉 [NEW] 〉 [Project]를 선택한다.

나. New Project 창이 열리면 이름(Name)과 경로(Location)를 그림과 같이 입력한다.

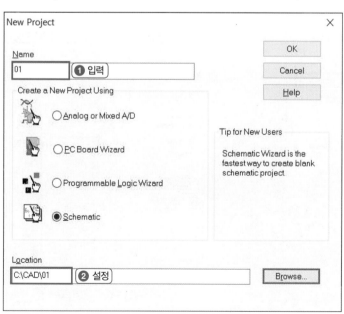

파일명 및 파일 저장 경로

1. 파일명 및 파일 저장 경로는 영문자만 사용한다.

한글 또는 특수문자를 사용하면 네트리스트를 생성할 때 에러가 발생한다.

2. 파일 저장 경로 설정하기(경로: C:\CAD\01)

1) New Project 창에서 [Browse...]를 클릭한다.

2) Select Directory 창에서 C:\ 폴더가 열려있는 것을 확인하고, [Create Directory]를 클릭한다.

3) Create Directory 창에서 폴더명을 CAD로 입력하고 [OK]를 클릭한다.

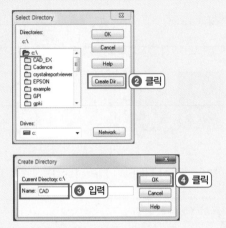

4) Select Directory에서 C:\CAD 폴더를 더블 클릭하여 열고 [Create Directory]를 클릭한다.

5) 폴더명을 01로 입력하고 [OK]를 클릭한다.

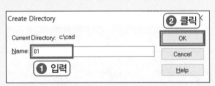

6) 폴더명 01을 더블 클릭하여 열린 것을 확인하고 [OK]를 클릭한다.

3) 환경 설정

▣ OrCAD Capture에서 전자회로도 설계(Schematic)의 흐름

프로그램 실행	New Project 생성	환경 설정	Title Block 작성	라이브러리 추가	배치/ 배선	Net alias 작성	레퍼런스 정렬	PCB Footprint 입력	DRC	Netlist 생성

조건　과제 1 　전자회로도 설계(Schematic) 마의 A.

A. Page size: A4 (297mm＊210mm)

가. 단위와 페이지 크기 설정

A. 메뉴바에서 [Options] 〉 [Schematic Page Properties]를 클릭한다.

B. Schematic Page Properties 창에서 [Page Size] 탭의 Units 항목에서 [Millimeters]를 선택하고, New Page Size 항목에서 [A4]를 선택한 다음 [확인]을 클릭한다.

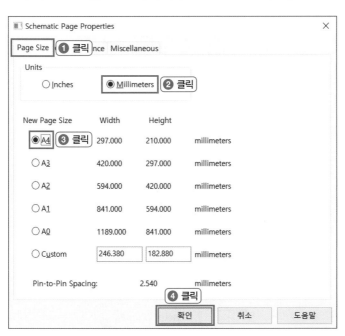

나. Grid 색상 설정 및 Grid가 보이게 설정(생략 가능)

A. 메뉴바에서 [Options] 〉 [Preferences]를 클릭한다. Preferences(속성) 창의 [Colors/ Print] 탭에서 [Grid] 항목을 클릭하여 Grid Color 창에서 원하는 색상을 선택한 다음 [확인]을 클릭한다.

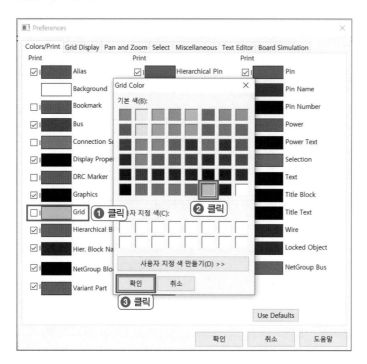

B. [Grid Display] 탭을 선택하여 그림과 같이 설정하고 [확인]을 클릭한다.

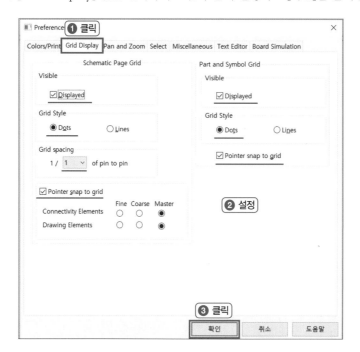

4) 타이틀 블록(Title Block) 작성

■ OrCAD Capture에서 전자회로도 설계(Schematic)의 흐름

프로그램 실행	New Project 생성	환경 설정	Title Block 작성	라이브러리 추가	배치/ 배선	Net alias 작성	레퍼런스 정렬	PCB Footprint 입력	DRC	Netlist 생성

조건 과제 1 전자 회로도 설계(Schematic) 마.

마. 타이틀 블록(Title block)을 작성한다.
- A. Title: 작품명(크기 14)
  - 예 TR BASIC
- B. Document Number: ELECTRONIC CAD, 시행일자(크기 12)
  - 예 ELECTRONIC CAD, 2021.01.01
- C. Revision: 1.0(크기 7)

가. 타이틀 블록이 도면에서 보이지 않는 경우, 메뉴바에서 [Place] 〉 [Title Block]을 클릭하고, TitleBlock0/CAPSYM을 선택하여 타이틀 블록을 삽입한다.

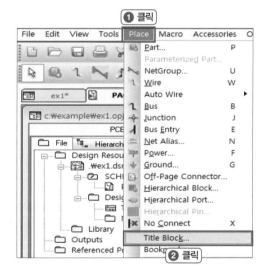

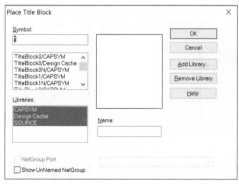

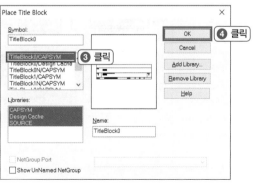

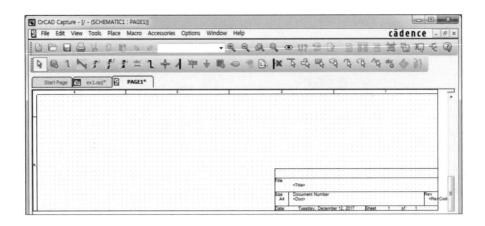

나. Title Block의 Size가 [A4]로 설정되어 있는 것을 확인
　하고, 〈Tite〉, 〈Doc〉, 〈Rev Code〉를 각각 클릭하여
　글자를 입력하고, 글자 크기를 설정한 후 [OK]를 클릭
　한다.

　A. 〈Title〉을 선택하고 MRB(마우스 오른쪽 버튼) 메뉴
　　에서 **Edit Properties**를 클릭하거나 〈Title〉을 더블
　　클릭한다.

　B. Display properties 창에서 Value에 [TR BASIC]을 입력하고, 글자 크기를 설정하기 위
　해 [Change]를 클릭하고 글꼴 창의 크기에 [14]를 입력한 후에 [확인]을 클릭한다.

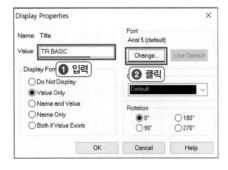

C. ⟨Doc⟩를 선택하고 MRB(마우스 오른쪽 버튼) 메뉴에서 **[Edit Properties]**를 클릭하거나 ⟨Doc⟩를 더블 클릭한다.

D. Display properties 창에서 Value에 [학번, 이름] (예시: [00000, 홍길동])을 입력하고, 글자 크기를 설정하기 위해 [Change]를 클릭하고 글꼴 창의 크기에 [12]를 입력한 후에 [확인]을 클릭한다.

E. ⟨RevCode⟩를 선택하고 MRB(마우스 오른쪽 버튼) 메뉴에서 **[Edit Properties]**를 클릭하거나 ⟨RevCode⟩를 더블 클릭한다.

F. Display properties 창에서 Value에 **[1.0]**을 입력하고 [확인]을 클릭한다.

Title	TR BASIC		
Size	Document Number		Rev
A4	ELECTRONIC CAD. 202X.01.01		1.0
Date:	Monday, January, 1, 20XX	Sheet 1 of 1	

5) 라이브러리(Library) 추가

■ OrCAD Capture에서 전자회로도 설계(Schematic)의 흐름

프로그램 실행	New Project 생성	환경 설정	Title Block 작성	라이브러리 추가	배치/배선	Net alias 작성	레퍼런스 정렬	PCB Footprint 입력	DRC	Netlist 생성

가. 메뉴바에서 **[Place]** > **[Part]**를 선택하거나, 툴파레트의 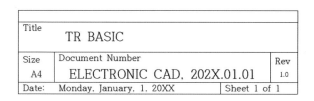 아이콘을 클릭한다.

나. Place Part 창에서 ▣(Add Library)를 클릭하여 활성화된 Browse File 창에서 OrCAD Capture 프로그램이 제공하는 Library를 마우스를 드래그하여 모두 선택(Ctrl + A)하고 [열기]를 클릭하거나 엔터(Enter↵)를 누른다.

※ Library 파일이 저장된 경로
  [C:\Cadence\SPB_16.x\tools\capture\library]

6) 회로도 작성(배치/배선)

■ OrCAD Capture에서 전자회로도 설계(Schematic)의 흐름

프로그램 실행	New Project 생성	환경 설정	Title Block 작성	라이브러리 추가	배치/ 배선	Net alias 작성	레퍼런스 정렬	PCB Footprint 입력	DRC	Netlist 생성

조건 **과제 1** 전자 회로도 설계(Schematic) 라.

라. 전자회로 도면의 영역을 균형 있게 작성하되, 좌측 하단의 모서리(스테이플러 편철 자리) 부분은 비워둔다.

가. 부품을 불러오는 방법

A. 메뉴바에서 [Place] 〉 [Part]를 선택하거나, 툴파레트의 🔩 아이콘을 클릭한다.

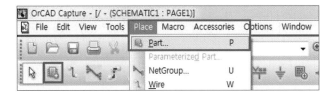

B. Part 창에 부품명(Part 이름)을 입력한 후 키보드의 엔터(Enter↵)를 누른다.

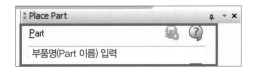

나. 부품 배치 방법

A. 트랜지스터(NPN ECB) 입력하기

ㄱ. 메뉴바에서 [Place] > [Part]를 선택하거나, 툴파레트의 🔩 아이콘을 클릭한다. Part
창에 부품명(Part 이름)[NPN ECB]를 입력한 후 키보드의 ([Enter↵])를 누른다.

ㄴ. 부품이 커서에 붙어있는 것을 확인하고, 원하는 위치에 클릭하여 배치한다.

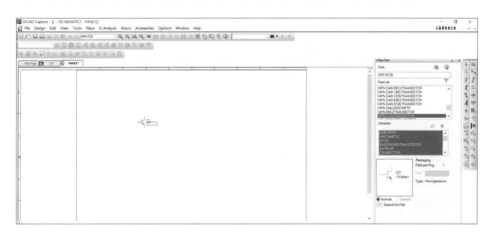

ㄷ. 부품 배치 후 키보드 [Esc]를 누르거나,
MRB(마우스 오른쪽 버튼) 메뉴에서 [End
Mode]를 클릭하여 배치를 완료한다.

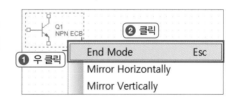

B. 부품 수평 변경(좌우 대칭)

ㄱ. 메뉴바에서 [Place] > [Part] 또는 오른쪽 Tool Palette 아이콘(🔩)을 선택하여 [NPN
ECB] 부품을 불러온다.

ㄴ. 부품을 클릭하여 활성화되면 MRB(마우스 오른쪽 버튼) 메뉴에서 [Mirror
Horizontally([H])]를 클릭하여 아래 그림과 같이 좌우 변경한다.

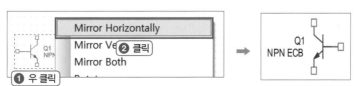

C. 부품 수직 변경(상하 대칭)

부품을 클릭하여 활성화되면 MRB(마우스 오른쪽 버튼) 메뉴에서 [Mirror Vertically(V)]
를 클릭하여 아래 그림과 같이 상하 변경한다.

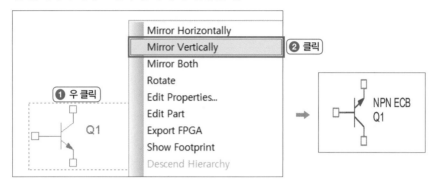

D. 부품 회전

부품을 클릭하여 활성화되면 MRB(마우스 오른쪽 버튼) 메뉴에서 [Rotate(R)]를 클릭하여
다음 그림과 같이 회전한다.

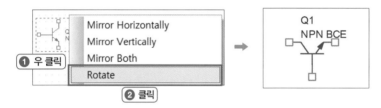

다. 부품 배치

A. 메뉴바에서 [Place] 〉 [Part]를 선택하거나, 툴파레트의 아이콘을 클릭한다.

B. Part 창에 부품명(Part 이름)을 입력한 후 키보드의 엔터(Enter┘)를 클릭한다.

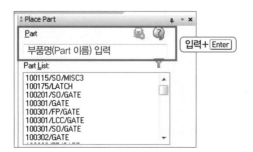

C. Part List를 참고하여 회로에 부품을 배치한다.

부품명	Part 이름	부품 기호	부품명	Part 이름	부품 기호
저항	RESISTOR	R1 R	배터리	BATTERY	BT1 BATTERY
트랜지스터	NPN ECB	Q1 NPN ECB			

라. 배선

A. 메뉴바에서 [Place] 〉 [Wire] 또는 툴파레트 아이콘 (단축키 W)을 선택한다.

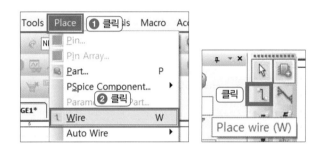

B. 원하는 부품의 Pin 끝(사각 박스)을 각각 클릭하여 배선할 수 있다.

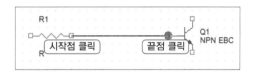

C. 시작점 클릭, 끝점 더블 클릭하면 부품의 단자와 연결하는 배선을 시작하여 어느 단자와도 연결되지 않도록 배선을 마무리할 수 있다.

D. 시작점 클릭, 꺾는 점 클릭, 끝점 더블 클릭으로 꺾어진 선을 연결할 수 있다.

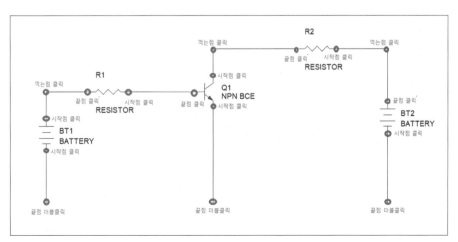

E. 배선 명령을 종료할 때는 키보드의 Esc 를 누른다.

F. 사선 배선을 할 때에는 Shift 를 이용한다. 단축키 W 또는 Tool Palette 아이콘을 클릭한 후 키보드의 Shift 를 누른 상태에서 배선을 하면 사선 배선이 된다.

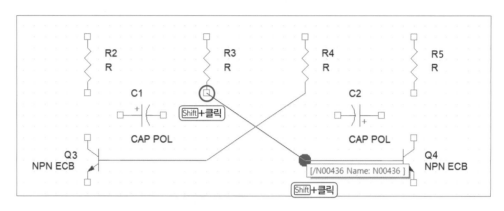

7) 네트 이름(Net alias) 작성

▣ OrCAD Capture에서 전자회로도 설계(Schematic)의 흐름

| 프로그램 실행 | New Project 생성 | 환경 설정 | Title Block 작성 | 라이브러리 추가 | 배치/ 배선 | Net alias 작성 | 레퍼런스 정렬 | PCB Footprint 입력 | DRC | Netlist 생성 |

조건 과제 1 전자 회로도 설계(Schematic) 사.

사. 다음 조건과 같이 네트의 이름을 정의하여 연결하거나 네트의 이름을 이용하여 연결한다. (포트도 활용 가능)

부품의 지정 핀	네트의 이름	부품의 지정 핀	네트의 이름
BT1의 +	2V	BT1의 −	GND
BT2의 +	10V	BT2의 −	GND

PCB 설계 작업 시 Design rule 등에 적용하기 쉽도록 Net alias(별명)를 부여한다. Capture에서 자동으로 부여되는 Net name은 [예: n06253]식으로 표시되며, 전원 Net 및 중요 Net의 경우 Net alias를 부여함으로써 관리 및 확인을 쉽게 할 수 있다. 그 외 Net alias의 사용 방법으로는 연결하고자 하는 부품 간 같은 Net alias를 통해 논리적으로 상호 연결할 수 있다.

가. 메뉴바에서 [Place] > [Net alias]를 선택하거나 툴파레트 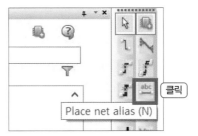 아이콘(단축키 N)을 클릭한다.

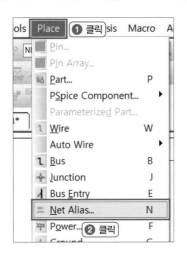

나. Place Net Alias 창에서 alias에 **[2V]**로 입력한 후 [OK]를 클릭한다. 커서 끝 부분에 사각박스가 붙어있는 것을 확인할 수 있으며 alias를 부여하고자 하는 Net에 클릭하면 붉은색으로 alias가 부여된다.

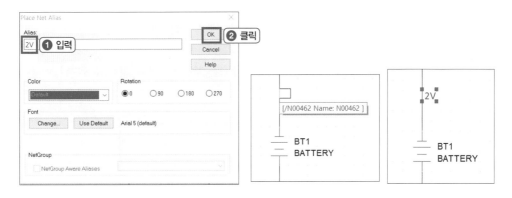

다. GND도 같은 방법으로 Net alias를 부여한다.

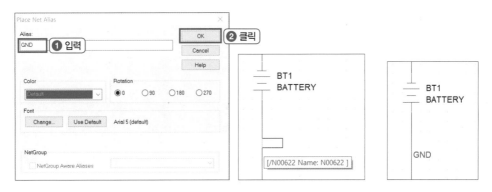

8) 레퍼런스 정렬

■ OrCAD Capture에서 전자회로도 설계(Schematic)의 흐름

프로그램 실행	New Project 생성	환경 설정	Title Block 작성	라이브러리 추가	배치/ 배선	Net alias 작성	레퍼런스 정렬	PCB Footprint 입력	DRC	Netlist 생성

가. 부품값 수정

A. 수정할 부품값을 더블 클릭하거나 MRB(마우스 오른쪽 버튼) 메뉴의 **[Edit Properties]**를 클릭하여 Value를 수정한다.

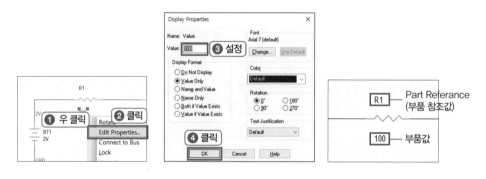

B. 이와 같은 방법으로 주어진 회로도와 같이 모든 부품의 Value 값을 수정한다.

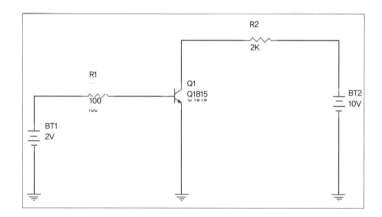

나. Part Reference(부품 참조값) 수정

A. 수정할 Part Reference를 더블 클릭하거나 MRB(마우스 오른쪽 버튼) 메뉴의 **[Edit Properties]**를 클릭한다.

B. Display Properties 창에서 Value에 Part Reference(부품 참조값)을 입력하고 [OK]를 클릭한다.

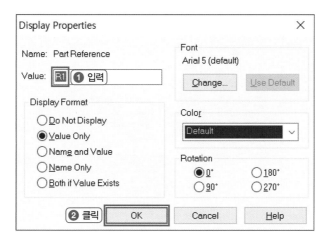

9) Footprint 입력

▣ OrCAD Capture에서 전자회로도 설계(Schematic)의 흐름

프로그램 실행	New Project 생성	환경 설정	Title Block 작성	라이브러리 추가	배치/ 배선	Net alias 작성	레퍼런스 정렬	PCB Footprint 입력	DRC	Netlist 생성

풋프린트는 각 부품이 PCB기판 위에서 자리를 차지하는 형태를 나타낸다. 예를 들어 저항의 풋프린트(RES400)는 ▆▆▆▆ 형태를 갖는다. 다음 표를 참고하여 Footprint를 작성한다. (대소문자 구분 안 함)

부품명	Part 이름	부품 기호	Footprint 이름	Footprint Symbol
배터리	BATTERY	BT1 ⊶─┤├─┤├─⊶ BATTERY	JUMPER2	
트랜지스터	NPN ECB	Q1 NPN ECB	TO92	
저항	RESISTOR	R1 ─◁◁◁◁─ R	RES400	

가. 회로 설계 창에서 모든 영역을 드래그하여 모든 회로를 선택한 후 MRB(마우스 오른쪽 버튼) 메뉴의 [Edit Properties]를 클릭한다.

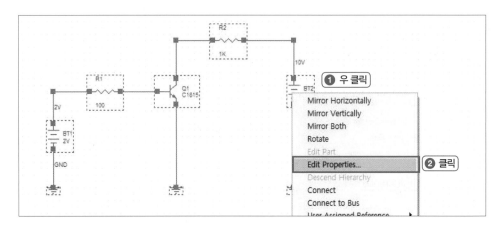

나. Properties 창에서 하단의 스크롤바를 오른쪽으로 드래그하여 PCB Footprint 항목을 찾아 입력한다.

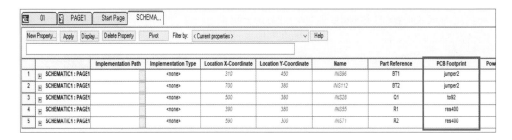

다. schematic 탭에서 MRB(마우스 오른쪽 버튼)을 클릭하고, [Close]를 클릭한다.

10) Design Rule Check(DRC)

DRC(Design Rule Check)는 회로도 작성 후 에러가 있는지 검사(Check)해 주는 기능이다. 프로젝트 매니저 창에서만 [Design Rule Check] 메뉴 또는 아이콘( )이 활성화됨을 주의하자.

■ OrCAD Capture에서 전자회로도 설계(Schematic)의 흐름

프로그램 실행	New Project 생성	환경 설정	Title Block 작성	라이브러리 추가	배치/ 배선	Net alias 작성	레퍼런스 정렬	PCB Footprint 입력	DRC	Netlist 생성

조건 과제 1 **전자 회로도 설계(Schematic) 아.**

아. 풋프린트(Foot Print) 값을 정확하게 입력하고, DRC(설계규칙검사)를 해서 에러가 있으면 수정하여 DRC 검사를 다시 하고, 에러가 없으면 감독위원에게 확인을 받는다. (감독위원에게 ERC: Electronic Check Rule 검사를 한 결과 에러가 없다는 것을 확인받지 못하면 실격 처리됨)

가. DRC 메뉴 실행

프로젝트 매니저 창에서 [01.dsn]을 클릭하거나 [PAGE1]을 클릭하고, 메뉴바에서 **[Tools]** 〉 **[Design Rule Check]**를 누르거나 또는 DRC 아이콘 ( ) 을 클릭한다. (회로 설계 창에서는 DRC 메뉴 및 아이콘이 활성화되지 않는다.)

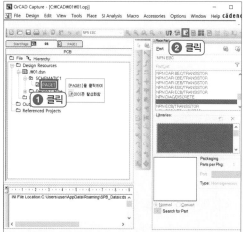

나. DRC 옵션 설정

Design Rules Check 창의 Design Rules Options 탭에서 아래 그림처럼 [Create DRC markers for warnings](error 부분을 녹색 원으로 표시하고자 할 경우), [전기적인 규칙], [물리적인 규칙], [View Output](세션로그 내용을 새 창의 메모장에 표시)을 체크하고, Physical Rules 탭에서 [Check power ground short]를 체크 해제한 후 검사를 실행한다.

다. 세션로그 창에서 에러가 없음을 확인

회로 도면의 에러 여부를 확인하기 위해 메뉴
바에서 [Window] > [Session Log]를 선택하
거나 새 창으로 뜨는 세션 로그 메모장을 확인
한다.

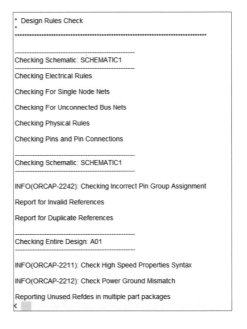

라. 에러 수정 및 DRC

DRC 결과 에러가 있으면, 에러가 없을 때까지 에러 수정 및 DRC를 반복한다.

마. DRC 파일이 생성된 것 확인

DRC 검사를 하면 프로젝트 매니저 창의 Outputs
폴더 아래 *.drc 파일이 생성된 것을 확인할 수
있다.

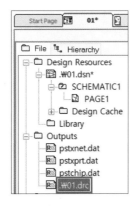

11) Netlist 생성

Create netlist를 하면 01.brd 파일(보드 디자인 파일)이 생성된다. [*.brd] 파일은 부품 정보, 핀 과 핀 간의 연결정보, Footprint 정보를 갖고 있다.

▣ OrCAD Capture에서 전자회로도 설계(Schematic)의 흐름

프로그램 실행	New Project 생성	환경 설정	Title Block 작성	라이브러리 추가	배치/ 배선	Net alias 작성	레퍼런스 정렬	PCB Footprint 입력	DRC	Netlist 생성

가. 프로젝트 매니저 창으로 이동한 후 [.\01.dsn*]을 클릭하고, 메뉴바에서 [Tool] 〉 [Create Netlist...]을 클릭하거나 또는 Create netlist 아이콘(▤)을 클릭한다.

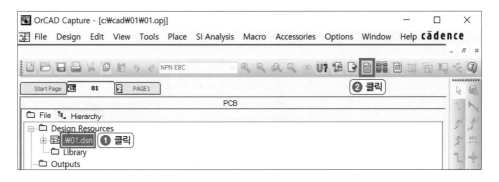

나. Create Netlist 창에서 [Create or Update PCB Editor Board(Netrev)]의 체크박스를 선택하고, Board Launching Option 부분의 [Open Board in Allegro PCB Editor]를 선택한 후에 [확인] 을 클릭한다.

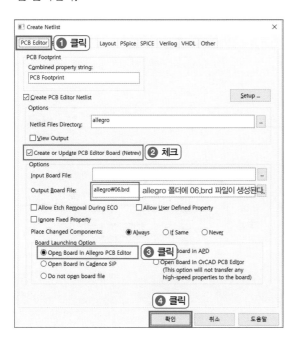

꿀팁! **PCB Editor에서 작업 중 OrCAD 회로 도면의 오류를 발견했을 때**

PCB Editor 프로그램에서 작업을 하다가 OrCAD Capture 프로그램에서 회로 도면의 오류를 발견했을 때 Create Netlist 창에서 Input Board File과 Output Board File에 경로 및 .brd 파일명을 동일하게 설정하고 Create Netlist(🖫)를 하면 도면의 수정 내용이 PCB Editor에서 작업하던 내용에 업데이트된다.

1. 작업하던 PCB Editor 프로그램 파일(.brd)을 저장하고 PCB Editor 프로그램을 종료한다.

2. OrCAD Capture 프로그램에서 도면을 수정한다.

3. DRC(Design Rule Check)를 에러 및 워닝이 없을 때까지 한다.

4. 다음과 같이 설정하고 네트리스트를 생성(Create Netlist)한다.

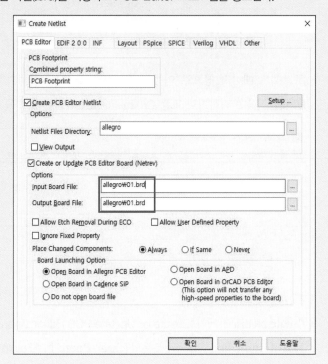

다. allegro 폴더가 자동으로 만들어지고, 그 폴더 안에 Netlist와 Footprint 정보가 생성된 [01. brd] 파일이 생성된 것을 확인한다.

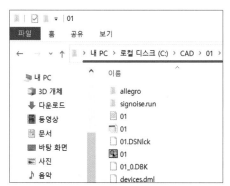

라. allegro 폴더를 새로 만들기 위해 [확인]을 클릭한다. allegro 폴더가 이미 있는 경우에는 이 과정이 나타나지 않는다.

마. 지금까지 과정에서 문제가 없으면, OrCAD PCB Editor 프로그램으로 Netlist와 Footprint 정보가 전송된 후 OrCAD PCB Editor 프로그램이 열린다. 이때 경고 창이 나타나면 [예] 단추를 누른다.

바. Netlist를 생성할 때 Error 및 Warning 등의 내용을 확인하기 위해 메뉴바에서 [Window] 〉 [Session log]를 클릭한다. 설계 창 하단에 Session log 창이 열리면 메시지를 확인한다.

여기서 주의할 점은 Create Netlist 중 error가 발생하여도 "Open Board in OrCAD PCB Editor" 부분이 선택되어 있으므로 PCB Editor 프로그램 창이 열린다는 것이다. 창이 열려도 Netlist 정보가 정확히 넘어간 것이 아니므로 꼭 세션로그 창에서 error 및 Warning의 발생 여부를 확인하고, error 및 Warning이 발생하였다면 수정한 후 다시 Netlist를 생성한다.

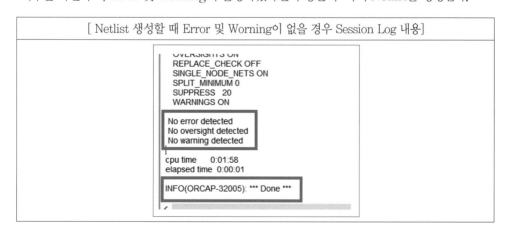

[Netlist 생성할 때 Error 및 Worning이 없을 경우 Session Log 내용]

사. 그림과 같이 OrCAD PCB Editor 프로그램의 창이 열리는 것을 확인한다.

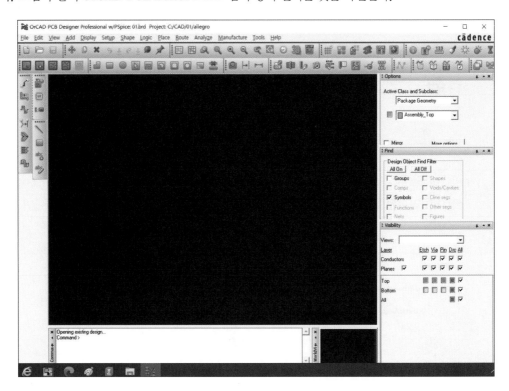

아. OrCAD Capture 프로그램의 프로젝트 매니저 창에 Outputs 폴더를 확인한다. Netlist 생성이 오류 없이 정상적으로 실행되면, Outputs 폴더에 pstxnct.dat, pstxprt.dat, pstchip.dat 파일이 생성된다.

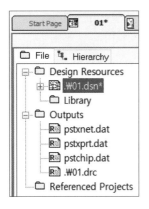

patxnet.dat: 부품 간 Net 연결 등의 정보

pstxprt.dat: 부품 정보

pstchip.dat: 부품의 Footprint 등의 정보

❸ PCB 설계(Layout)

PCB Editor에서 PCB 설계(Layout)의 흐름은 다음과 같다.

▣ PCB 설계(Layout) 흐름

프로그램 실행	부품확인	환경설정	Board Outline 작성	hole 배치	grid 및 color 설정	부품배치	Constraint (설계규약) 설정	배선	카퍼	DRC	레퍼런스 정리	보드명 기입	Dimension 작성 (치수 기입)	드릴파일 생성	거버 데이터 생성	거버파일 인쇄

1) PCB Editor 프로그램 실행

▣ PCB 설계(Layout) 흐름

프로그램 실행	부품확인	환경설정	Board Outline 작성	hole 배치	grid 및 color 설정	부품배치	Constraint (설계규약) 설정	배선	카퍼	DRC	레퍼런스 정리	보드명 기입	Dimension 작성 (치수 기입)	드릴파일 생성	거버 데이터 생성	거버파일 인쇄

가. OrCAD Capture 프로그램의 Create Netlist 창에서 Board Launching Option 부분의 [Open Board in OrCAD PCB Editor]를 선택하여 Netlist를 생성했다면 이미 PCB Editor 프로그램이 실행되어 있을 것이다.

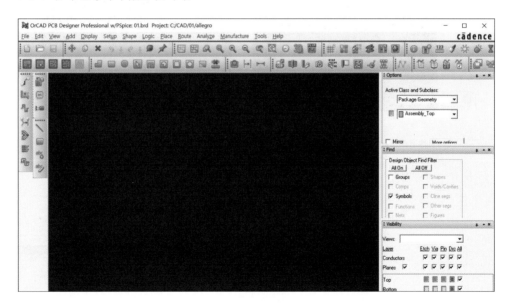

나. 만약 PCB Editor 작업을 하다가 저장하고 PCB Editor 프로그램을 종료한 상태라면, 직접 PCB Editor 프로그램을 실행하여 [01.brd] 파일 열기를 한다.

A. PCB Editor 프로그램을 실행한다.

ㄱ. 버전 16.5인 경우:

[시작] 〉 [모든 프로그램] 〉 [Cadence] 〉 [Release 16.5] 〉 [OrCAD PCB Editor]

ㄴ. 버전 16.6인 경우:

[시작] 〉 [Cadence] 〉 [PCB Editor] 클릭 또는 바탕화면에서 PCB Editor 아이콘()을 실행한다.

B. 메뉴바에서 **[파일] 〉 [Open]**을 클릭하여 C\CAD\01\allegro 폴더에서 [01.brd] 파일을 클릭하고 [열기]를 클릭한다.

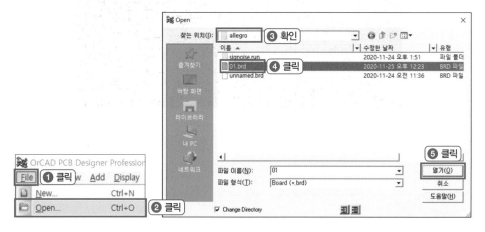

2) 부품의 Footprint 확인

■ PCB 설계(Layout) 흐름

프로 그램 실행	부품 확인	환경 설정	Board Outline 작성	hole 배치	grid 및 color 설정	부품 배치	Constraint (설계규약) 설정	배 선	카 퍼	D R C	레퍼 런스 정리	보드명 기입	Dimension 작성 (치수 기입)	드릴 파일 생성	거버 데이터 생성	거버 파일 인쇄

OrCAD Capture 회로에서 각 부품의 Footprint가 PCB Editor에 모두 넘어왔는지 확인한다. [Footprint 이름]이 틀리게 입력되었다면 Quickview 창에서 부품의 형태를 확인할 수 없다.

가. 메뉴바에서 **[Place] 〉 [Manually]**를 선택하거나 Place Manually 아이콘(📖)을 클릭한다.

나. Placement 창에서 도면의 모든 부품이 있는지 Components를 확인한다. 만약 누락된 부품이 있으면, OrCAD Capture에서 [Footprint 이름]을 수정하고 다시 Netlist를 생성한다.

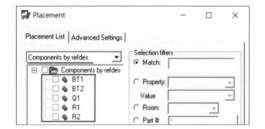

다. Placement 창에서 각 부품의 체크박스를 클릭하고 Quickview 창을 확인하여 각 부품의 Footprint 형태가 맞는지 확인한다. 만약 부품의 형태가 다르면, OrCAD Capture 프로그램에서 [Footprint 이름]을 수정하고 다시 Netlist를 생성한다.

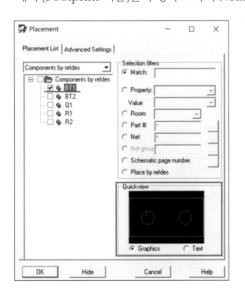
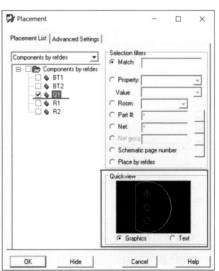

3) 환경 설정

PCB Editor 2Layer(양면보드)를 설계하기 전 기본적인 환경 설정을 한다.

▣ PCB 설계(Layout) 흐름

프로그램 실행	부품확인	환경설정	Board Outline 작성	hole 배치	grid 및 color 설정	부품 배치	Constraint (설계규약) 설정	배선	카퍼	D R C	레퍼런스 정리	보드명 기입	Dimension 작성 (치수 기입)	드릴 파일 생성	거버 데이터 생성	거버 파일 인쇄

가. 메뉴바에서 [Setup] 〉 [Design Parameters]를 선택하거나 툴바의 Prmed 아이콘()을 클릭한다.

나. Design Tab을 선택한다. 이 Tab은 설계할 때의 단위(User Units), 도면 크기(Size), 소수점 아래 자리수(Accuracy) 및 원점(Origin) 등을 설정하며, 다음 그림과 같이 설정한다.

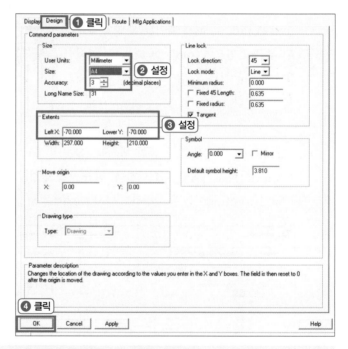

1. Design 탭을 선택한다.
2. Size
   ① User Units: Millimeter   ② Size: A4   ③ Accuracy: 3 (소수점 아래 3자리까지 표현)
3. Extents
   Left X: −70, Lower Y: −70
   (원점의 왼쪽으로 70mm, 아래쪽 70mm로 Layout 설계공간 확장)
4. [OK]를 클릭한다.

> **꿀팁! 환경 설정**
>
> 메뉴바에서 [Setup] 〉 [Design Parameters](📱)에서 보드, 실크 데이터, 카퍼, 치수 보조선 등의 환경 설정을 할 수 있다.
>
> 1. Design 탭에서 Size(User Uints, Size, Accuracy), Extents 등 보드 환경 설정
>
> 2. Text 탭에서 실크 데이터 크기 설정
>
> 3. Shapes 탭 아래 Termal relief connects에서 카퍼 환경 설정
>
> 4. Mfg Applications 탭에서 치수(Dimension) 환경 설정이 가능하다.

4) 보드 외곽선 작성

☑ PCB 설계(Layout) 흐름

프로그램 실행	부품확인	환경설정	**Board Outline 작성**	hole 배치	grid 및 color 설정	부품배치	Constraint (설계규약) 설정	배선	카퍼	D R C	레퍼런스 정리	보드명 기입	Dimension 작성 (치수 기입)	드릴 파일 생성	거버 데이터 생성	거버 파일 인쇄

가. Board Outline 작성

보드 외곽선 작성 방법은 메뉴바에서 [Setup] 〉 [Outlines] 〉 [Board Outline...]을 이용하거나, 메뉴바에서 [Add] 〉 [Line]을 이용하는 방법이 있다. [Board Outline...]을 선택해서 보드 외곽선을 그리면 보드에 필렛이나 챔퍼를 적용할 수 없다.

A. [Setup] 〉 [Outlines] 〉 [Board Outline]을 이용한 Outline 작성

ㄱ. 메뉴바에서 [Setup] 〉 [Outlines] 〉 [Board Outline]을 클릭한다.

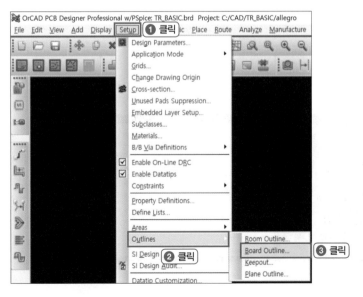

ㄴ. Board Outline 창에서 아래 그림과 같이 [Place Rectangle]을 선택한 후 크기를 폭 [100mm], 높이[100mm]로 입력한다.

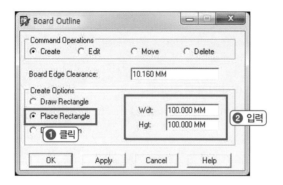

ㄷ. 커서에 Outline이 붙어있는 것을 확인한다.

ㄹ. Board Outline 창을 열어놓은 상태에서 [Command] 창에 [x 0 0](소문자 [x] 한 칸 띄우고 [0] 한 칸 띄우고 [0])을 입력하거나 [x 0,0](소문자 [x] 한 칸 띄우고 [0][콤마][0]) 을 입력한 후 Enter↵를 누른다.

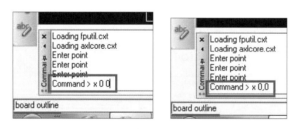

ㅁ. Board Outline 창에서 [OK]를 클릭한다.

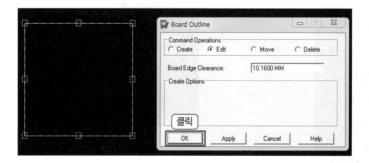

ㅂ. 상태줄이 Idle(쉬고 있는 상태 또는 준비 상태)로 바뀌며 Outline이 생성된다. 보드 외
곽선에서 Board Edge Clearance에 입력된 값을 이격거리로 두고 Route keepin(배선 영역)과 Package keepin(부품 영역)이 생성된다.

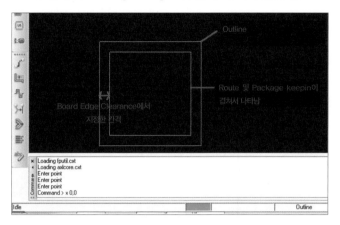

ㅅ. 메뉴바에서 **[Edit] 〉 [Delete]**를 선택하거나 Delete 아이콘(✖)을 클릭한다.

ㅇ. 하단의 상태줄에서 delete를 확인하고 Route keepin(배선 영역)과 Package keepin(부품 영역)을 클릭하여 삭제한다. 하지만 Route keepin Area(배선 영역)와 Package keepin Area(부품 배치 영역) 안쪽에 부품 배치 및 배선이 이루어지도록 주의할 필요가 있다.

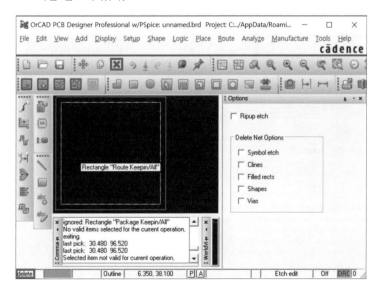

ㅈ. 키보드의 F6 을 누르거나 MRB(마우스 오른쪽 버튼) 메뉴의
    [Done]을 클릭해서 Delete 상태를 종료한다.

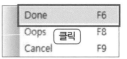

B. 메뉴바에서 [Add] 〉 [Line]을 이용한 Outline 작성

ㄱ. 메뉴바에서 [Add] 〉 [Line]을 선택한다.

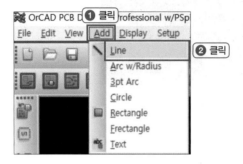

ㄴ. Options 창에서 Active Class and Subclass 부분에 [Board Geometry]와 [Outline]
    을 설정한다. (Line width 0.3 또는 0.5)

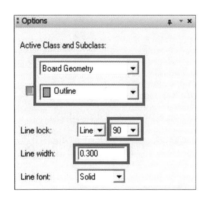

1. Active Class and Subclasss:
   Board Gometry에 Outline을 그림
2. Line lock: 선을 90도로 꺾음
3. Line width: 선의 폭을 0.3mm로 함

ㄷ. 다음과 같이 Command 창에 좌표를 차례대로 입력한다. (절대좌표 또는 상대좌표를 입
    력한다.

절대좌표	상대좌표
[x 0,0] Enter⏎	[x 0,0] Enter⏎
[x 100,0] Enter⏎	[ix 100] Enter⏎
[x 100,100] Enter⏎	[iy 100] Enter⏎
[x 0,100] Enter⏎	[ix −100] Enter⏎
[x 0,0] Enter⏎	[iy −100] Enter⏎

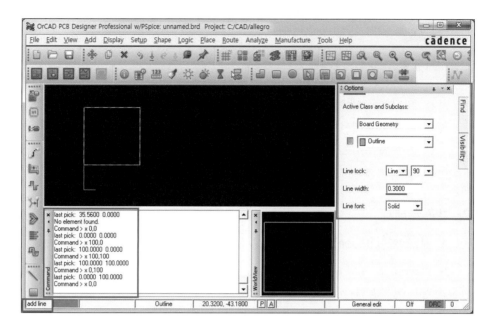

ㄹ. 키보드의 F6을 누르거나 MRB(마우스 오른쪽 버튼) 메뉴의 **[Done]**을 클릭해서 Outline
   작성을 완료한다.

5) 기구 홀 배치

조건에 맞도록 비전기적 홀인 기계적인 홀 MTG125(직경 3.175mm)를 배치한 후 크기를 직경 3ø로
수정한다.(MTG125를 사용하는 이유는, 첫째 기구 홀이 비전기적(Non-Electrical) 속성을 갖는다는
조건을 맞추기 위함이고, 둘째 MTG125의 직경이 3.175mm로 입력해야 하는 홀의 직경 3ø와 가장
비슷하기 때문이다.)

◾ PCB 설계(Layout) 흐름

프로그램 실행	부품확인	환경설정	Board Outline 작성	hole 배치	grid 및 color 설정	부품 배치	Constraint (설계규약) 설정	배선	카퍼	DRC	레퍼런스 정리	보드명 기입	Dimension 작성 (치수 기입)	드릴 파일 생성	거버 데이터 생성	거버 파일 인쇄

아. 기구 홀(Mounting Hole) 삽입

A. 보드 외곽의 네 모서리에 직경 3Ø의 기구 홀을 삽입한다.

B. 각각의 모서리로부터 5mm 떨어진 지점에 배치한다. (위의 그림 참고)

C. 기구 홀은 비전기적(Non-Electrical) 속성을 갖는다.

D. 기구 홀의 부품 참조 값은 생략한다.

가. 기구 홀 배치

A. 메뉴바에서 [Place] 〉 [Manually]를 선택한다.

B. Placement 창의 Advanced Settings Tab에서 Library 체크박스를 선택한다. (Library에 있는 기구 홀 [MTG125]를 이용하기 위함)

C. Placement 창에서 Placement List 탭을 선택한다. 콤보상자에서 Mechanical symbols 을 선택하여 MTG125의 체크박스를 클릭하면 커서 끝에 선택된 Symbol이 따라오는 것을 확인할 수 있다.

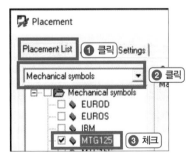

D. Placement 창을 띄운 상태에서 작업 창(디자인 창)의 아래에 있는 Command 창에 좌표 **[x 5,5]**를 입력하고 엔터를 눌러서 기구 홀을 배치한다.

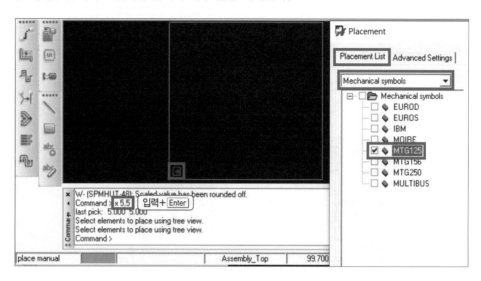

E. 같은 방법으로 Placement 창에서 MTG125를 체크하고, Command 창에 아래와 같이 좌표를 입력하고 엔터를 눌러서 나머지 3곳에 기구 홀을 배치한다.

Command)x 95,5 [Enter↵]
Command)x 95,95 [Enter↵]
Command)x 5,95 [Enter↵]

F. 키보드의 [F6]을 누르거나 MRB(마우스 오른쪽 버튼) 메뉴의 **[Done]**을 클릭해서 기구 홀 배치를 완료하고 idle 상태로 만든다.

Done	F6	클릭
Oops	F8	
Cancel	F9	

나. 기구 홀 크기를 직경 3Ø로 수정

A. 툴바의 GeneralEdit 아이콘( )을 선택한다.

B. 4개 중 하나의 기구 홀 위에 마우스 커서를 올리고 MRB(마우스 오른쪽 버튼) 메뉴에서
[Modify design padstack] 〉 [All Instances]를 클릭한다.

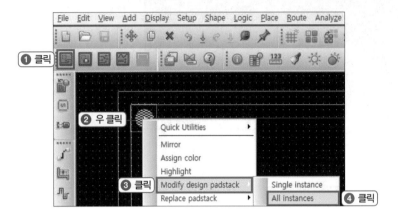

C. Padstack Designer 창의 Drill diameter에 [3]을 입력한다.

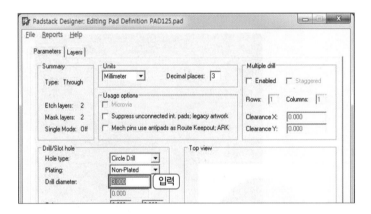

D. Padstack Designer 창 메뉴바에서 [File] 〉 [Update
to Design and Exit]를 클릭한다.

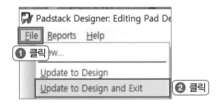

E. Pad Stack Warnings 창을 닫는다.

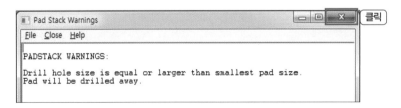

F. OrCAD PCB Designer Professional w/PSpice 창에서 [예]를 누른다.

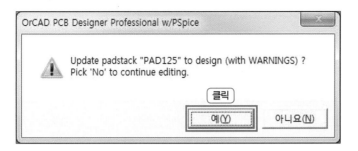

G. 다른 홀의 크기도 직경 3∅로 바뀌었는지 확인해 본다. (All Instance를 선택했으므로 모든 홀의 크기가 3∅로 바뀜)

6) 부품 배치 전 설정(그리드 및 Color 설정)

▣ PCB 설계(Layout) 흐름

프로그램 실행	부품 확인	환경 설정	Board Outline 작성	hole 배치	**grid 및 color 설정**	부품 배치	Constraint (설계규약) 설정	배선	카퍼	D R C	레퍼런스 정리	보드명 기입	Dimension 작성 (치수 기입)	드릴 파일 생성	거버 데이터 생성	거버 파일 인쇄

가. Grid 설정

A. 메뉴바에서 [Setup] > [Grid]를 선택하거나 작업 창(디자인 창)의 빈 공간에서 MRB(마우스 오른쪽 버튼) 메뉴의 [Quick Utilities] > [Grid]를 클릭한다.

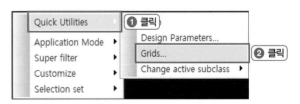

B. Define Grid 창에서 Grid On 체크박스를 체크하여 그리드가 보이도록 하고, **Non-Etch** 부분의 Spacing x 값을 [1.27], Spacing y 값을 [1.27]로 입력하여 그리드 한 칸당 1.27mm만큼 공간이 생기도록 설정한다. (Grid On 체크박스를 체크하지 않고 그리드가 보이지 않도록 해도 됨)

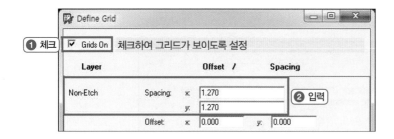

나. Color Display 설정

작업 창(디자인 창)에서 불필요한 데이터를 정리하고, 필요한 데이터만 보이도록 하기 위한 창이다. 먼저 기본적으로 복잡하게 설정된 데이터를 모두 보이지 않도록 설정한 후에 설계자가 원하는 데이터만 보이도록 설정할 수 있다. 여기에서는 Stack-up, Board Geometry, Package Geometry, Components 설정을 한다.

A. 모든 데이터 숨김

ㄱ. 메뉴바에서 [Display] 〉 [Color/Visibillity]를 선택하거나 툴바의 Color 아이콘(🔲)을 클릭한다.

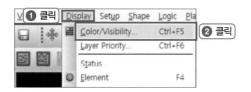

ㄴ. Color Dialog 창 우측 상단의 Global visibility를 [Off]로 선택하면 모든 체크박스가 해제되며 모든 Subclasses가 작업 창(디자인 창)에서 보이지 않게 된다.

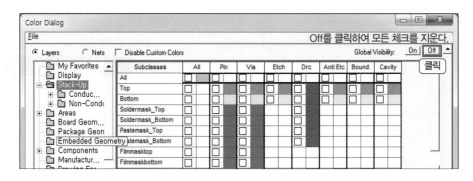

B. Stack-Up 설정

ㄱ. Stack-Up을 클릭하고 오른쪽 Subclasses에서 Pin, Via, Etch, Drc의 All을 선택한다.

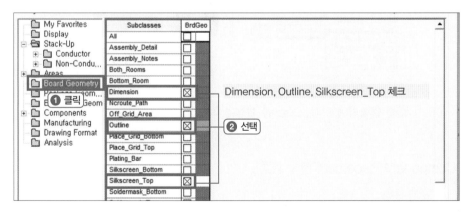

ㄴ. [Apply]를 클릭하면 적용된 사항을 작업 창(디자인 창)에서 확인할 수 있다.

C. Board Geometry 설정

ㄱ. Board에 관련된 Color를 설정할 수 있으며, [Dimension], [Outline], [Silkscreen_top]을 체크한다.

ㄴ. [Apply]를 클릭하면 적용된 사항을 작업 창(디자인 창)에서 확인할 수 있다.

D. Package Geometry 설정

ㄱ. 부품에 관련된 Color를 설정하며, [Silkscreen_Top]을 체크한다.

ㄴ. [Apply]를 클릭하면 적용된 사항을 작업 창(디자인 창)에서 확인할 수 있다.

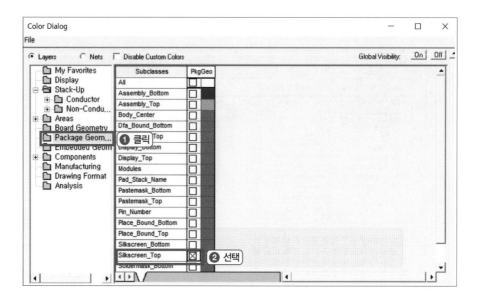

E. Components 설정

ㄱ. RefDes 부분의 Silkscreen_Top을 Check 한다.

ㄴ. [Apply]를 클릭하면 적용된 사항을 작업 창(디자인 창)에서 확인할 수 있다.

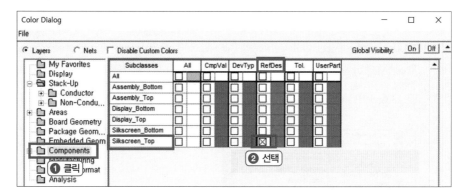

F. [OK]를 클릭하여 Color Display 설정을 마친다.

7) Component Placement(부품 배치)

■ PCB 설계(Layout) 흐름

프로그램 실행	부품확인	환경설정	Board Outline 작성	hole 배치	grid 및 color 설정	부품 배치	Constraint (설계규약) 설정	배선	카퍼	D R C	레퍼런스 정리	보드명 기입	Dimension 작성 (치수 기입)	드릴 파일 생성	거버 데이터 생성	거버 파일 인쇄

조건 **과제 2** PCB 설계(Layout) 바.

> 바. 부품 배치: 주요 부품은 위 그림과 같이 배치하고, 그 외는 임의대로 배치하되, 부품은 TOP 면에만 실장한다. 부품을 실장할 때 이격거리를 고려하여 배치하고, IC와 LED 등 극성이 있는 부품은 되도록이면 동일한 방향으로 배열하여 배치한다.

가. 메뉴바에서 [Place] 〉 [Manually]를 선택하거나 툴바에서 Place Manual 아이콘()을 클릭한다.

나. Placement 창에서 Placement List Tab을 선택한다. Components by refdes를 선택하고 아래 그림과 같이 Q1의 체크박스를 클릭한다.

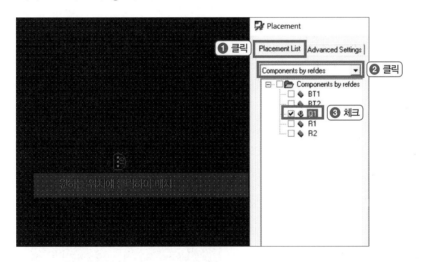

다. 부품 배치 시 부품을 회전할 경우 부품이 커서에 붙어있는 상태에서 MRB(마우스 오른쪽 버튼) 메뉴의 [Rotate]를 클릭한다. 방향 핸들 키(마우스)를 조정하여 원하는 방향이 되었을 때 클릭한다.

라. 이와 같은 방법으로 모든 부품을 Package Keepin Area(부품 영역) 안쪽으로 적절히 배치한다.

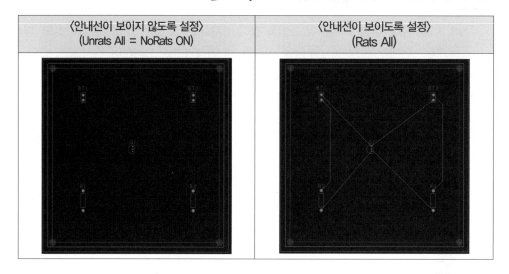

〈안내선이 보이지 않도록 설정〉 (Unrats All = NoRats ON)	〈안내선이 보이도록 설정〉 (Rats All)

 모든 부품을 한번에 배치하는 방법: Quick place 이용

1. 메뉴바에서 [Place] 〉 [Quickpalce]를 선택한다.

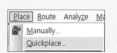

2. Quickplace 창에서 가장 기본적인 배치로 Placement Filter의 [Place all components]를 선택한 후 [Place]를 클릭하여 모든 부품을 Board Outline 밖으로 자동 배치한다.

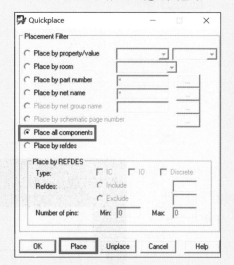

3. Quickplace 메뉴를 사용하여 원하는 위치에 빠른 배치를 할 수 있으며, 이와 같이 배치된 부품들은 메뉴바에서 [Edit] 〉 [Move] 또는 툴바의 Move 아이콘(⊕)을 선택하여 부품을 Board Outline 안쪽에 적절히 배치한다.

8) Constraint 설정(설계 규약 설정)

Constraint란 PCB 설계 시 제약사항을 말하며, Net 두께, 네트와 카퍼 이격거리, DRC 조건 등을 설정한다.

▣ PCB 설계(Layout) 흐름

| 프로그램 실행 | 부품 확인 | 환경 설정 | Board Outline 작성 | hole 배치 | grid 및 color 설정 | 부품 배치 | Constraint (설계규약) 설정 | 배선 | 카퍼 | DRC | 레퍼런스 정리 | 보드명 기입 | Dimension 작성 (치수 기입) | 드릴 파일 생성 | 거버 데이터 생성 | 거버 파일 인쇄 |

조건 과제 2 PCB 설계(Layout) 사, 차, 카.

사. 네트(NET)의 폭(두께)

네트명	폭(두께)
+2V, +10V, GND	1mm
일반선	0.5mm

차. 카퍼(Copper Pour)

A. 보드의 카퍼는 Bottom Layer에만 GND 속성으로 처리한다.

B. 보드 외곽으로부터 0.5mm 이격을 두고 카퍼 처리한다.

C. 모든 네트와 카퍼와의 이격거리(Clearance)는 0.5mm, 단열판과 GND 네트 사이 연결선의 두께는 0.5mm로 설정한다.

카. DRC(Design Rule Check)

A. 모든 조건은 default 값(Clearance: 0.254mm)에 위배되지 않아야 한다.

가. Allegro Constraints Manager 창 열기

메뉴바에서 [Setup] 〉 [Constraints] 〉 [Constraint Manager]를 선택하거나 툴바의 Cmgr 아이콘(▦)을 클릭한다.

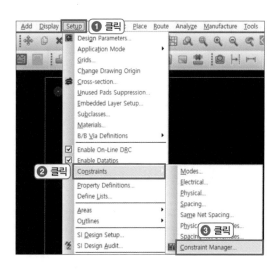

나. Physical

Worksheet selector의 Physical 부분에서는 전기적 속성을 가진 Net 두께 및 Via 등을 설정한다. Spacing 부분에서는 네트와 카퍼와의 이격거리, DRC 조건을 설정한다.

A. 일반선 라인 두께 0.5mm를 설정하기 위해 Physical의 All Layers를 클릭한다. Line Width 부분의 DEFAULT행 Min열에 [0.5]를 입력한다. (일반선 네트 폭: 0.5mm)

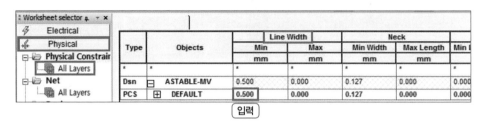

B. +2V, +10V, GND 라인 두께 1mm를 설정하기 위해 Net의 All Layers를 클릭한다. Line Width 부분의 GND행, 2V행, 10V행 Min열에 [1.0]을 입력한다.

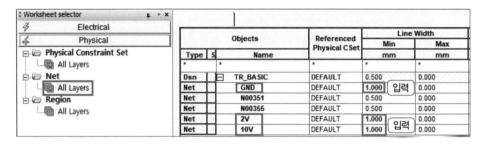

다. Spacing

네트와 카퍼와의 이격거리, DRC 조건을 설정한다.

A. Worksheet selector 창 아래쪽의 [Spacing]을 클릭한다.

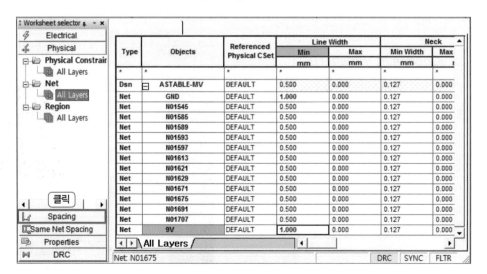

B. Spacing Constraint Set의 All Layers 아래의 Line, Pins, Vias를 모두 **[0.254]**로 입력한다. (문제에서 주어진 default값 Clearance: 0.254mm를 따름)

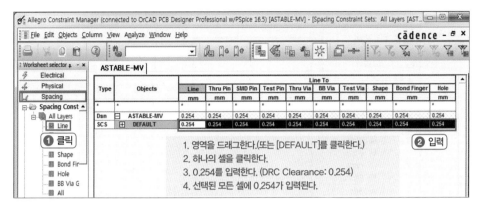

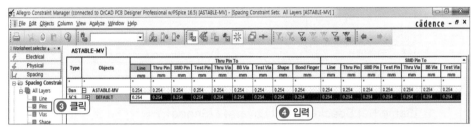

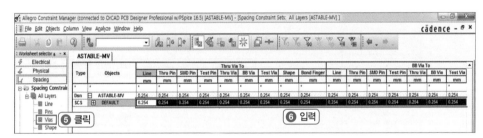

C. [Spacing Constraint Set] 〉 [All Layers] 〉 [Shape]를 클릭하고 모두 [0.5]를 입력한다. (모든 네트와 카퍼와의 이격거리: 0.5mm)

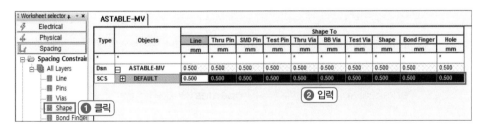

라. Same Net Spacing

A. Worksheet selector 아래쪽의 **[Same Net Spacing]**을 클릭한다.

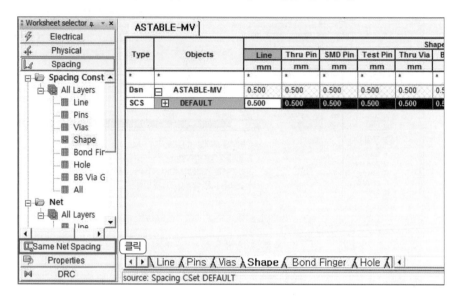

B. **[Same Net Spacing]** > **[All Layers]** > **[Shape]**를 클릭하고 모두 **[0.5]**를 입력한다. (단열
판과 GND 네트 사이 연결선의 두께는 0.5mm)

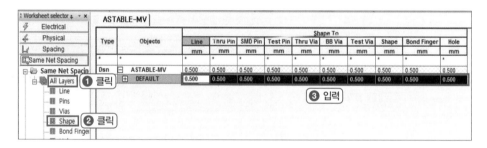

마. GND 배선 숨기기

배선 완료 후 Bottom Layer에 Copper 영역을 GND 속성으로 설정하기 때문에 GND 패턴
을 숨긴다. (배선 시 GND를 제외한 다른 패턴들만 배선함)

A. Worksheet selector 아래쪽의 **[Properties]**를 클릭한다.

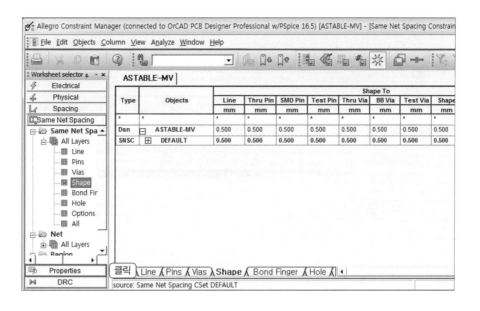

B. NET 폴더 부분의 **[General Properties]**를 클릭하고, GND의 NO Rat 부분을 **ON**으로
설정하여 GND 가상 선들을 숨긴다.

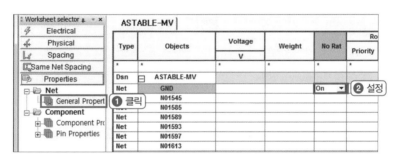

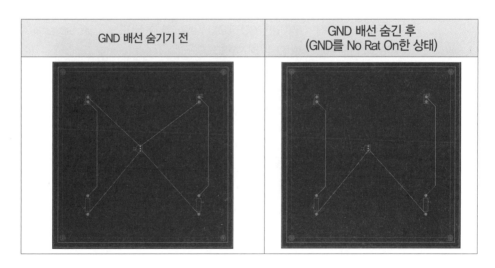

GND 배선 숨기기 전	GND 배선 숨긴 후 (GND를 No Rat On한 상태)

C. 기본적인 설정이 완료되었으므로 메뉴바에서 [File] 〉 [Close]를 선택하거나 오른쪽 상단의 [X]를 선택하여 설계 창으로 복귀한다.

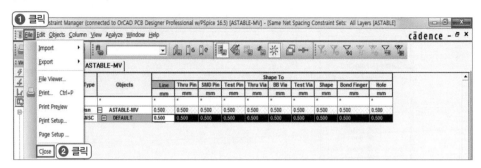

9) Route(배선)

■ PCB 설계(Layout) 흐름

프로그램 실행	부품 확인	환경 설정	Board Outline 작성	hole 배치	grid 및 color 설정	부품 배치	Constraint (설계규약) 설정	배선	카퍼	D R C	레퍼런스 정리	보드명 기입	Dimension 작성 (치수 기입)	드릴 파일 생성	거버 데이터 생성	거버 파일 인쇄

조건 과제 2 PCB 설계(Layout) 아.

아. 배선

A. 배선은 양면(TOP, BOTTOM)에서 한다. **(자동 배선을 하면 실격 처리됨)**

B. 배선 경로는 최대한 짧게 한다. 100% 배선하고, 직각 배선은 하지 않는다.

C. 각 Layer에 가급적 배선 방향 기준을 정하는 것이 좋다. 예를 들어 배선 방향의 기준이 TOP Layer에 수평이면, BOTTOM Layer에 수직[또는 TOP Layer에 수직이면, BOTTOM Layer에 수평]으로 배선한다.

가. 메뉴바에서 [Route] 〉 [Connect] 또는 툴바의 Add Connect 아이콘( )을 클릭한다.

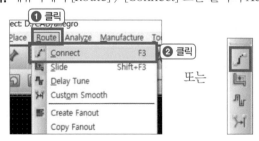

나. 상태줄에서 상태가 add connect인 것을 확인하고, 배선 작업 시 우측의 Options 창 등을 확인하여 설계하고자 하는 Board 환경에 맞게 적절히 설정한 후 연결된 가상선에 따라 각 단자 (Pin)를 클릭하여 배선한다. (TOP 면에 수평 배선, BOTTOM 면에 수직 배선을 한다. TOP 면에 수직 배선, BOTTOM 면에는 수평 배선을 해도 된다.)

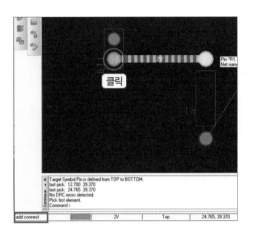 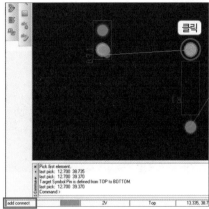

다. TOP 면 배선

A. 메뉴바에서 **[Route] > [Connect]** 또는 툴바의 Add Connect 아이콘( )을 클릭한다.

B. Options 창에서 해당 내용을 입력한 후 안내선을 참조하여 각 연결단자를 클릭하여 배선한다. (주의: Option 창 **Act 영역에 TOP 면**이 설정되어있는지 확인 후 배선하기)

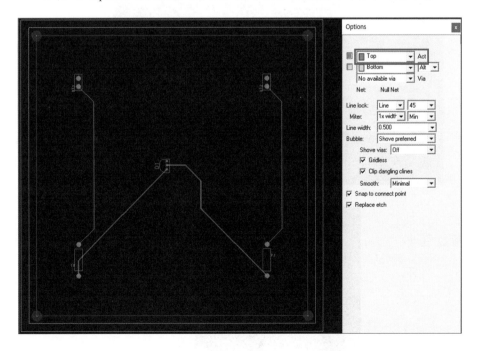

라. BOTTOM 면 배선

Layer 변경은 MRB(마우스 오른쪽 버튼) 메뉴에서 **[Swap Layers]**를 클릭해도 되고, 또는 키보드의 ⊞, ⊟ 키를 이용하여 변경한다.

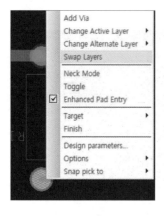 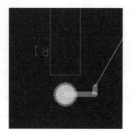

TOP 면에서 배선하다가 키보드의 ⊞ 키를 눌러서 Bottom 면으로 변경 가능

A. Option 창에서 Act 영역에 Bottom 면이 설정되어있는지 확인한 후에 배선한다.

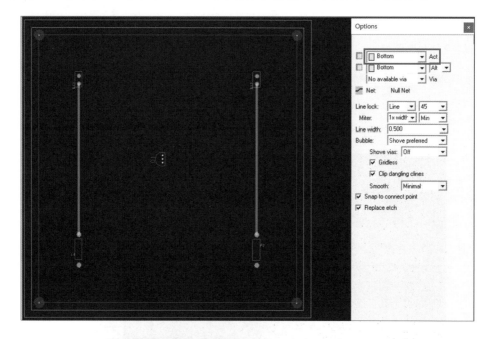

마. 배선 결과

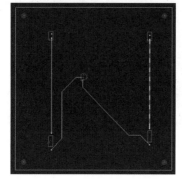

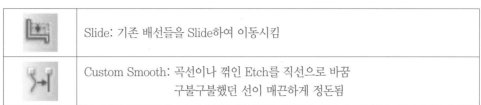

바. 배선 정리

배선을 완료한 후에 Etchedit(배선 편집 📧) 모드로 설정하고, Custom Smooth와 Slide를 이용하여 정리한다.

	Slide: 기존 배선들을 Slide하여 이동시킴
	Custom Smooth: 곡선이나 꺾인 Etch를 직선으로 바꿈 구불구불했던 선이 매끈하게 정돈됨

A. Custom Smooth를 선택한 후에 전체 보드를 드래그하여 선택하면 구불구불하던 선이 매끈하게 정돈되는 것을 확인할 수 있다.

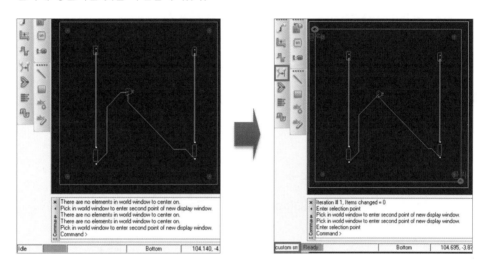

B. Slide를 선택한 후에 가까이 붙어있는 배선이나 이동하고자 하는 배선을 클릭한 후 드래그하여 클릭하면 배선이 이동되는 것을 확인할 수 있다.

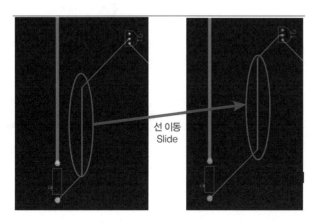

선 이동
Slide

10) Copper area 작성

▣ PCB 설계(Layout) 흐름

프로그램 실행	부품확인	환경설정	Board Outline 작성	hole 배치	grid 및 color 설정	부품 배치	Constraint (설계규약) 설정	배선	카퍼	D R C	레퍼런스 정리	보드명 기입	Dimension 작성 (치수 기입)	드릴 파일 생성	거버 데이터 생성	거버 파일 인쇄

조건 과제 2 PCB 설계(Layout) 차, 타.

차. 카퍼(Copper Pour)

A. 보드의 카퍼는 Bottom Layer에만 GND 속성으로 처리한다.

B. 보드 외곽으로부터 0.5mm 이격을 두고 카퍼 처리한다.

C. 모든 네트와 카퍼와의 이격거리(Clearance)는 0.5mm, 단열판과 GND 네트 사이 연결선의 두께는 0.5mm로 설정한다.

타. PCB 제조에 필요한 데이터의 생성

A. 양면 PCB 제조에 필요한 데이터 파일(거버 데이터(RS274-X) 등)을 빠짐없이 생성한다.

가. 거버 데이터의 포맷 RS274-X 설정 및 연결선 두께 0.5mm 설정

A. 메뉴바에서 [Shape] > [Global dynamic Params...]를 선택한다.

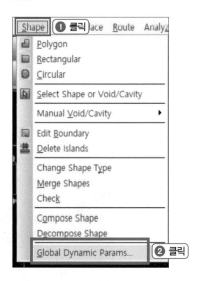

B. 거버 데이터의 포맷을 RS274-X로 설정하기 위해 [Void control] 탭으로 이동하여 Artwork format(거버 포맷)을 [Gerber RS274X]를 선택한다.

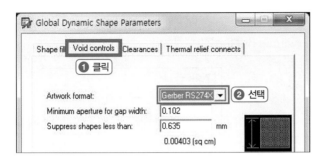

C. 카퍼는 단열판(Themal relief) 역할을 한다. 단열판이 최소 1개 연결되어도 동작이 가능하도록 [Thermal relief connects] 탭을 선택한 후에, Minimum connects를 [1]로 설정하고, 문제에서 단열판과 GND 네트 사이 연결선의 두께는 0.5mm로 조건이 주어졌으므로 Use fixed thermal width of:에 [0.5]를 입력하고 [OK]를 클릭하거나 엔터(Enter↵)를 누른다.

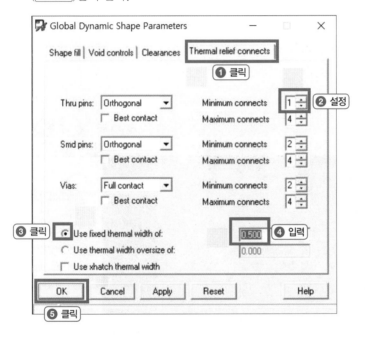

나. 카퍼(Copper Pour) 설정

A. 메뉴바에서 [Shape] 〉 [Rectangular]를 선택한다.

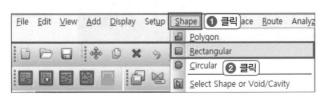

B. Control Panel의 Options 창에서 [Active Class and Subclass:]를 [Etch], [Bottom]으로 설정하고, Assign net name:을 [Gnd]로 설정한다.

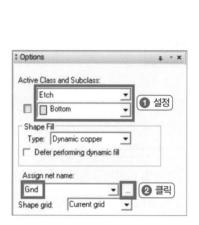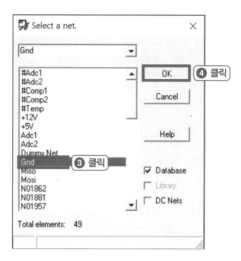

C. Command 창에 좌표 [x 5,5] Enter↵], [x 95, 95] Enter↵를 차례대로 입력하면 카퍼 영역 (Copper area)이 작성된다.

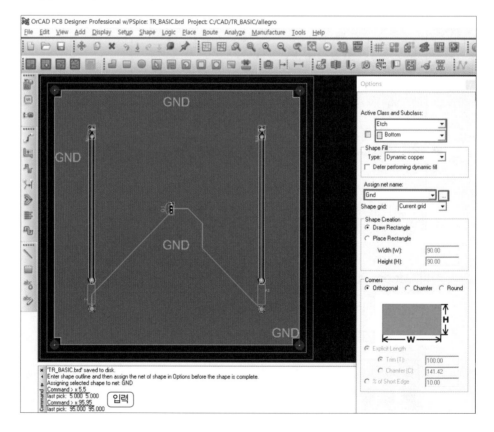

D. 키보드의 F6을 누르거나 MRB(마우스 오른쪽 버튼) 메뉴에
서 [Done]을 클릭해서 Copper 영역 작성을 완료한다.

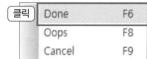

다. Net의 GND 색상을 바꿔 Copper Area의 구분을 쉽게 한다.

A. 메뉴바에서 [Display] > [Color/Visibillity]를 클릭
하거나 툴바의 Color 아이콘(▦)을 클릭한다.

B. Color Dialog 창에서 좌측 상단의 Nets를 선택하고, 아래의 컬러란에서 GND 배선 색상
을 선택한다. 우측의 Net열 GND행의 체크박스를 클릭하고, [Apply](적용)하면 Copper
색이 바뀐다.

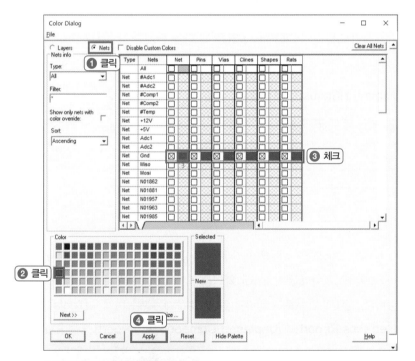

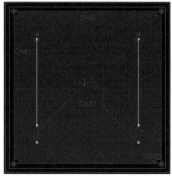

◀ 카퍼(GND)에 색 적용 결과

11) 작업 상태 확인 및 에러 체크

▣ PCB 설계(Layout) 흐름

프로그램 실행	부품 확인	환경 설정	Board Outline 작성	hole 배치	grid 및 color 설정	부품 배치	Constraint (설계규약) 설정	배선	카퍼	DRC	레퍼런스 정리	보드명 기입	Dimension 작성 (치수 기입)	드릴 파일 생성	거버 데이터 생성	거버 파일 인쇄

카. DRC(Design Rule Check)

A. 모든 조건은 default 값(Clearance: 0.254mm)에 위배되지 않아야 한다.

B. DRC 검사(설계규칙검사)를 해서 에러가 있으면 수정하여 DRC(설계규칙검사)를 다시 하고, 에러가 없으면 감독위원에게 확인을 받는다. **(감독위원에게 DRC(설계규칙검사) 결과 에러가 없다는 것을 확인받지 못하면 실격 처리됨)**

C. DRC(설계규칙검사)를 한 결과 에러가 없을 때 다음 단계의 작업을 진행한다.

가. 메뉴바에서 [Display] 〉 [Status]를 선택한다.

나. Status 창에서 상태박스가 모두 초록색일 경우가 정상이다. Error가 있을 경우는 상태박스가 빨간색 또는 노란색으로 나타난다. Error 확인은 각각의 빨간색이나 노란색 박스를 클릭하면 확인이 가능하다. 상태박스 부분이 클릭이 안 될 경우에는 메뉴바에서 [Tools] 〉 [Report] 〉 [Unconnected Pins Report]나 [Unplaced Components Report] 또는 [Design Rule Check Report] 등을 선택하여 확인할 수 있다. 모든 error를 수정하여 상태박스가 모두 초록색이 되면 감독관에게 확인받는다.

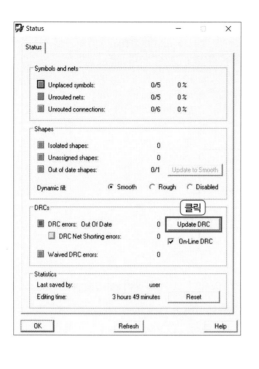

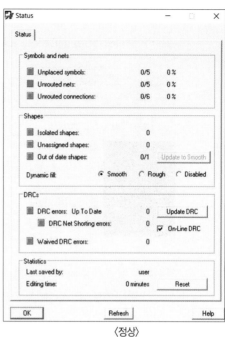

〈정상〉

다. 만약 연결되지 않은 배선이 있는 경우에 다음 그림과 같은 창이 뜬다. 이때, Unrouted connections 왼쪽의 상태박스를 클릭하면 Unconnected Rons Report 창이 뜨고, 여기에서 연결되지 않은 단자의 좌표를 클릭하면 해당 위치를 PCB Editor프로그램의 Layout 창에서 보여준다. Gnd와 연결되어야 하는데, 되지 않은 독립된 단자를 Copper 영역과 연결해주기 위해 메뉴바에서 **[Route] > [Connect(F3)]**을 선택하여 연결하거나, 또는 Slide 기능을 이용하여 배선을 옮겨 독립된 단자가 카퍼와 연결될 수 있도록 영역을 확보해주는 방법도 있다. (영역이 확보되면 자동 연결됨)

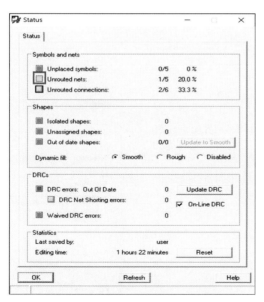

라. Isolated 영역(Gnd의 영향이 미치지 않도록 고립된 영역)이 있는 경우에 제거

A. 메뉴바에서 [Shape] 〉 [Delete Islands]를 선택한다.

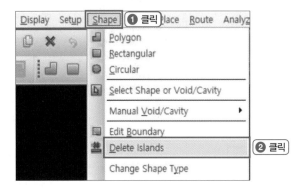

B. 연결되지 않은 Copper 찌꺼기(Island)가 있으면 그림과 같이 Isolated shapes의 왼쪽 버튼이 노란색으로 나타난다. 노란색 버튼을 클릭하면 Isolated shapes 창이 뜬다. 이 창에서 좌표를 클릭하면 Island의 위치를 파악할 수 있다.

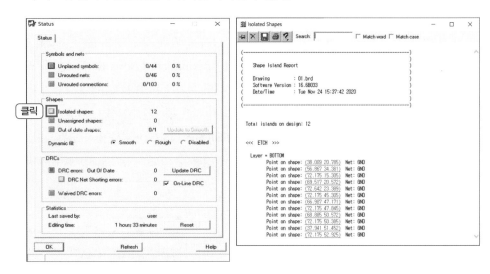

C. 옵션 창에서 Delete all on layer 를 클릭하여 한꺼번에 삭제하거나, 작업 창(디자인 창)에서 각 Island를 선택하고 옵션 창에 있는 First 를 클릭하여 하나씩 확인하며 삭제할 수 있다. 만약 카퍼 찌꺼기가 없는 경우 이 작업은 생략한다.

12) 레퍼런스(Reference) 정리

레퍼런스는 부품의 참조 기호 및 참조 번호로 표기된다. 예를 들어 저항의 레퍼런스는 R1, R2 등으로 표기되고, 트랜지스터의 레퍼런스는 Q1, Q2 등으로 표기된다. 레퍼런스를 정리할 때 주의해야 할 사항은 각종 실크 데이터(Silk Data)와 패드가 겹치는 경우에 실크 데이터로 인해 납땜이 불안정하여 불량의 오류가 되고, 전기기능사 시험에서는 불합격 처리되므로 레퍼런스를 반드시 부품의 외부에 배치한다.

■ PCB 설계(Layout) 흐름

프로그램 실행	부품 확인	환경 설정	Board Outline 작성	hole 배치	grid 및 color 설정	부품 배치	Constraint (설계규약) 설정	배선	카퍼	DRC	레퍼런스 정리	보드명 기입	Dimension 작성 (치수 기입)	드릴 파일 생성	거버 데이터 생성	거버 파일 인쇄

조건 과제 **1**   PCB 설계(Layout) 자.

자. 실크 데이터(Silk Data)

A. 실크 데이터의 부품 번호는 한 방향으로 정렬하고, 불필요한 데이터는 삭제한다.

가. Reference 정리를 쉽게 할 수 있도록 아래와 같이 Control Panel의 Visibility 창에서 Etch 체크박스를 체크 해제하여 배선이 보이지 않도록 설정하고 작업한다.

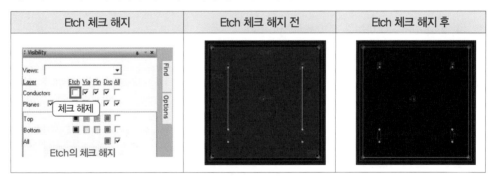

Etch 체크 해지	Etch 체크 해지 전	Etch 체크 해지 후

나. Reference 크기를 균일하게 한다.

A. 메뉴바에서 [Edit] 〉 [Change]를 선택한다.

B. Options 창에서 Class:에 **[Ref Des]**, New subclass:
에 **[Silkscreen_Top]**으로 Text block은 **2(또는 3)**로
설정한다.

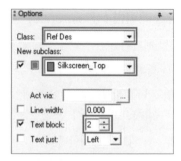

C. PCB Board 전체를 드래그하여 텍스
트 크기를 2로 균일하게 편집한다.

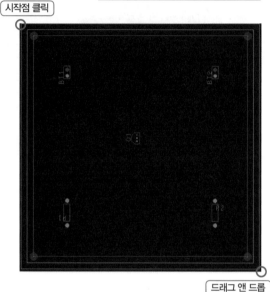

다. Rcfcrence의 방향을 동일하게 정렬한다.

A. 메뉴바에서 **[Edit] > [Move]** 또는 툴바에서 Move 아이콘(✛)을 클릭한다. Find 창에서
[All off]를 선택하여 모두 보이지 않게 한 후 Text만 활성화되도록 체크한다. 실크 데이터
는 TOP 면에 위치하므로 Visibility 창에서 BOTTOM 면이 보이지 않도록 Bottom의 All
을 체크 해제한다.

B. 각 Reference를 클릭하여 정렬한다. Reference를 회전하고자 할 때는 해당 Reference를 클릭한 후 MRB(마우스 오른쪽 버튼) 메뉴에서 **[Rotate]**를 클릭하여 회전해서 정리한다. 실크 데이터가 부품의 패드나 배선과 겹치면 실격 처리되므로 겹치지 않도록 주의하자.

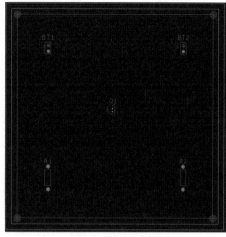

▲ 레퍼런스 정렬 결과

C. 키보드의 F6을 누르거나 MRB(마우스 오른쪽 버튼) 메뉴의 **[Done]**을 클릭해서 기구 홀 배치를 완료하고 Idle 상태로 만든다.

13) 보드명 기입

실크 데이터를 입력할 때 주의해야 할 사항은 각종 실크 데이터(Silk Data)와 패드가 겹치는 경우에 실크 데이터로 인해 납땜이 불안정하여 불량의 오류가 되고, 전자캐드기능사 시험에서는 불합격 처리되므로 실크 데이터가 부품과 겹치지 않도록 입력한다.

◾ PCB 설계(Layout) 흐름

프로그램 실행	부품 확인	환경 설정	Board Outline 작성	hole 배치	grid 및 color 설정	부품 배치	Constraint (설계규약) 설정	배선	카퍼	DRC	레퍼런스 정리	보드명 기입	Dimension 작성 (치수 기입)	드릴 파일 생성	거버 데이터 생성	거버 파일 인쇄

조건 과제 **2** PCB 설계(Layout) 자.

자. 실크 데이터(Silk Data)

B. 다음의 내용을 보드 상단 중앙에 위치시킨다.

(TR BASIC)

(line width: 0.5mm, height: 4mm)

가. Visibility 창의 **Etch** 체크박스를 체크한다.

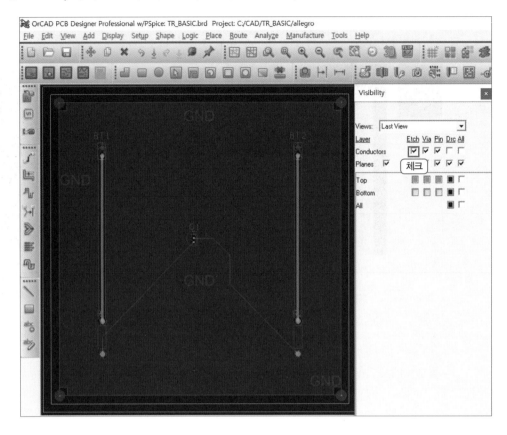

나. OrCAD Editor 프로그램에서 기본적으로 제공하는 Text Block을 검색하기 위해 메뉴바에서
[Setup] 〉[Design Parameters]를 선택한 후 Text 탭을 클릭한다. 다음과 같이 Setup Test
Size(...)를 클릭한다.

다. Text Setup 창에서 height가 4mm와 최대한 비슷한 텍스트 블록을 찾아서 Photo Width 를 [0.5], Height를 [4]로 수정한다(문제에서 주어진 line width 값을 Text Setup 창에서는 Photo Width 값으로 설정한다. 그리고 Char Space(글자 간격)에 **[0.05]**를 입력한 후 [OK] 를 클릭한다. 수정한 텍스트 블록이 10번임을 기억하자.

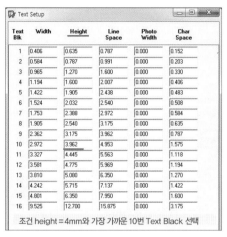

라. 실크 데이터 [TR BASIC]을 기입하기 위해 메뉴바에서 **[Add] 〉 [Text]**를 선택한다. Control Panel의 Option 창에서 Active Class and Subclass 부분을 **[Board Geometry]**, **[Silkscreen_Top]**으로 설정한 후에 Text Block을 **[10]**으로 설정한다. (Text just 부분을 Left에서 Center로 바꿔서 중앙 정렬로 설정해도 됨)

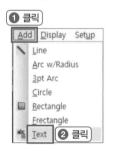 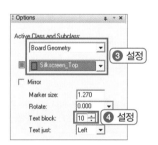

마. 보드 상단 중앙에 마우스 커서를 클릭한 후 **[TR BASIC]**을 입력한다.

바. 키보드의 F6을 누르거나 MRB(마우스 오른쪽 버튼) 메뉴의 **[Done]** 을 클릭해서 기구 홀 배치를 완료하고 Idle 상태로 만든다.

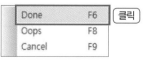

사. 보드명 위치 수정

보드명의 위치 수정이 필요한 경우 메뉴바에서 **[Edit] 〉[Move]**를 선택한다. Move 명령어 선택 후 Control Panel의 Find 창에서 모든 아이템을 **[All off]** 후 **[Text]**만 선택한다. 그리고 입력한 보드명을 클릭하여 선택하고 보드 상단 중앙의 적당한 위치에 클릭하여 이동한다.

아. 키보드의 F6을 누르거나 MRB(마우스 오른쪽 버튼) 메뉴의 **[Done]**을 클릭해서 기구 홀 배치를 완료하고 Idle 상태로 만든다.

14) Dimension 작성(치수 기입)

■ PCB 설계(Layout) 흐름

프로그램 실행	부품 확인	환경 설정	Board Outline 작성	hole 배치	grid 및 color 설정	부품 배치	Constraint (설계규약) 설정	배선	카퍼	DRC	레퍼런스 정리	보드명 기입	Dimension 작성 (치수 기입)	드릴 파일 생성	거버 데이터 생성	거버 파일 인쇄

조건 과제 2 PCB 설계(Layout) 마.

마. 보드 사이즈: 100mm[가로]×100mm[세로]
(치수 보조선을 이용하여 보드 사이즈를 실크스크린 레이어에 표시한다.)(실크스크린 이외의 레이어에 표시한 경우 실격 처리됨)

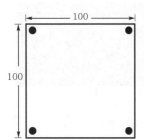

가. 단위 및 Text 크기, Line 크기 등을 설정

A. 메뉴바에서 [Manufacture] 〉 [Dimension Environment]를 선택한다.

B. 단위 및 Text 크기 등을 설정하기 위해서 작업 창(디자인 창)에 커서를 두고 MRB(마우스 오른쪽 버튼) 메뉴에서 [Parameters]를 클릭한다.

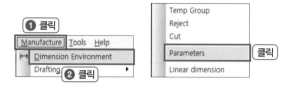

C. Drafting Parameters 창의 General 탭에서 'Units: (단위)'를 [Millimeters]로 설정한다.

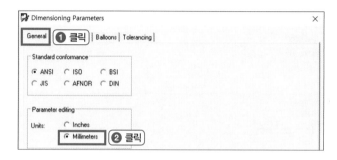

D. Drafting Parameter 창의 Text 탭에서 Text block 크기, Text 표시 단위 및 사용하는 소수점 아래 자리수 범위 등을 설정할 수 있다.

Text block:을 보드 크기에 맞게 적절하게(여기에서는 [5]로) 설정한다. Primary dimensions 부분에서 Text 표시 Units(단위)를 [Milimeters]로 선택하고, Decimal places:(소수점 자리)는 [0]으로 설정하여 단위가 정수로 표시되도록 한다.

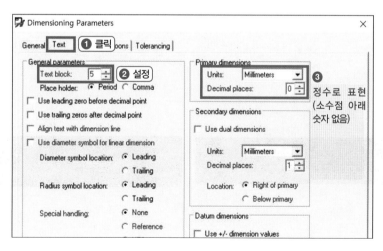

E. Drafting Parameter 창 Lines 탭에서 화살표 모양 및 크기를 설정한다. Arrows 부분의 Head Length에 [1.0]을 입력한 후 모든 설정이 끝나면 [OK]를 클릭한다.

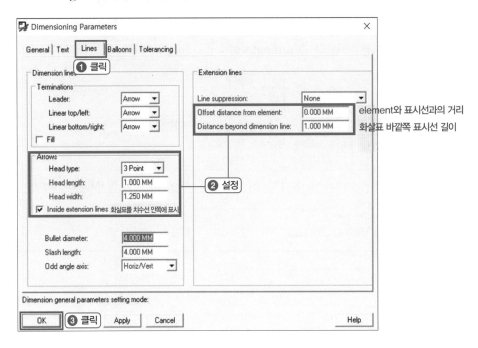

나. 치수 기입

A. 작업 창(디자인 창)에서 MRB(마우스 오른쪽 버튼) 메뉴의 **[Linear Dimension]**을 클릭한다.

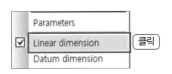

B. 조건에 기입된 치수 보조선을 참고하여 다음의 치수 기입 방법에 따라 원하는 Segment를 클릭하면 측정된 값이 커서에 붙어 있는 것을 확인할 수 있으며, 적당한 위치에 클릭하여 치수를 작성한다.

ㄱ. Line을 클릭

ㄴ. 각 지점을 클릭

ㄷ. 각 부품을 클릭

ㄹ. Dimension 작성 결과

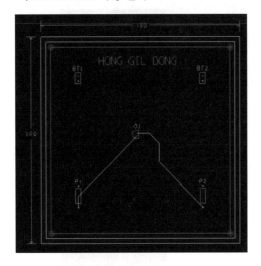

ㅁ. 키보드의 F6 을 누르거나 MRB(마우스 오른쪽 버튼) 메뉴의 **[Done]**을 클릭해서 기구
홀 배치를 완료하고 Idle 상태로 만든다.

15) Dril file 생성(드릴 심벌 및 리스트 생성)

드릴 심벌 및 범례표를 생성한다.

▣ PCB 설계(Layout) 흐름

프로그램실행	부품확인	환경설정	Board Outline 작성	hole 배치	grid 및 color 설정	부품배치	Constraint (설계규약) 설정	배선	카퍼	DRC	레퍼런스 정리	보드명 기입	Dimension 작성 (치수 기입)	드릴 파일 생성	거버 데이터 생성	거버 파일 인쇄

[조건] 과제 **1**   PCB 설계(Layout) 타.

타. PCB 제조에 필요한 데이터의 생성

　A. 양면 PCB 제조에 필요한 데이터 파일(거버 데이터(RS274-X) 등)을 모두 생성한다.

가. Drill Customization(드릴 최적화: 심벌 및 리스트 생성)

A. 메뉴바에서 [Manufacture] 〉 [NC] 〉 [Drill Customization] 또는 툴바에서 Ncdrill Customization 아이콘( )을 클릭한다.

B. Drill Customization 창에서 Drill symbol의 종류, 좌표, 홀수 등의 정보를 확인하고, 하단 중앙의 [Auto generate symbols]를 클릭하여 자동으로 Drill symbol을 생성한다.

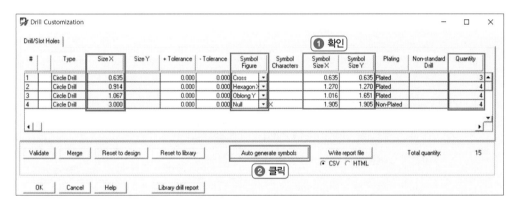

C. 드릴 및 홀의 심벌을 생성할 것인지를 확인하는 창에서 [예]를 클릭한다.

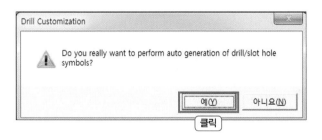

D. 변경된 사항을 확인하고 [OK]를 클릭한다.

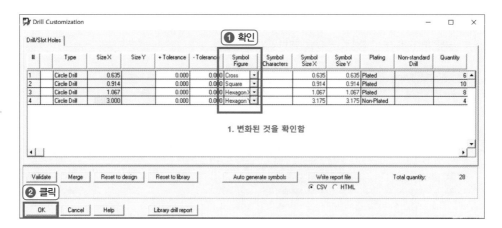

E. 최적화한 사항을 반영할 것인지를 확인
   하는 창에서 [예]를 클릭한다.

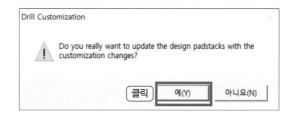

나. Drill Legend(드릴 범례 표) 작성

A. 메뉴바에서 [Manufacture] 〉 [NC]
   〉 [Drill Legend] 또는 툴바에서
   Ncdrill Legend 아이콘( )을 클
   릭한다.

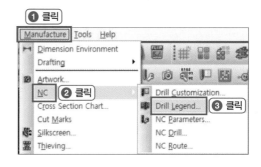

B. Drill Legend 창에서 Output
   Unit:를 [Millimeter]로 설정하고
   [OK]를 클릭한다.

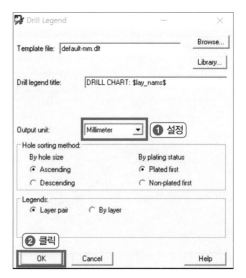

C. 커서에 직사각형의 Legend(범례 표)가 붙어 있는 것을 확인할 수 있으며, Board 아래쪽에 클릭하여 배치한다. (Board 위쪽에 배치해도 됨)

작업 후 모습	Board Outline, Dimension, NClegend−1−2만 보이게 설정한 후 모습
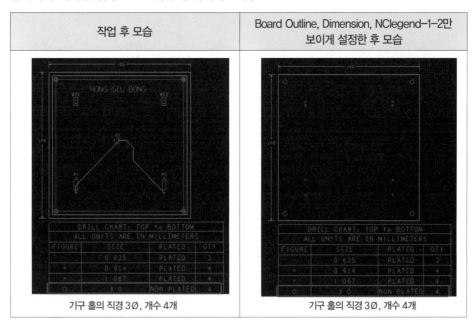	
기구 홀의 직경 3Ø, 개수 4개	기구 홀의 직경 3Ø, 개수 4개

다. Drill parameters(드릴 변수 설정)

A. Drill 좌표 데이터에 대한 변수를 설정하기 위해 메뉴바에서 [Manufacture] 〉 [NC] 〉 [NC Parameters]를 선택하거나 툴바에서 Ncdrill Param 아이콘(🖊)을 클릭한다.

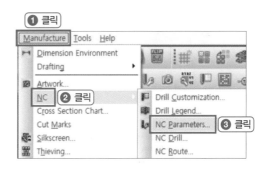

B. NC Parameters 창에서 Format은 [3.5]로, Output units는 [Metric]으로 설정하고 [Leading zero suppression] 및 [Enhanced Excellon format]을 체크한 후 [Close]를 클릭하여 창을 닫는다.

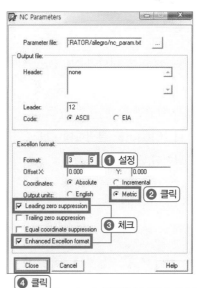

C. allegro 폴더에 ns_param.txt 파일이 생
성된 것을 확인할 수 있다.

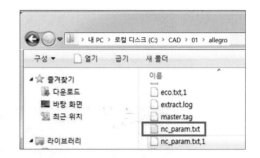

라. Drill 파일 생성

Hole을 뚫는 데이터를 생성하기 위해 Drill File을 생성한다.

A. 메뉴바에서 [Manufacture] 〉 [NC] 〉
[NC Drill]을 선택한다.

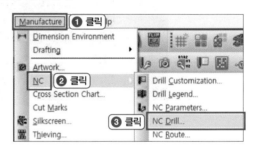

B. NC Drill File을 생성할 수 있는 창에서 [Drill]을 클릭하여 DATA를 생성한다.

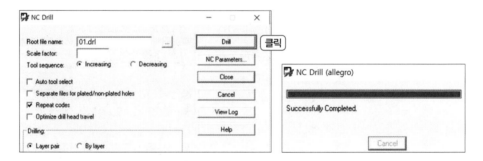

C. NC Drill 창 하단에 [NC Drill
Complete] 메시지가 뜨는 것
을 확인한 후에 F6을 누르거
나 [Close]를 클릭하여 창을
닫는다.

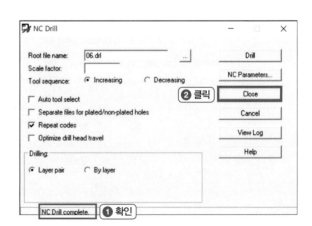

D. 01-1-2.drl 파일이 allegro 폴더에 생성된 것을 확인할 수 있다.

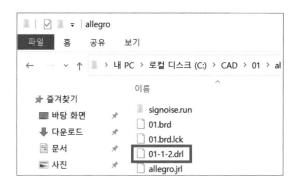

16) 거버 데이터(Artwork Files) 생성

PCB Board를 제작하는 데 필요한 거버 파일(TOP.art, BOTTOM.art, SST.art, SMT.art, SMB.art, DRD.art)을 생성한다.

■ PCB 설계(Layout) 흐름

| 프로그램 실행 | 부품확인 | 환경설정 | Board Outline 작성 | hole 배치 | grid 및 color 설정 | 부품배치 | Constraint (설계규약) 설정 | 배선 | 카퍼 | DRC | 레퍼런스 정리 | 보드명 기입 | Dimension 작성 (치수 기입) | 드릴파일 생성 | **거버 데이터 생성** | 거버파일 인쇄 |

조건 과제 1 PCB 설계(Layout) 타.

타. PCB 제조에 필요한 데이터의 생성

A. 양면 PCB 제조에 필요한 데이터 파일(거버 데이터(RS274-X) 등)을 빠짐없이 생성한다.

B. 이동식 저장장치에 작업한 폴더를 저장하여 감독위원 PC로 이동한다. **(파일 제출 후 작품 수정 시에는 부정행위자로 간주하여 실격 처리됨)**

Layer	Artwork Film 요소
TOP	ETCH/TOP PIN/TOP VIA CLASS/TOP BORAD GEOMETRY/OUTLINE
BOTTOM	ETCH/BOTTOM PIN/BOTTOM VIA CLASS/BOTTOM BORAD GEOMETRY/OUTLINE

SST (Silkscreen_Top)	BORAD GEOMETRY/SILKSCREEN_TOP BORAD GEOMETRY/OUTLINE BORAD GEOMETRY/DIMENSION PACKAGE GEOMETRY/SILKSCREEN_TOP REFDES/SILKSCREEN_TOP
SMT (Soldermask_Top)	BORAD GEOMETRY/OUTLINE PIN/SOLDERMASK_TOP VIA CLASS/SOLDERMASK_TOP
SMB (Soldermask_Bottom)	BORAD GEOMETRY/OUTLINE PIN/SOLDERMASK_BOTTOM VIA CLASS/SOLDERMASK_BOTTOM
DRD (Drill_Data)	BORAD GEOMETRY/OUTLINE MANUFACTURING/NCLEGEND-1-2

가. 메뉴바에서 **[Manufacture]** 〉 **[Artwork]** 또는 툴바에서 Artwork 아이콘( )을 선택한다.

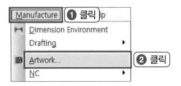

나. Artwork Control Form 창의 General Parameters 탭에서 Device type을 **[Gerber RS274X]**
로, Output units를 **[Millimeters]**로, Format의 Integer places:에 **[5]**를 입력한다.

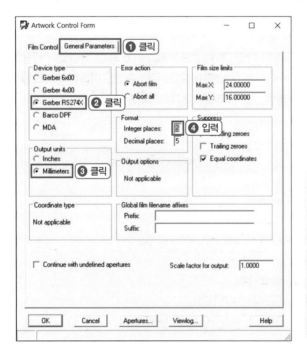

Device type:
문제에서 RS274-X로 조건이 정해짐

Output units:
거버 파일의 단위를 밀리미터로 정함

Format
Integer places: 정수 부분 자리수
Decimal places: 소수점 아래 자리수

다. Artwork Film을 생성하기 위해 Film Control 탭을 선택한다. 기본적으로 Etch Subclass가 있는 부분(배선이 있는 부분)은 Film이 기록되어 있는 것을 확인할 수 있다.

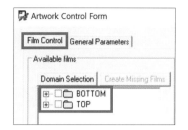

라. Artwork control Form 창을 닫지 않은 상태에서 TOP, BOTTOM의 필름 요소들을 수정하고, Silkscreen_Top, Soldermask_Top, Soldermask_Bottom, Drill draw 등 새로운 필름을 생성한다.

A. TOP

TOP Layer의 Artwork Film Subclass(하위 요소)에 BORAD GEOMETRY/OUTLINE 요소가 누락되었으므로 추가한다.

    - ETCH/TOP
    - PIN/TOP
    - VIA CLASS/TOP
    - BORAD GEOMETRY/OUTLINE → 추가

ㄱ. TOP 폴더를 열어서 TOP Layer의 Artwork 필름 하위 요소에 BORAD GEOMETRY/OUTLINE 요소가 누락된 것을 확인한다.

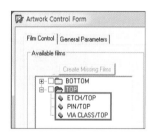

ㄴ. TOP 폴더에 마우스 커서를 올리고 MRB(마우스 오른쪽 버튼) 메뉴 **[Display for Visibility]**를 클릭하면 작업 창(디자인 창)에 현재 TOP Layer Film의 결과가 보인다.

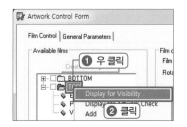

ㄷ. TOP Layer 하위 요소에 BORAD GEOMETRY/OUTLINE 요소를 추가하기 위해
TOP 면 하위 요소 중 하나 위에서 MRB(마우스 오른쪽 버튼) 메뉴의 **[Add]**를 클릭
한다.

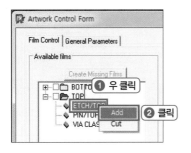

ㄹ. Subclass Selection(하위 요소 선택) 창이 뜨면 [BORAD GEOMETRY]의
[OUTLINE]을 체크하고 [OK]를 클릭하거나 엔터(Enter↵)를 누른다.

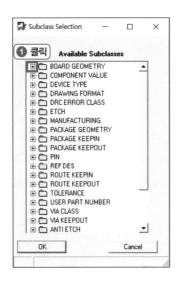 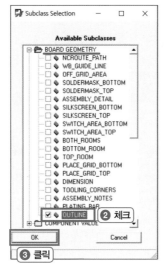

ㅁ. TOP Layer의 Artwork Film 하위 요소에 BORAD GEOMETRY/OUTLINE 요소
가 추가된 것을 확인한다.

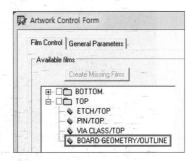

ㅂ. TOP 폴더명 위에 마우스 커서를 올리고 MRB(마우스 오른쪽 버튼) 메뉴의 [Display for Visibility]를 클릭하면 작업 창(디자인 창)에 BORAD GEOMETRY/OUTLINE 요소가 추가된 TOP 면이 보인다.

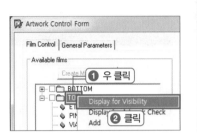

B. BOTTOM

BOTTOM Layer의 Artwork Film Subclass(하위 요소)에 BORAD GEOMETRY/OUTLINE 요소가 누락되었으므로 추가한다.

- ETCH/BOTTOM
- PIN/BOTTOM
- VIA CLASS/BOTTOM
- BORAD GEOMETRY/OUTLINE → 추가

ㄱ. BOTTOM 폴더를 열어서 BOTTOM 면의 Artwork Film 하위 요소에 BORAD GEOMETRY/OUTLINE 요소가 누락된 것을 확인한다.

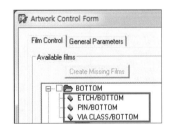

ㄴ. BOTTOM 폴더에 마우스 커서를 올리고 MRB(마우스 오른쪽 버튼) 메뉴의 [Display for Visibility]를 클릭하면 작업 창(디자인 창)에 현재 BOTTOM 면 Film의 결과가 보인다.

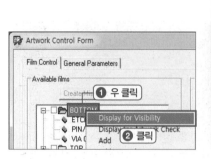
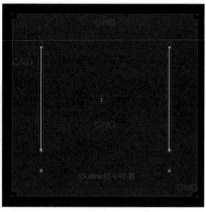

ㄷ. BOTTOM Layer 하위 요소에 BORAD GEOMETRY/OUTLINE 요소를 추가하기 위해 BOTTOM 면 하위 요소 중 하나 위에서 MRB(마우스 오른쪽 버튼) 메뉴의 [Add]를 클릭한다.

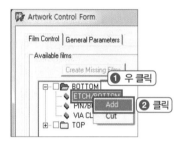

ㄹ. Subclass Selection(하위 요소 선택) 창에서 BORAD GEOMETRY의 OUTLINE을 체크하고 [OK]를 클릭하거나 엔터(Enter.↵)를 누른다.

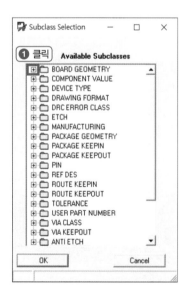
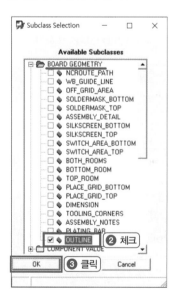

ㅁ. BOTTOM Layer의 Artwork Film 하위 요소에 BORAD GEOMETRY/OUTLINE 요소가 추가된 것을 확인한다.

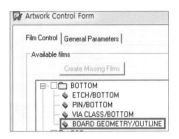

ㅂ. BOTTOM 폴더에 마우스 커서를 올리고 MRB(마우스 오른쪽 버튼) 메뉴의 **[Display for Visibility]**를 클릭하면 작업 창(디자인 창)에 BORAD GEOMETRY/OUTLINE 요소가 추가된 현재 BOTTOM 면 Film의 결과가 보인다.

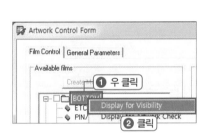

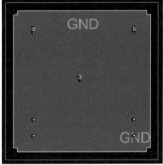

C. SST(Silkscreen_Top)

치수 보조선을 반드시 Silkscreen_Top 면에 작성하도록 한다. 치수 보조선을 다른 영역에 작성하면 불합격 처리되는 것에 주의하자.

ㄱ. SST 면을 추가한다.

Artwork Control Form 창의 Film Control 탭에서 Available films 부분의 [TOP]을 클릭한 후 MRB(마우스 오른쪽 버튼) 메뉴의 **[Add]**를 클릭한다. 추가할 필름명 [SST]를 기입한 후 [OK]를 클릭한다.

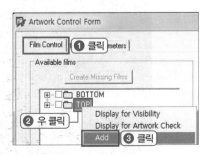

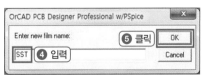

ㄴ. 메뉴바에서 [Display] 〉[Color Visibility] 또는 Color 아이콘( )을 클릭한다. 오른쪽 상단 Global Visibility의 [Off]를 클릭하여 모든 Class 및 Subclass를 보이지 않도록 설정한다([Apply]를 클릭하여 확인 가능). 확인 창에서 [예]를 클릭한다.

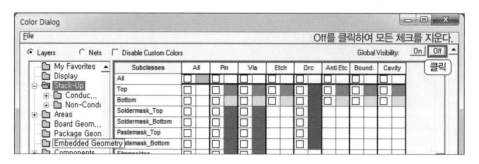

ㄷ. Color Dialog 창에서 다음 내용의 Subclasses를 체크한 후 Display를 하기 위해 [Apply]를 클릭하여 작업 창(디자인 창)을 확인한다.

- Board Geometry의 Subclass에서 Outline, Dimension, Silkscreen_Top을 체크
- Package Geometry의 Subclasses에서 Silkscreen_Top을 체크
- Components의 RefDes 부분의 Silkscreen_Top을 체크

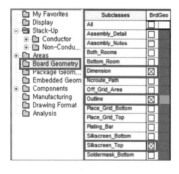

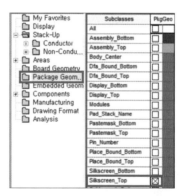

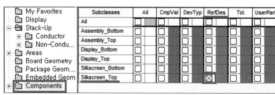

ㄹ. 작업 창(디자인 창)에 보이는 것과 같은 SST 필름의 하위 요소를 생성하기 위해 Artwork Control Form 창의 Film Control 탭에서 Available films 부분의 **[SST]**를 클릭한 후 MRB(마우스 오른쪽 버튼) 메뉴의 **[Match Display]**를 클릭한다. SST의 하위 요소 생성 결과를 확인한다.

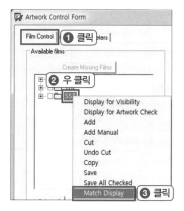 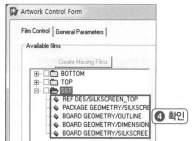

D. SMT(Soldermask_Top)

ㄱ. SMT 면을 추가한다.

Artwork Control Form 창의 Film Control 탭에서 Available films 부분의 **[SST]**를 클릭한 후 MRB(마우스 오른쪽 버튼) 메뉴의 **[Add]**를 클릭한다. 추가할 필름명 [SMT]를 기입한 후 [OK]를 클릭한다.

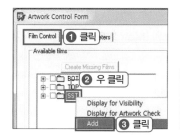 

ㄴ. 메뉴바에서 **[Display] 〉 [Color Visibility]** 또는 툴바에서 Color 아이콘( )을 클릭한다. 오른쪽 상단 Global Visibility의 **Off**를 클릭하여 모든 Class 및 Subclass를 보이지 않도록 설정한다. ([Apply]를 클릭하여 확인 가능) 확인 창에서 [예]를 클릭한다.

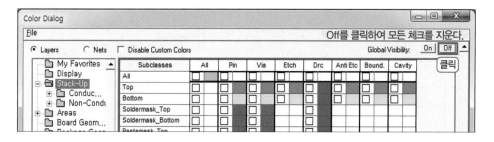

ㄷ. Color Dialog 창에서 다음 내용의 Subclasses를 체크한 후 Display를 하기 위해
[Apply]를 클릭하여 작업 창(디자인 창)을 확인한다.

- Stack-Up의 Subclass에서 Soldermask_Top의 Pin, Via를 체크
- Board Geometry의 Subclass에서 Outline을 체크

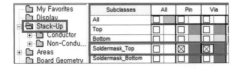
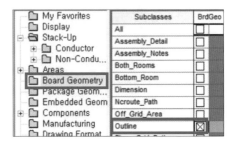

ㄹ. 작업 창(디자인 창)에 보이는 것과 같은 SMT 필름의 하위 요소를 생성하기 위해
Artwork Control Form 창의 Film Control 탭에서 Available films 부분의 [SMT]
를 클릭한 후 MRB(마우스 오른쪽 버튼) 메뉴의 [Match Display]를 클릭한다. SMT의
하위 요소 생성 결과를 확인한다.

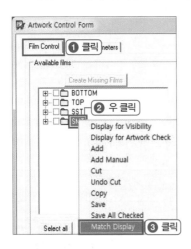
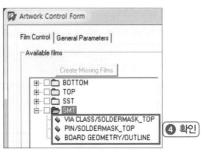

E. SMB(Soldermask_Bottom)

ㄱ. SMB 면을 추가한다.

Artwork Control Form 창의 Film Control 탭에서 Available films 부분의 **[SMT]**를 클릭한 후 MRB(마우스 오른쪽 버튼) 메뉴의 **[Add]**를 클릭한다. 추가할 필름명 [SMB]를 기입한 후 [OK]를 클릭한다.

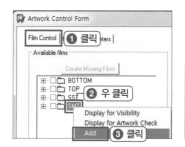 

ㄴ. 메뉴바에서 [Display] 〉 [Color Visibility] 또는 Color 아이콘( )을 클릭한다. 오른쪽 상단 Global Visibility의 **[Off]**를 클릭하여 모든 Class 및 Subclass를 보이지 않도록 설정한다. ([Apply]를 클릭하여 확인 가능) 확인 창에서 [예]를 클릭한다.

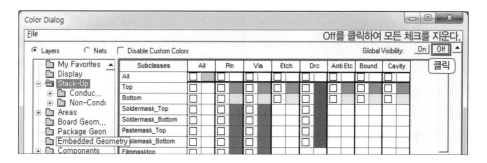

ㄷ. Color Dialog 창에서 다음 내용의 Subclasses를 체크한 후 Display를 하기 위해 **[Apply]**를 클릭하여 작업 창(디자인 창)을 확인한다.

- Stack-Up의 Subclass에서 Soldermask_Bottom의 Pin, Via를 체크
- Board Geometry의 Subclass에서 Outline을 체크

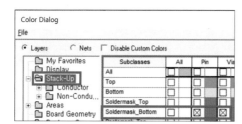 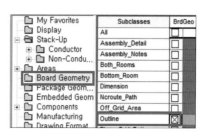

ㄹ. 작업 창(디자인 창)에 보이는 것과 같은 SMB 필름의 하위 요소를 생성하기 위해 Artwork Control Form 창의 Film Control 탭에서 Available films 부분의 [SMB]를 클릭한 후 MRB(마우스 오른쪽 버튼) 메뉴의 [Match Display]를 클릭한다. SMB의 하위 요소 생성 결과를 확인한다.

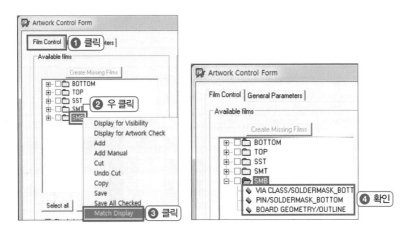

F. DRD(Drill_draw)

ㄱ. DRD 면을 추가한다.

Artwork Control Form 창의 Film Control 탭에서 Available films 부분의 [SMB]를 클릭한 후 MRB(마우스 오른쪽 버튼) 메뉴의 [Add]를 클릭한다. 추가할 필름명 [DRD]를 기입한 후 [OK]를 클릭한다.

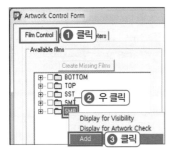 

ㄴ. 메뉴바에서 **[Display]** 〉 **[Color Visibility]** 또는 Color 아이콘(▦)을 클릭한다. 오른
쪽 상단 Global Visibility의 **[Off]**를 클릭하여 모든 Class 및 Subclass를 보이지 않도
록 설정한다. ([Apply]를 클릭하여 확인 가능) 확인 창에서 [예]를 클릭한다.

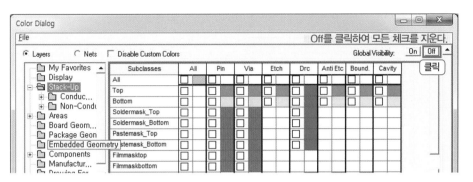

ㄷ. Color Dialog 창에서 다음 내용의 **Subclasses**를 Check 한 후 Display를 하기 위해
[Apply]를 클릭하여 작업 창(디자인 창)을 확인한다.

- Board Geometry의 Subclasses에서 Outline을 체크
- Manufacturing Subclasses에서 NClegend-1-2를 체크

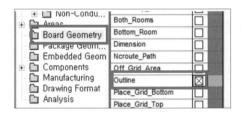
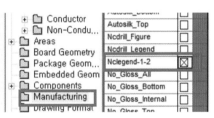

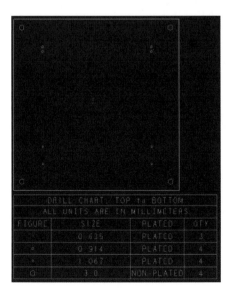

ㄹ. 작업 창(디자인 창)에 보이는 것과 같은 DRD 필름의 하위 요소를 생성하기 위해 Artwork Control Form 창의 Film Control 탭에서 Available films 부분의 **[DRD]** 를 클릭한 후 MRB(마우스 오른쪽 버튼) 메뉴의 **[Match Display]**를 클릭한다. DRD의 하위 요소 생성 결과를 확인한다.

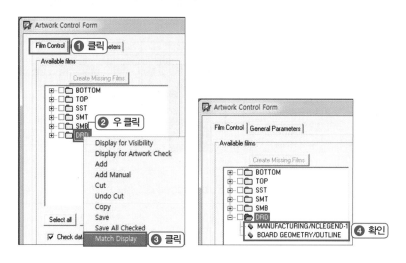

마. 거버 파일의 Undefined line width 설정

만약 두께가 설정되지 않은 Line이 있을 경우에 필름이 출력되지 않으므로 각 필름(TOP, BOTTOM, SST, SMT, SMB, DRD)의 Film options에서 Undefined line width 부분에 **[0.15]**를 입력한다.

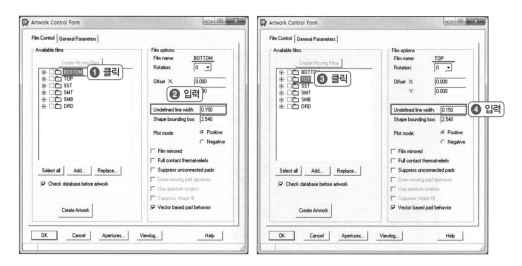

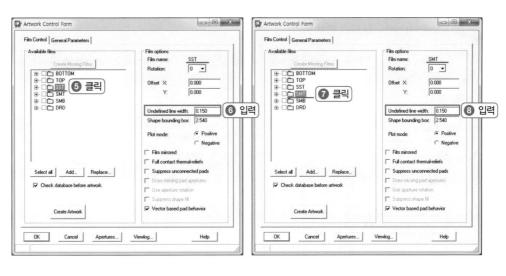

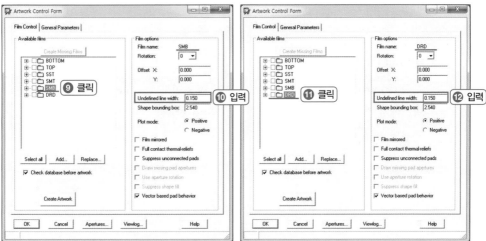

바. Gerber Film 생성

A. 모든 Film의 체크박스를 선택하기 위해 [Select all]을 클릭한다.

B. 선택 후 Artwork Film을 생성하기 위해 [Create Artwork]를 클릭한다.

C. Artwork Film이 생성되면 팝업 창 하단 부분에 [Plot generated] 메시지가 뜨면, [OK]를 클릭하여 완료한다.

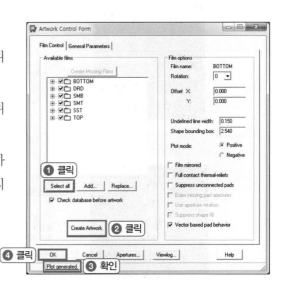

Create Artwork 시 에러 해결 방법

1. [Create Artwork] 실행 중 Error 메시지가 발생하면 메뉴바에서 [Tools] 〉 [Database Check]를 클릭하여, Update all DRC, Check shape outlines 체크박스를 선택한 후에 [Check]를 클릭한다.

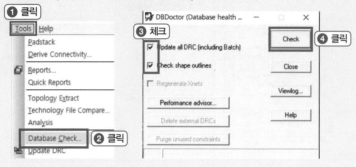

2. 다시 [Create Artwork]를 클릭한다.

D. Gerber Film 확인하기

우측 Control Panel의 Visibility 창의 Views 콤보박스에서 각 필름을 클릭하면 작업 창(디자인 창)에 생성된 Film이 보인다.

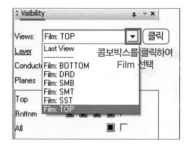

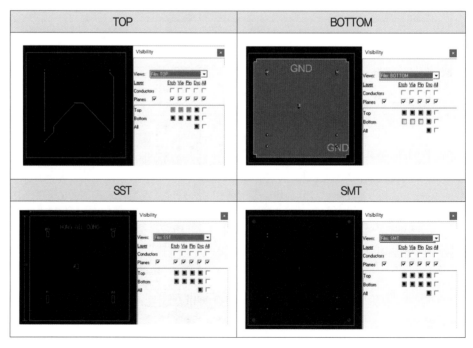

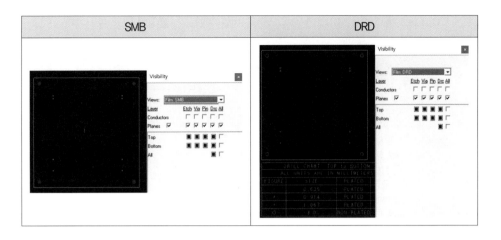

SMB	DRD

사. Gerber File을 USB에 옮긴다.

생성된 거버 파일(TOP.art, BOTTOM.art, SST.art, SMT.art, SMB.art, DRD.art)을 복사하여 USB에 붙인다. 이렇게 PCB 설계(Layout) 결과 생성된 6장의 필름인 거버 파일을 이용, SMT를 운용하여 PCB 기판을 제작할 수 있다.

A. C:\CAD\allegro 폴더에서 ***.art** 파일을 선택하고, MRB(마우스 오른쪽 버튼) 메뉴의 **[복사]**를 클릭한다.

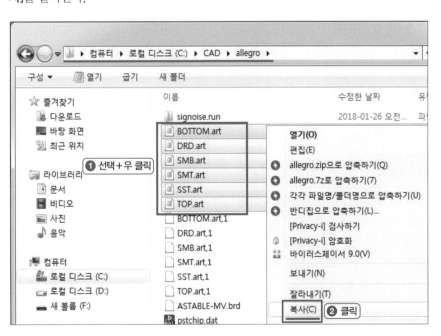

B. USB 폴더에서 MRB(마우스 오른쪽 버튼) 메뉴의 **[붙여넣기]**를 클릭한다.

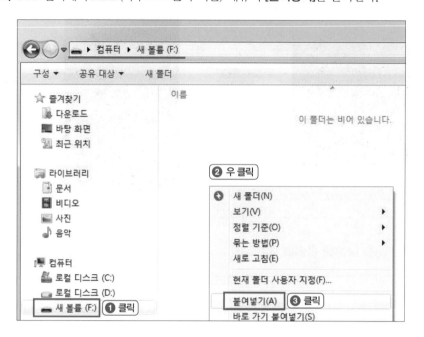

17) Gerber File 인쇄하기

▣ PCB 설계(Layout) 흐름

프로 그램 실행	부품 확인	환경 설정	Board Outline 작성	hole 배치	grid 및 color 설정	부품 배치	Constraint (설계규약) 설정	배선	카퍼	DRC	레퍼런스 정리	보드명 기입	Dimension 작성 (치수 기입)	드릴 파일 생성	거버 데이터 생성	거버 파일 인쇄

> 조건 과제 **2** PCB 설계(Layout) 타.

타. PCB 제조에 필요한 데이터의 생성
　　C. 감독위원이 입회하에 작품을 출력한다.
　　D. 수험자가 전자 회로도와 PCB 제조에 필요한 데이터 파일(거버 데이터 등)을 실물
　　　(1:1)과 같은 크기로 출력한다. **(실물과 다르게 출력한 경우 실격 처리)**

가. 프린터로 인쇄하려면 메뉴바에서 **[File] 〉 [Plot Setup]**을 선택하여 다음과 같이 설정한다. 데
　　이터 파일(거버 데이터 등)을 실물(1:1)과 같은 크기로 출력하기 위해서 Scaling factor:에 **[1]**
　　을 입력한다.

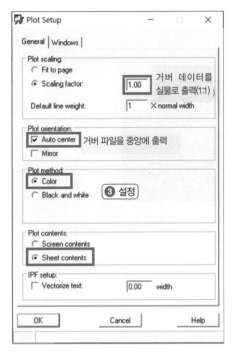

나. 우측 Control Panel의 Visibility 창의 Views 콤보박스에서 각 필름을 선택하고, **[File] > [Plot Preview]**를 선택하여 미리보기를 한 후, [Close]를 클릭하여 작업 창(디자인 창)으로 복귀한다.

다. 메뉴바에서 **[File] > [Plot]**을 선택하여 프린터로 출력한다.

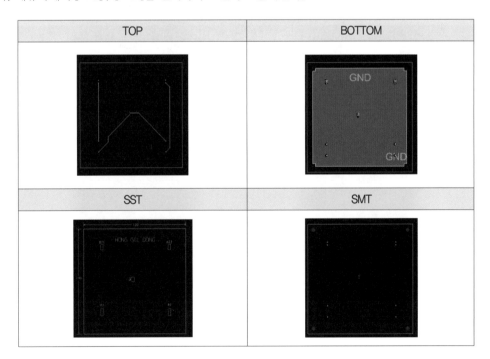

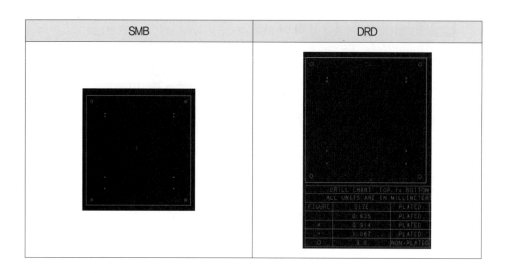

SMB	DRD

Ⅱ   이미터 바이어스회로(EMITER BIAS)

제시된 간단한 전자회로 도면을 주어진 조건에 만족하게 시간 내에 작성한다. OrCAD Capture 프로그램에서 전자 회로도를 설계(Schematic)하고, PCB Editor 프로그램에서 PCB 설계(Layout)를 한 후에 거버 파일을 생성한다. 그리고 전자회로 도면 및 거버 파일을 A4 용지에 인쇄한다.

OrCAD 회로도면 설계 및 PCB 설계 연습문제 2	
과제명	이미터 바이어스 회로
작품명	EMITER BIAS
작업시간	2시간
파일명	02
저장 경로	C:\CAD\02

1 조건

OrCAD Capture 프로그램에서 전자 회로도 설계(Schematic)

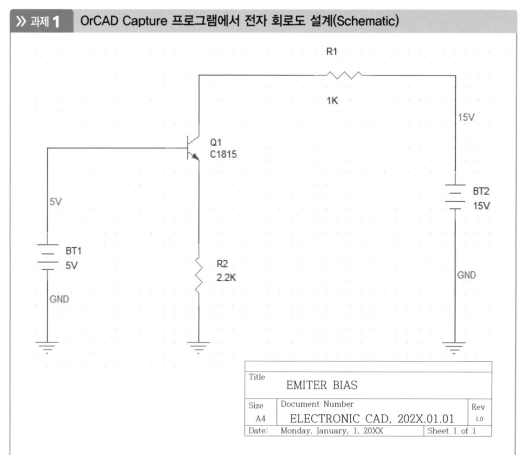

Title
EMITER BIAS

Size	Document Number	Rev
A4	ELECTRONIC CAD, 202X.01.01	1.0
Date:	Monday, January, 1, 20XX	Sheet 1 of 1

가. 제시된 회로를 참고하여 OrCAD Capture 프로그램에서 전자 회로도를 설계(Schematic) 한다.

나. OrCAD Capture 프로그램에서 제공하는 라이브러리 사용이 기본이다. 단, 그 외 라이브러리가 필요하면 라이브러리 명을 본인에게 **지정된 비번호(여기에서는 비번호를 [02]로 한다.)**로 저장하여 직접 생성한다.

　A. 새로운 부품(Part)을 생성할 때 라이브러리의 이름은 **본인에게 지정된 비번호**로 정하고, 반드시 하나의 라이브러리 안에 저장한다.

다. 폴더명 및 파일명을 본인에게 **지정된 비번호**로 저장한다. (여기에서는 비번을 [02]로 한다.)

라. 전자회로 도면의 영역을 균형 있게 작성하되, 좌측 하단의 모서리(스테이플러 편철 자리) 부분은 비워둔다.

마. 타이틀 블록(Title block)을 작성한다.

　A. Page size: A4(297mm*210mm)

　B. Title: 작품명(크기 14)

　　📵 EMITER BIAS

　C. Document Number: ELECTRONIC CAD, 시행일자(크기 12)

　　📵 ELECTRONIC CAD, 2021.01.01

　D. Revision: 1.0(크기 7)

바. 사용하지 않는 부품의 핀은 DRC(설계규칙검사)를 할 때 에러를 유발하지 않도록 처리한다.

사. 다음 조건과 같이 네트의 이름을 정의하여 연결하거나 네트의 이름을 이용하여 연결한다. **(포트도 활용 가능)**

부품의 지정 핀	네트의 이름	부품의 지정 핀	네트의 이름
BT1의 +	5V	BT1의 −	GND
BT2의 +	15V	BT2의 −	GND

아. 풋프린트(Foot Print) 값을 정확하게 입력하고, DRC(설계규칙검사)를 해서 에러가 있으면 수정하여 DRC 검사를 다시 하고, 에러가 없으면 감독위원에게 확인을 받는다. **(감독위원에게 ERC: Electronic Check Rule 검사를 한 결과 에러가 없다는 것을 확인받지 못하면 실격 처리됨)**

자. DRC(설계규칙검사)에서 에러가 없으면 네트리스트를 생성(Create Netlist) 한다.

차. 네트리스트 생성이 정상적으로 되면 PCB Editor 프로그램에서 인쇄회로기판(PCB)을 설계한다.

카. 시험 종료 전에 작성한 전자회로 도면을 A4용지에 인쇄한다.

›› 과제 **2**　PCB Editor 프로그램에서 PCB 설계(Layout)

가. OrCAD Capture 프로그램에서 설계한 전자 회로도를 분석하여 PCB Editor 프로그램에서 인쇄회로기판(PCB)을 설계한다.

　A. 파일 폴더 및 파일명은 **본인에게 지정된 비번호로 설정(여기에서는 02)** 한다.

나. PCB Editor 프로그램에서 제공하는 라이브러리의 부품을 사용하는 것이 기본이다. 단, 그 외 필요한 부품은 제시된 데이터시트를 참고해서 규격에 맞게 본인이 직접 부품을 생성한다.

　A. 수검자가 직접 생성한 부품은 **본인에게 지정된 비번호로** 라이브러리 폴더명을 정하고(여기에서는 **바탕화면\02\02**) 그 라이브러리 폴더 안에 저장한다.

다. 설계 환경: 양면 PCB(2−Layer),

라. 설계 단위: mm

마. 보드 사이즈: 70mm[가로]×70mm[세로]

(치수 보조선을 이용하여 보드 사이즈를 실크스크린 레이어에 표시한다.) (실크스크린 이외의 레이어에 표시한 경우 실격 처리됨)

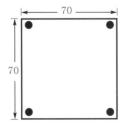

바. 부품 배치: 주요 부품은 위 그림과 같이 배치하고, 그 외는 임의대로 배치하되, 부품은 TOP 면에만 실장한다. 부품을 실장할 때 이격거리를 고려하여 배치하고, IC와 LED 등 극성이 있는 부품은 되도록이면 동일한 방향으로 배열하여 배치한다.

사. 네트(NET)의 폭(두께)

네트명	폭(두께)
+5V, +15V, GND	0.6mm
일반선	0.3mm

아. 배선

　　A. 배선은 양면(TOP, BOTTOM)에서 한다. **(자동 배선을 하면 실격 처리됨)**

　　B. 배선 경로는 최대한 짧게 한다. 100% 배선하고, 직각 배선은 하지 않는다.

　　C. 각 Layer에 가급적 배선 방향 기준을 정하는 것이 좋다. 예를 들어 배선 방향의 기준이 TOP Layer에 수평이면, BOTTOM Layer에 수직[또는 TOP Layer에 수직이면, BOTTOM Layer에 수평]으로 배선한다.

자. 기구 홀(Mounting Hole) 삽입

　　A. 보드 외곽의 네 모서리에 직경 3∅의 기구 홀을 삽입한다.

　　B. 각각의 모서리로부터 5mm 떨어진 지점에 배치한다. (위의 그림 참고)

　　C. 기구 홀은 비전기적(Non-Electrical) 속성을 갖는다.

　　D. 기구 홀의 부품 참조 값은 생략한다.

차. 실크 데이터(Silk Data)

　　A. 실크 데이터의 부품 번호는 한 방향으로 정렬하고, 불필요한 데이터는 삭제한다.

　　B. 다음의 내용을 보드 상단 중앙에 위치시킨다.

　　　　(EMITER BIAS)

　　　　(line width: 0.5mm, height: 4mm)

카. 카퍼(Copper Pour)

　　A. 보드의 카퍼는 Bottom Layer에만 GND 속성으로 처리한다.

　　B. 보드 외곽으로부터 0.5mm 이격을 두고 카퍼 처리한다.

　　C. 모든 네트와 카퍼와의 이격거리(Clearance)는 0.5mm, 단열판과 GND 네트 사이 연결선의 두께는 0.5mm로 설정한다.

타. DRC(Design Rule Check)

　　A. 모든 조건은 default 값(Clearance: 0.254mm)을 따른다.

　　B. DRC 검사(설계규칙검사)를 해서 에러가 있으면 수정하여 DRC(설계규칙검사)를 다시 하고, 에

러가 없으면 감독위원에게 확인을 받는다. **(감독위원에게 DRC(설계규칙검사) 결과 에러가 없다는 것을 확인받지 못하면 실격 처리됨)**

C. DRC(설계규칙검사)를 한 결과 에러가 없을 때 다음 단계의 작업을 진행한다.

파. PCB 제조에 필요한 데이터의 생성

A. 양면 PCB 제조에 필요한 데이터 파일(거버 데이터(RS274-X) 등)을 모두 생성한다.

B. 이동식 저장장치에 작업한 폴더를 저장하여 감독위원 PC로 이동한다. **(파일 제출 후 작품 수정 시에는 부정행위자로 간주하여 실격 처리됨)**

C. 감독위원이 입회하에 작품을 출력한다.

D. 수험자가 전자 회로도와 PCB 제조에 필요한 데이터 파일(거버 데이터 등)을 실물(1:1)과 같은 크기로 출력한다. **(실물과 다르게 출력한 경우 실격 처리됨)**

Ⅲ 전압분배 바이어스 회로(VOLTAGE DIVIDE BIAS)

제시된 간단한 전자회로 도면을 주어진 조건에 만족하게 시간 내에 작성한다. OrCAD Capture 프로그램에서 전자 회로도를 설계(Schematic) 하고, PCB Editor 프로그램에서 PCB 설계(Layout)를 한 후에 거버 파일을 생성한다. 그리고 전자회로 도면 및 거버 파일을 A4 용지에 인쇄한다.

OrCAD 회로 도면 설계 및 PCB 설계 연습문제 3	
과제명	전압분배 바이어스 회로
작품명	VOLTAGE DIVIDE BIAS
작업시간	2시간
파일명	03
저장 경로	C:\CAD\03

① 조건

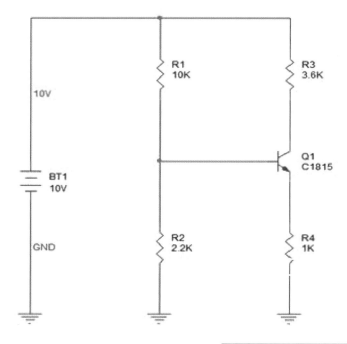

Title		
	VOLTAGE DIVIDE BIAS	
Size A4	Document Number ELECTRONIC CAD, 202X.01.01	Rev 1.0
Date:	Monday, January, 1, 20XX	Sheet 1 of 1

가. 제시된 회로를 참고하여 OrCAD Capture 프로그램에서 전자 회로도를 설계(Schematic) 한다.

나. OrCAD Capture 프로그램에서 제공하는 라이브러리 사용이 기본이다. 단, 그 외 라이브러리가 필요하면 라이브러리 명을 본인에게 **지정된 비번호(여기에서는 비번호를 [03]으로 한다.)**로 저장하여 직접 생성한다.

　A. 새로운 부품(Part)을 생성할 때 라이브러리의 이름은 본인에게 **지정된 비번호**로 정하고, 반드시 하나의 라이브러리 안에 저장한다.

다. 폴더명 및 파일명을 본인에게 **지정된 비번호**로 저장한다. (여기에서는 비번을 [03]으로 한다.)

라. 전자회로 도면의 영역을 균형 있게 작성하되, 좌측 하단의 모서리(스테이플러 편철 자리) 부분은 비워둔다.

마. 타이틀 블록(Title block)을 작성한다.

　A. Page size: A4(297mm*210mm)

　B. Title: 작품명(크기 14)

　　예 VOLTAGE DIVIDE BIAS

C. Document Number: ELECTRONIC CAD, 시행일자(크기 12)

　　　🔲 ELECTRONIC CAD, 2021.01.01

D. Revision: 1.0(크기 7)

바. 사용하지 않는 부품의 핀은 DRC(설계규칙 검사)를 할 때 에러를 유발하지 않도록 처리한다.

사. 다음 조건과 같이 네트의 이름을 정의하여 연결하거나 네트의 이름을 이용하여 연결한다. (**포트도 활용 가능**)

부품의 지정 핀	네트의 이름	부품의 지정 핀	네트의 이름
BT1의 +	10V	BT1의 −	GND

아. 풋프린트(Foot Print) 값을 정확하게 입력하고, DRC(설계규칙검사)를 해서 에러가 있으면 수정하여 DRC 검사를 다시 하고, 에러가 없으면 감독위원에게 확인을 받는다. (**감독위원에게 ERC: Electronic Check Rule 검사를 한 결과 에러가 없다는 것을 확인받지 못하면 실격 처리됨**)

자. DRC(설계규칙검사)에서 에러가 없으면 네트리스트를 생성(Create Netlist) 한다.

차. 네트리스트 생성이 정상적으로 되면 PCB Editor 프로그램에서 인쇄회로기판(PCB)을 설계한다.

카. 시험 종료 전에 작성한 전자회로 도면을 A4용지에 인쇄한다.

》 과제 2　　PCB Editor 프로그램에서 PCB 설계(Layout)

가. OrCAD Capture 프로그램에서 설계한 전자 회로도를 분석하여 PCB Editor 프로그램에서 인쇄회로기판(PCB)을 설계한다.

　　A. 파일 폴더 및 파일명은 **본인에게 지정된 비번호로 설정(여기에서는 03)** 한다.

나. PCB Editor 프로그램에서 제공하는 라이브러리의 부품을 사용하는 것이 기본이다. 단, 그 외 필요한 부품은 제시된 데이터시트를 참고해서 규격에 맞게 본인이 직접 부품을 생성한다.

　　A. 수검자가 직접 생성한 부품은 **본인에게 지정된 비번호**로 라이브러리 폴더명을 정하고(여기에서는 바탕화면\03\03) 그 라이브러리 폴더 안에 저장한다.

다. 설계 환경: 양면 PCB(2-Layer)

라. 설계 단위: mm

마. 보드 사이즈: 70mm[가로]×70mm[세로]

　　(치수 보조선을 이용하여 보드 사이즈를 실크스크린 레이어에 표시한다.) (실크스크린 이외의 레이어에 표시한 경우 실격 처리됨)

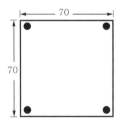

바. 부품 배치: 주요 부품은 위 그림과 같이 배치하고, 그 외는 임의대로 배치하되, 부품은 TOP 면에만 실장한다. 부품을 실장할 때 이격거리를 고려하여 배치하고, IC와 LED 등 극성이 있는 부품은 되도록이면 동일한 방향으로 배열하여 배치한다.

사. 네트(NET)의 폭(두께)

네트명	폭(두께)
+10V, GND	1mm
일반선	0.5mm

아. 배선

    A. 배선은 양면(TOP, BOTTOM)에서 한다. **(자동 배선을 하면 실격 처리됨)**

    B. 배선 경로는 최대한 짧게 한다. 100% 배선하고, 직각 배선은 하지 않는다.

    C. 각 Layer에 가급적 배선 방향 기준을 정하는 것이 좋다. 예를 들어 배선 방향의 기준이 TOP Layer에 수평이면, BOTTOM Layer에 수직[또는 TOP Layer에 수직이면, BOTTOM Layer에 수평]으로 배선한다.

자. 기구 홀(Mounting Hole) 삽입

    A. 보드 외곽의 네 모서리에 직경 3Ø의 기구 홀을 삽입한다.

    B. 각각의 모서리로부터 5mm 떨어진 지점에 배치한다. (위의 그림 참고)

    C. 기구 홀은 비전기적(Non-Electrical) 속성을 갖는다.

    D. 기구 홀의 부품 참조 값은 생략한다.

차. 실크 데이터(Silk Data)

    A. 실크 데이터의 부품 번호는 한 방향으로 정렬하고, 불필요한 데이터는 삭제한다.

    B. 다음의 내용을 보드 상단 중앙에 위치시킨다.

        (VOLTAGE DIVIDE BIAS)

        (line width: 0.5mm, height: 4mm)

카. 카퍼(Copper Pour)

    A. 보드의 카퍼는 Bottom Layer에만 GND 속성으로 처리한다.

    B. 보드 외곽으로부터 0.5mm 이격을 두고 카퍼 처리한다.

    C. 모든 네트와 카퍼와의 이격거리(Clearance)는 0.5mm, 단열판과 GND 네트 사이 연결선의 두께는 0.5mm로 설정한다.

타. DRC(Design Rule Check)

    A. 모든 조건은 default 값(Clearance: 0.254mm)을 따른다.

    B. DRC 검사(설계규칙검사)를 해서 에러가 있으면 수정하여 DRC(설계규칙검사)를 다시 하고, 에러가 없으면 감독위원에게 확인을 받는다. **(감독위원에게 DRC(설계규칙검사) 결과 에러가 없다는 것을 확인받지 못하면 실격 처리됨)**

C. DRC(설계규칙검사)를 한 결과 에러가 없을 때 다음 단계의 작업을 진행한다.

파. PCB 제조에 필요한 데이터의 생성

A. 양면 PCB 제조에 필요한 데이터 파일(거버 데이터(RS274-X) 등)을 모두 생성한다.

B. 이동식 저장장치에 작업한 폴더를 저장하여 감독위원 PC로 이동한다. **(파일 제출 후 작품 수정 시에는 부정행위자로 간주하여 실격 처리됨)**

C. 감독위원이 입회하에 작품을 출력한다.

D. 수험자가 전자 회로도와 PCB 제조에 필요한 데이터 파일(거버 데이터 등)을 실물(1:1)과 같은 크기로 출력한다. **(실물과 다르게 출력한 경우 실격 처리됨)**

IV 비안정 멀티바이브레이터 회로(ASTABLE MULTIVIBRATOR)

제시된 간단한 전자회로 도면을 주어진 조건에 만족하게 시간 내에 작성한다. OrCAD Capture 프로그램에서 전자 회로도를 설계(Schematic) 하고, PCB Editor 프로그램에서 PCB 설계(Layout)를 한 후에 거버 파일을 생성한다. 그리고 전자회로 도면 및 거버 파일을 A4 용지에 인쇄한다.

OrCAD 회로도면 설계 및 PCB 설계 연습문제 4	
과제명	비안정 멀티바이브레이터 회로
작품명	ASTABLE MULTIVIBRATOR
작업시간	2시간
파일명	04
저장 경로	C:\CAD\04

1 조건

> **과제 1**   OrCAD Capture 프로그램에서 전자 회로도 설계(Schematic)

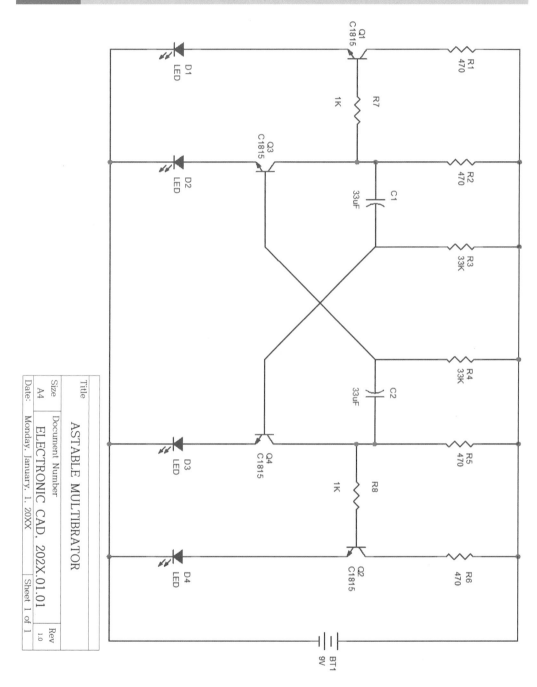

※ 가독성을 높이기 위해 도면을 시계방향으로 90도 회전하였습니다.

가. 제시된 회로를 참고하여 OrCAD Capture 프로그램에서 전자 회로도를 설계(Schematic) 한다.

나. OrCAD Capture 프로그램에서 제공하는 라이브러리 사용이 기본이다. 단, 그 외 라이브러리가 필요하면 라이브러리 명을 본인에게 **지정된 비번호(여기에서는 비번호를 [04]로 한다.)**로 저장하여 직접 생성한다.

    A. 새로운 부품(Part)을 생성할 때 라이브러리의 이름은 본인에게 지정된 비번호로 정하고, 반드시 하나의 라이브러리 안에 저장한다.

다. 폴더명 및 파일명을 본인에게 **지정된 비번호**로 저장한다. (여기에서는 비번을 [04]로 한다.)

라. 전자회로 도면의 영역을 균형 있게 작성하되, 좌측 하단의 모서리(스테이플러 편철 자리) 부분은 비워둔다.

마. 타이틀 블록(Title block)을 작성한다.

    A. Page size: A4 (297mm*210mm)

    B. Title: 작품명(크기 14)

       예 ASTABLE MULTIVIBRATOR

    C. Document Number: ELECTRONIC CAD, 시행일자(크기 12)

       예 ELECTRONIC CAD, 2021.01.01

    D. Revision: 1.0(크기 7)

바. 사용하지 않는 부품의 핀은 DRC(설계규칙검사)를 할 때 에러를 유발하지 않도록 처리한다.

사. 다음 조건과 같이 네트의 이름을 정의하여 연결하거나 네트의 이름을 이용하여 연결한다. (**포트도 활용 가능**)

부품의 지정 핀	네트의 이름	부품의 지정 핀	네트의 이름
BT1의 +	9V	BT1의 −	GND

아. 풋프린트(Foot Print) 값을 정확하게 입력하고, DRC(설계규칙검사)를 해서 에러가 있으면 수정하여 DRC 검사를 다시 하고, 에러가 없으면 감독위원에게 확인을 받는다. (**감독위원에게 ERC: Electronic Check Rule 검사를 한 결과 에러가 없다는 것을 확인받지 못하면 실격 처리됨**)

자. DRC(설계규칙검사)에서 에러가 없으면 네트리스트를 생성(Create Netlist) 한다.

차. 네트리스트 생성이 정상적으로 되면 PCB Editor 프로그램에서 인쇄회로기판(PCB)을 설계한다.

카. 시험 종료 전에 작성한 전자회로 도면을 A4용지에 인쇄한다.

》》 과제 **2**   PCB Editor 프로그램에서 PCB 설계(Layout)

가. OrCAD Capture 프로그램에서 설계한 전자 회로도를 분석하여 PCB Editor 프로그램에서 인쇄회로기판(PCB)을 설계한다.

    A. 파일 폴더 및 파일명은 본인에게 **지정된 비번호로 설정**(여기에서는 04) 한다.

나. PCB Editor 프로그램에서 제공하는 라이브러리의 부품을 사용하는 것이 기본이다. 단, 그 외 필요한 부품은 제시된 데이터시트를 참고해서 규격에 맞게 본인이 직접 부품을 생성한다.

    A. 수검자가 직접 생성한 부품은 **본인에게 지정된 비번호**로 라이브러리 폴더명을 정하고(여기에서는 바탕화면\04\04) 그 라이브러리 폴더 안에 저장한다.

다. 설계 환경: 양면 PCB(2-Layer),

라. 설계 단위: mm

마. 보드 사이즈: 100mm[가로]×100mm[세로]

    (치수 보조선을 이용하여 보드 사이즈를 실크스크린 레이어에 표시한다.) (실크스크린 이외의 레이어에 표시한 경우 실격 처리됨)

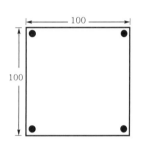

바. 부품 배치: 주요 부품은 위 그림과 같이 배치하고, 그 외는 임의대로 배치하되, 부품은 TOP 면에만 실장한다. 부품을 실장할 때 이격거리를 고려하여 배치하고, IC와 LED 등 극성이 있는 부품은 되도록이면 동일한 방향으로 배열하여 배치한다.

사. 네트(NET)의 폭(두께)

네트명	폭(두께)
+9V, GND	1mm
일반선	0.5mm

아. 배선

    A. 배선은 양면(TOP, BOTTOM)에서 한다. **(자동 배선을 하면 실격 처리됨)**

    B. 배선 경로는 최대한 짧게 한다. 100% 배선하고, 직각 배선은 하지 않는다.

    C. 각 Layer에 가급적 배선 방향 기준을 정하는 것이 좋다. 예를 들어 배선 방향의 기준이 TOP Layer에 수평이면, BOTTOM Layer에 수직[또는 TOP Layer에 수직이면, BOTTOM Layer에 수평]으로 배선한다.

자. 기구 홀(Mounting Hole) 삽입

    A. 보드 외곽의 네 모서리에 직경 3Ø의 기구 홀을 삽입한다.

    B. 각각의 모서리로부터 5mm 떨어진 지점에 배치한다. (위의 그림 참고)

    C. 기구 홀은 비전기적(Non-Electrical) 속성을 갖는다.

    D. 기구 홀의 부품 참조 값은 생략한다.

차. 실크 데이터(Silk Data)

    A. 실크 데이터의 부품 번호는 한 방향으로 정렬하고, 불필요한 데이터는 삭제한다.

B. 다음의 내용을 보드 상단 중앙에 위치시킨다.

(ASTABLE MULTIVIBRATOR)

(line width: 0.5mm, height: 4mm)

카. 카퍼(Copper Pour)

A. 보드의 카퍼는 Bottom Layer에만 GND 속성으로 처리한다.

B. 보드 외곽으로부터 0.5mm 이격을 두고 카퍼 처리한다.

C. 모든 네트와 카퍼와의 이격거리(Clearance)는 0.5mm, 단열판과 GND 네트 사이 연결선의 두께는 0.5mm로 설정한다.

타. DRC(Design Rule Check)

A. 모든 조건은 default 값(Clearance: 0.254mm)을 따른다.

B. DRC 검사(설계규칙검사)를 해서 에러가 있으면 수정하여 DRC(설계규칙검사)를 다시 하고, 에러가 없으면 감독위원에게 확인을 받는다. **(감독위원에게 DRC(설계규칙검사) 결과 에러가 없다는 것을 확인받지 못하면 실격 처리됨)**

C. DRC(설계규칙검사)를 한 결과 에러가 없을 때 다음 단계의 작업을 진행한다.

파. PCB 제조에 필요한 데이터의 생성

A. 양면 PCB 제조에 필요한 데이터 파일(거버 데이터(RS274-X) 등)을 모두 생성한다.

B. 이동식 저장장치에 작업한 폴더를 저장하여 감독위원 PC로 이동한다. **(파일 제출 후 작품 수정 시에는 부정행위자로 간주하여 실격 처리됨)**

C. 감독위원이 입회하에 작품을 출력한다.

D. 수험자가 전자 회로도와 PCB 제조에 필요한 데이터 파일(거버 데이터 등)을 실물(1:1)과 같은 크기로 출력한다. **(실물과 다르게 출력한 경우 실격 처리됨)**

Ⅴ 함수 발생기 회로(FUNCTION GENERATOR)

제시된 간단한 전자회로 도면을 주어진 조건에 만족하게 시간 내에 작성한다. OrCAD Capture 프로그램에서 전자 회로도를 설계(Schematic) 하고, PCB Editor 프로그램에서 PCB 설계(Layout)를 한 후에 거버 파일을 생성한다. 그리고 전자회로 도면 및 거버 파일을 A4 용지에 인쇄한다.

OrCAD 회로도면 설계 및 PCB 설계 연습문제 5	
과제명	함수 발생기 회로
작품명	FUNCTION GENERATOR
작업시간	2시간
파일명	05
저장경로	C:\CAD\05

1 조건

※ 가독성을 높이기 위해 도면을 시계방향으로 90도 회전하였습니다.

》》 과제 1 OrCAD Capture 프로그램에서 전자 회로도 설계(Schematic)

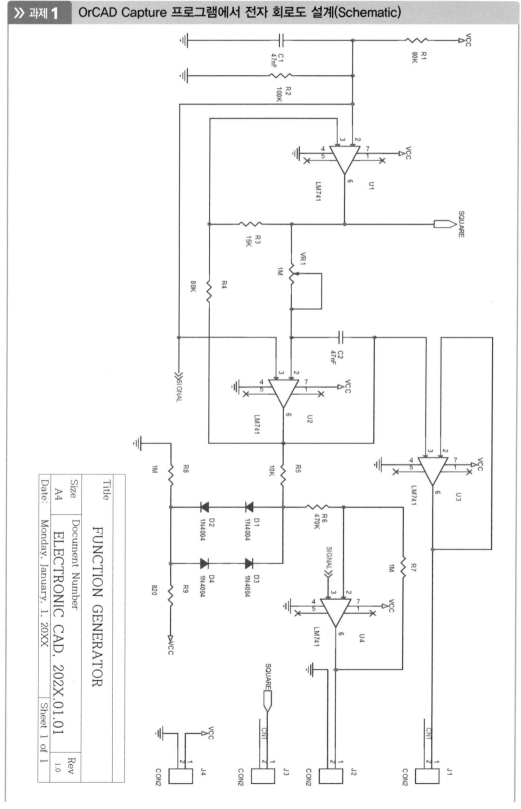

Title			
FUNCTION GENERATOR			
Size	Document Number		Rev
A4	ELECTRONIC CAD, 202X.01.01		1.0
Date:	Monday, January, 1, 20XX		Sheet 1 of 1

가. 회로를 참고하여 OrCAD Capture 프로그램에서 전자 회로도를 설계(Schematic) 한다.

나. OrCAD Capture 프로그램에서 제공하는 라이브러리 사용이 기본이다. 단, 그 외 라이브러리가 필요하면 라이브러리 명을 본인에게 **지정된 비번호**(여기에서는 비번호를 [05]로 한다.)로 저장하여 직접 생성한다.

    A. 새로운 부품(Part)을 생성할 때 라이브러리의 이름은 본인에게 **지정된 비번호**로 정하고, 반드시 하나의 라이브러리 안에 저장한다.

다. 폴더명 및 파일명을 본인에게 **지정된 비번호**로 저장한다. (여기에서는 비번을 [05]로 한다.)

라. 전자회로 도면의 영역을 균형 있게 작성하되, 좌측 하단의 모서리(스테이플러 편철 자리) 부분은 비워둔다.

마. 타이틀 블록(Title block)을 작성한다.

    A. Page size: A4(297mm*210mm)

    B. Title: 작품명(크기 14)

        예 FUNCTION GENERATOR

    C. Document Number: ELECTRONIC CAD, 시행일자(크기 12)

        예 ELECTRONIC CAD, 2021.01.01

    D. Revision: 1.0(크기 7)

바. 사용하지 않는 부품의 핀은 DRC(설계규칙 검사)를 할 때 에러를 유발하지 않도록 처리한다.

사. 다음 조건과 같이 네트의 이름을 정의하여 연결하거나 네트의 이름을 이용하여 연결한다. (**포트도 활용 가능**)

부품의 지정 핀	네트의 이름	부품의 지정 핀	네트의 이름
J1 커넥터의 1번 핀	TRIANGLE	J1 커넥터의 2번 핀	CNT
J2 커넥터의 1번 핀	SIG_IN	J3 커넥터의 1번 핀	SQUARE
J3 커넥터의 2번 핀	CNT	J4 커넥터의 1번 핀	+6V

아. 풋프린트(Foot Print) 값을 정확하게 입력하고, DRC(설계규칙검사)를 해서 에러가 있으면 수정하여 DRC 검사를 다시 하고, 에러가 없으면 감독위원에게 확인을 받는다. (**감독위원에게 ERC: Electronic Check Rule 검사를 한 결과 에러가 없다는 것을 확인받지 못하면 실격 처리됨**)

자. DRC(설계규칙검사)에서 에러가 없으면 네트리스트를 생성(Create Netlist) 한다.

차. 네트리스트 생성이 정상적으로 되면 PCB Editor 프로그램에서 인쇄회로기판(PCB)을 설계한다.

카. 시험 종료 전에 작성한 전자회로 도면을 A4용지에 인쇄한다.

≫ 과제 2 PCB Editor 프로그램에서 PCB 설계(Layout)

가. OrCAD Capture 프로그램에서 설계한 전자 회로도를 분석하여 PCB Editor 프로그램에서 인쇄회로기판(PCB)을 설계한다.

   A. 파일 폴더 및 파일명은 **본인에게 지정된 비번호로 설정(여기에서는 05)** 한다.

나. PCB Editor 프로그램에서 제공하는 라이브러리의 부품을 사용하는 것이 기본이다. 단, 그 외 필요한 부품은 제시된 데이터시트를 참고해서 규격에 맞게(MIN – MAX 사이의 값 사용) 본인이 직접 부품을 생성한다.

   A. 수검자가 직접 생성한 부품은 **본인에게 지정된 비번호로** 라이브러리 폴더명을 정하고(여기에서는 바탕화면\05\05) 그 라이브러리 폴더 안에 저장한다.

다. 설계 환경: 양면 PCB(2–Layer),

라. 설계 단위: mm

마. 보드 사이즈: 80mm[가로]×70mm[세로]

(치수 보조선을 이용하여 보드 사이즈를 실크스크린 레이어에 표시한다.) (실크스크린 이외의 레이어에 표시한 경우 실격 처리됨)

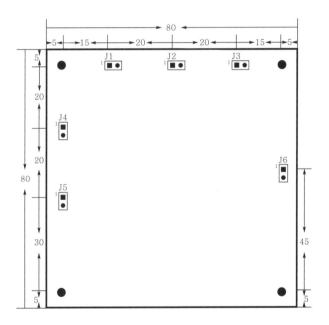

바. 부품 배치: 주요 부품은 위 그림과 같이 배치하고, 그 외는 임의대로 배치하되, 부품은 TOP 면에만 실장한다. 부품을 실장할 때 이격거리를 고려하여 배치하고, IC와 LED 등 극성이 있는 부품은 되도록이면 동일한 방향으로 배열하여 배치한다.

사. 네트(NET)의 폭(두께)

네트명	폭(두께)
VCC, GND	1mm
일반선	0.5mm

아. 배선

    A. 배선은 양면(TOP, BOTTOM)에서 한다. **(자동 배선을 하면 실격 처리됨)**

    B. 배선 경로는 최대한 짧게 한다. 100% 배선하고, 직각 배선은 하지 않는다.

    C. 각 Layer에 가급적 배선 방향 기준을 정하는 것이 좋다. 예를 들어 배선 방향의 기준이 TOP Layer에 수평이면, BOTTOM Layer에 수직[또는 TOP Layer에 수직이면, BOTTOM Layer에 수평]으로 배선한다.

자. 기구 홀(Mounting Hole) 삽입

    A. 보드 외곽의 네 모서리에 직경 3Ø의 기구 홀을 삽입한다.

    B. 각각의 모서리로부터 5mm 떨어진 지점에 배치한다. (위의 그림 참고)

    C. 기구 홀은 비전기적(Non-Electrical) 속성을 갖는다.

    D. 기구 홀의 부품 참조 값은 생략한다.

차. 실크 데이터(Silk Data)

    A. 실크 데이터의 부품 번호는 한 방향으로 정렬하고, 불필요한 데이터는 삭제한다.

    B. 다음의 내용을 보드 상단 중앙에 위치시킨다.

       (FUNCTION GENERATOR)

       (line width: 0.5mm, height: 4mm)

카. 카퍼(Copper Pour)

    A. 보드의 카퍼는 Bottom Layer에만 GND 속성으로 처리한다.

    B. 보드 외곽으로부터 0.5mm 이격을 두고 카퍼 치리힌다.

    C. 모든 네트와 카퍼와의 이격거리(Clearance)는 0.5mm, 단열판과 GND 네트 사이 연결선의 두께는 0.5mm로 설정한다.

타. DRC(Design Rule Check)

    A. 모든 조건은 default 값(Clearance: 0.254mm)을 따른다.

    B. DRC 검사(설계규칙검사)를 해서 에러가 있으면 수정하여 DRC(설계규칙검사)를 다시 하고, 에러가 없으면 감독위원에게 확인을 받는다. (감독위원에게 DRC(설계규칙검사) 결과 에러가 없다는 것을 확인받지 못하면 실격 처리됨)

    C. DRC(설계규칙검사)를 한 결과 에러가 없을 때 다음 단계의 작업을 진행한다.

파. PCB 제조에 필요한 데이터의 생성

    A. 양면 PCB 제조에 필요한 데이터 파일(거버 데이터(RS274-X) 등)을 모두 생성한다.

    B. 이동식 저장장치에 작업한 폴더를 저장하여 감독위원 PC로 이동한다. **(파일 제출 후 작품 수정 시에는 부정행위자로 간주하여 실격 처리됨)**

    C. 감독위원이 입회하에 작품을 출력한다.

    D. 수험자가 전자 회로도와 PCB 제조에 필요한 데이터 파일(거버 데이터 등)을 실물(1:1)과 같은 크기로 출력한다. **(실물과 다르게 출력한 경우 실격 처리됨)**

기출복원문제 (CONTROL BOARD) 풀이

Craftman Electronic CAD

I CONTROL BOARD

Chapter **4**

기출복원문제(CONTROL BOARD) 풀이

I CONTROL BOARD

2020년 3회차부터 적용되는 실기시험부터 바뀐 점은 크게 네 가지이다. 첫째, OrCAD Capture 프로그램에서 라이브러리 생성. 둘째, PAD Designer 프로그램에서 패드스택 생성. 셋째, PCB Editor 프로그램에서 풋프린트 생성(라이브러리 생성) 및 풋프린트 추가(라이브러리 추가). 넷째, 비아(Via) 생성 및 활용이다.

작업 순서를 다음과 같이 하면 편리하다.

1. PCB Editor 프로그램의 기존 라이브러리에 수록되어 있지 않아서, 직접 생성해야 하는 풋프린트의 이름(파일명)을 정한다. ADM101E, HEADER10, 크리스털, 극성 있는 커패시터(D55)를 생성해야 하므로, 각각의 이름을 정하고 OrCAD capture 프로그램에서 PCB Footprint를 입력할 때 사용하고, 각각의 풋프린트를 생성할 때 같은 이름으로 저장한다.

2. OrCAD Capture 프로그램의 기존 라이브러리에 수록되어 있지 않은 라이브러리(ATMEGA8, MIC811 ADM101E)를 생성한다.

3. OrCAD Capture 프로그램에서 도면(Schamatic)을 작성한다.

4. Pad Designer 프로그램에서 패드 스택 및 비아를 생성한다.

5. PCB Editor 프로그램에서 기존 라이브러리에 수록되어 있지 않은 Footprint(ADM101E, HEADER10, 크리스털, 극성 있는 커패시터(D55))를 생성한다.

6. PCB Editor 프로그램에서 PCB 설계(Layout)를 한다.

2020년 3회부터 적용된 실기 복원 문제	
과제명	컨트롤 보드
작품명	CONTROL BOARD
작업시간	4시간 30분
파일명	06
저장 경로	바탕화면\06 (바탕화면에 06 폴더 만들기)

1 조건

※ 가독성을 높이기 위해 도면을 시계방향으로 90도 회전하였습니다.

》 과제 1   OrCAD Capture 프로그램에서 전자 회로도 설계(Schematic)

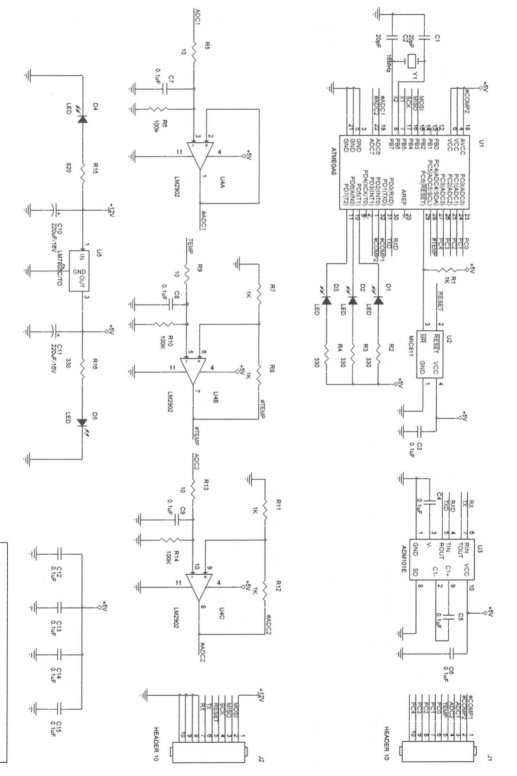

가. 제시된 회로를 참고하여 OrCAD Capture 프로그램에서 전자 회로도를 설계(Schematic) 한다.

나. OrCAD Capture 프로그램에서 제공하는 라이브러리 사용이 기본이다. 단, 그 외 라이브러리가 필요하면 라이브러리 명을 본인에게 **지정된 비번호(여기에서는 비번호를 [06]으로 한다.)**로 저장하여 직접 생성한다.

　　A. 새로운 부품(Part)을 생성할 때 라이브러리의 이름은 **본인에게 지정된 비번호**로 정하고, 반드시 하나의 라이브러리 안에 저장한다.

다. 폴더명 및 파일명을 본인에게 **지정된 비번호**로 저장한다. (여기에서는 비번을 [06]으로 한다.)

라. 전자회로 도면의 영역을 균형 있게 작성하되, 좌측 하단의 모서리(스테이플러 편철 자리) 부분은 비워둔다.

마. 타이틀 블록(Title block)을 작성한다.

　　A. Page size: A4(297mm*210mm)

　　B. Title: 작품명(크기 14)

　　　　예 CONTROL BOARD

　　C. Document Number: ELECTRONIC CAD, 시행일자(크기 12)

　　　　예 ELECTRONIC CAD, 2021.01.01

　　D. Revision: 1.0(크기 7)

바. 사용하지 않는 부품의 핀은 DRC(설계규칙 검사)를 할 때 에러를 유발하지 않도록 처리한다.

사. 다음 조건과 같이 네트의 이름을 정의하여 연결하거나 네트의 이름을 이용하여 연결한다. **(포트도 활용 가능)**

부품의 지정 핀	네트의 이름	부품의 지정 핀	네트의 이름
U1의 1빈 언결부	#COMP2	J1의 1번 연결부	#COMP1
U1의 15번 연결부	MOSI	J1의 2번 연결부	#COMP2
U1의 16번 연결부	MISO	J1의 3번 연결부	ADC1
U1의 17번 연결부	SCK	J1의 4번 연결부	ADC2
U1의 7번 연결부	X1	J1의 5번 연결부	TEMP
U1의 8번 연결부	X2	J1의 6번 연결부	PC0
U1의 19번 연결부 U4의 1번, 2번 연결부	#ADC1	J1의 7번 연결부	PC1
U1의 22번 연결부 U4의 8번, R12 연결부	#ADC2	J1의 8번 연결부	PC2
U1의 23번 연결부	PC0	J1의 9번 연결부	PC3
U1의 24번 연결부	PC1	J1의 10번 연결부	PC4
U1의 25번 연결부	PC2	J2의 2번 연결부	MOSI
U1의 26번 연결부	PC3	J2의 3번 연결부	MISO
U1의 27번 연결부	PC4	J2의 4번 연결부	SCK

U1의 28번 연결부, U4의 7번, R8 연결부	#TEMP	J2의 5번 연결부	RESET
U1의 30번 연결부, U3의 4번 연결부	RXD	J2의 6번 연결부, U3의 7번 연결부	TX
U1의 31번 연결부, U3의 5번 연결부	TXD	J2의 7번 연결부, U3의 6번 연결부	RX
U1의 32번 연결부	#COMP1	R5의 좌측 연결부	ADC1
U2의 2번 연결부	RESET	R9의 좌측 연결부	TEMP
		R13의 좌측 연결부	ADC2

아. 풋프린트(Foot Print) 값을 정확하게 입력하고, DRC(설계규칙검사)를 해서 에러가 있으면 수정하여 DRC 검사를 다시 하고, 에러가 없으면 감독위원에게 확인을 받는다. **(감독위원에게 ERC: Electronic Check Rule 검사를 한 결과 에러가 없다는 것을 확인받지 못하면 실격 처리됨)**

자. DRC(설계규칙검사)에서 에러가 없으면 네트리스트를 생성(Create Netlist) 한다.

차. 네트리스트 생성이 정상적으로 되면 PCB Editor 프로그램에서 인쇄회로기판(PCB)을 설계한다.

카. 시험 종료 전에 작성한 전자회로 도면을 A4용지에 인쇄한다.

가. OrCAD Capture 프로그램에서 설계한 전자 회로도를 분석하여 PCB Editor 프로그램에서 인쇄회로기판(PCB)을 설계한다.

A. 파일 폴더 및 파일명은 본인에게 지정된 비번호로 설정(여기에서는 06) 한다.

나. PCB Editor 프로그램에서 제공하는 라이브러리의 부품을 사용하는 것이 기본이다. 단, 그 외 필요한 부품은 제시된 데이터시트를 참고해서 규격에 맞게 본인이 직접 부품을 생성한다.

A. 수검자가 직접 생성한 부품은 본인에게 지정된 비번호로 라이브러리 폴더명을 정하고(여기에서는 바탕화면\06\06) 그 라이브러리 폴더 안에 저장한다.

부품명	단자 접속도(단위: mm)
ATMEGA8	TQFP32
LM2902	SOIC14N
ADM101E	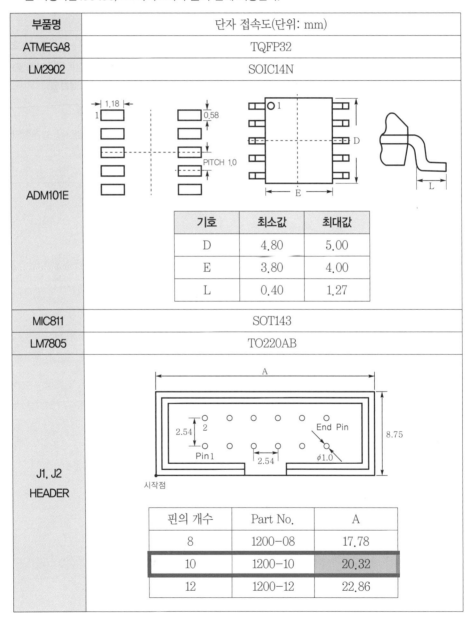
MIC811	SOT143
LM7805	TO220AB
J1, J2 HEADER	

기호	최소값	최대값
D	4.80	5.00
E	3.80	4.00
L	0.40	1.27

핀의 개수	Part No.	A
8	1200-08	17.78
10	1200-10	20.32
12	1200-12	22.86

Y1 CRYSTAL	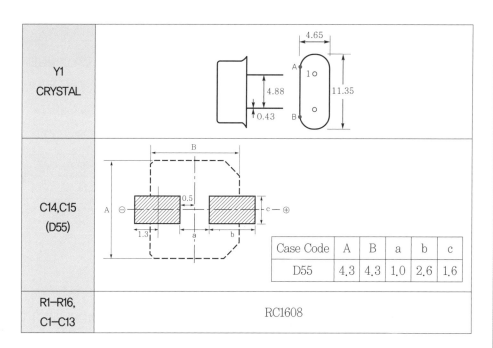
C14,C15 (D55)	<table><tr><td>Case Code</td><td>A</td><td>B</td><td>a</td><td>b</td><td>c</td></tr><tr><td>D55</td><td>4.3</td><td>4.3</td><td>1.0</td><td>2.6</td><td>1.6</td></tr></table>
R1–R16, C1–C13	RC1608

다. 설계 환경: 양면 PCB(2–Layer),

라. 설계 단위: mm

마. 보드

　A. 사이즈: 80mm(가로)×70mm(세로)

　(치수 보조선을 이용하여 보드 사이즈를 실크스크린 레이어에 표시한다.) (실크스크린 이외의 레이
　어에 표시한 경우 실격 처리됨)

　B. 보드 외곽선의 모서리: 필렛(라운드) 처리

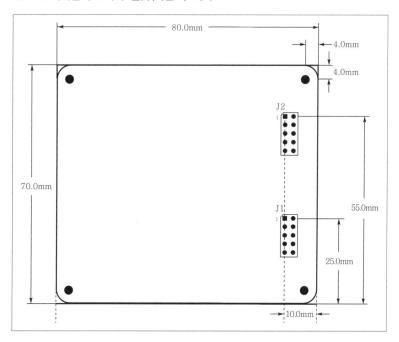

바. 부품 배치

    A. 주요 부품은 위 그림과 같이 배치하고, 그 외는 임의대로 배치하되, 부품은 TOP 면에만 실장한다.

    B. 부품을 실장할 때 이격거리를 고려하여 배치하고, IC와 LED 등 극성이 있는 부품은 되도록이면 동일한 방향으로 배열하여 배치한다.

사. 네트(NET)의 폭(두께)

네트명	폭(두께)
+12V, +5V, GND, X1, X2	0.5mm
그 외 일반선	0.3mm

아. 배선

    A. 배선은 양면(TOP, BOTTOM)에서 한다. **(자동 배선을 하면 실격 처리됨)**

    B. 배선 경로는 최대한 짧게 한다. 100% 배선하고, 직각 배선은 하지 않는다.

    C. 각 Layer에 가급적 배선 방향 기준을 정하는 것이 좋다. 예를 들어 배선 방향의 기준이 TOP Layer에 수평이면, BOTTOM Layer에 수직[또는 TOP Layer에 수직이면, BOTTOM Layer에 수평]으로 배선한다.

자. 기구 홀(Mounting Hole) 삽입

    A. 보드 외곽의 네 모서리에 직경 3∅의 기구 홀을 삽입한다.

    B. 각각의 모서리로부터 5mm 떨어진 지점에 배치한다. (위의 그림 참고)

    C. 기구 홀은 비전기적(Non-Electrical) 속성을 갖는다.

    D. 기구 홀의 부품 참조 값은 생략한다.

차. 비아(Via)의 설정

비아의 종류	드릴 홀 크기(hole size)	패드 크기(pad size)
Power Via(전원선 연결)	0.4mm	0.8mm
Stadard Via(그 외 연결)	0.3mm	0.6mm

카. 실크 데이터(Silk Data)

    A. 실크 데이터의 부품 번호는 한 방향으로 정렬하고, 불필요한 데이터는 삭제한다.

    B. 다음의 내용을 보드 상단 중앙에 위치시킨다.

        (CONTROL BOARD)

        (line width: 0.25mm, height: 2mm)

타. 카퍼(Copper Pour)

    A. 보드의 카퍼는 Bottom Layer에만 GND 속성으로 처리한다.

    B. 보드 외곽으로부터 0.5mm 이격을 두고 카퍼 처리한다.

C. 모든 네트와 카퍼와의 이격거리(Clearance)는 0.5mm, 단열판과 GND 네트 사이 연결선의 두께는 0.5mm로 설정한다.

파. DRC(Design Rule Check)

    A. 모든 조건은 default 값(Clearance: 0.254mm)을 따른다.

    B. DRC 검사(설계규칙검사)를 해서 에러가 있으면 수정하여 DRC(설계규칙검사)를 다시 하고, 에러가 없으면 감독위원에게 확인을 받는다. (감독위원에게 DRC(설계규칙검사) 결과 에러가 없다는 것을 확인받지 못하면 실격 처리됨)

    C. DRC(설계규칙검사)를 한 결과 에러가 없을 때 다음 단계의 작업을 진행한다.

하. PCB 제조에 필요한 데이터의 생성

    A. 양면 PCB 제조에 필요한 데이터 파일(거버 데이터(RS274-X) 등)을 모두 생성한다.

    B. 이동식 저장장치에 작업한 폴더를 저장하여 감독위원 PC로 이동한다. (파일 제출 후 작품 수정 시에는 부정행위자로 간주하여 실격 처리됨)

    C. 감독위원이 입회하에 작품을 출력한다.

    D. 수험자가 전자 회로도와 PCB 제조에 필요한 데이터 파일(거버 데이터 등)을 실물(1:1)과 같은 크기로 출력한다. (실물과 다르게 출력한 경우 실격 처리됨)

② 전자 회로도 설계(Schematic)

〈OrCAD Capture에서 전자 회로도 설계(Schematic)의 흐름〉은 다음과 같다. 회로 설계 과정에서 Library 생성은 환경 설정과 Library 추가 사이의 어느 단계에서 해도 무방하다.

■ OrCAD Capture에서 전자 회로도 설계(Schematic)의 흐름

프로그램 실행	New Project 생성	환경 설정	Title Block 작성 / Library 생성	library 추가	배치/ 배선	레퍼런스 정렬	Net alias 작성	PCB Footprint 입력	DRC	Netlist 생성

1) 프로그램 실행

■ OrCAD Capture에서 전자 회로도 설계(Schematic)의 흐름

프로그램 실행	New Project 생성	환경 설정	Title Block 작성 / Library 생성	library 추가	배치/ 배선	레퍼런스 정렬	Net alias 작성	PCB Footprint 입력	DRC	Netlist 생성

회로 도면을 설계(Schematic)하기 위해서 OrCAD Capture 프로그램을 실행한다.

바탕화면에서 **[시작]** 〉 **[Cadence]** 〉 **[OrCAD Capture]**를 클릭하거나 또는 바탕화면에서 OrCAD Capture 아이콘()을 실행한다.

2) 새 프로젝트 생성

▣ OrCAD Capture에서 전자 회로도 설계(Schematic)의 흐름

프로그램 실행	New Project 생성	환경 설정	Title Block 작성 / Library 생성	library 추가	배치/ 배선	레퍼런 스 정렬	Net alias 작성	PCB Footprint 입력	DRC	Netlist 생성

가. 메뉴바에서 **[File]** 〉 **[NEW]** 〉 **[Project]**를 선택한다.

나. New Project 창이 열리면 이름(Name)과 경로(Location)를 그림과 같이 입력한다.

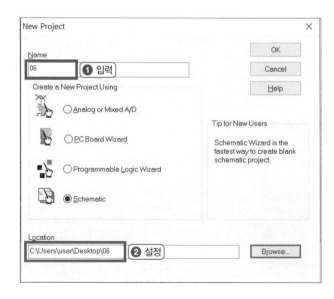

꿀팁! 주의 및 참고 사항

1. 파일명 및 파일 저장 경로: 영문자 사용

＊ 한글 및 특수문자를 사용하면 레이아웃 설계에서 에러가 발생한다.

2. 윈도 바탕화면에 06 폴더를 만든다.

(일반적으로 시험장에서 이름을 등번호로 갖는 폴더를 바탕화면에 생성하고 시험을 시작한다.)

1) 윈도 바탕화면에 MRB(마우스 오른쪽 버튼) 메뉴에서 [새로 만들기], [폴더]를 클릭한다.

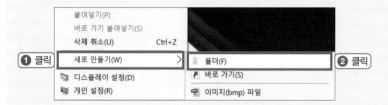

2) 새 폴더의 이름을 06으로 입력한다.

3. 파일 저장 경로 설정하기(경로: C:\Users\user\Desktop\06)

1) Location의 [Browse] 버튼을 클릭한다.

2) C 드라이브인 것을 확인하고, C:\ 폴더를 더블 클릭한 후 우측의 스크롤바를 움직여서 Users 폴더를 찾아 더블 클릭한다.

3) user 폴더 더블 클릭, Desktop 폴더를 더블 클릭, 06 폴더를 더블 클릭한다.

4) 경로를 확인하고 [OK]를 클릭한다.

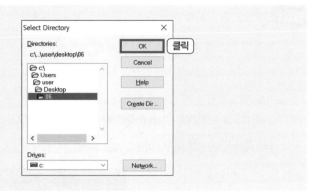

3) 환경 설정

■ OrCAD Capture에서 전자 회로도 설계(Schematic)의 흐름

프로그램 실행	New Project 생성	환경 설정	Title Block 작성 Library 생성	library 추가	배치/ 배선	레퍼런스 정렬	Net alias 작성	PCB Footprint 입력	DRC	Netlist 생성

가. 단위와 페이지 크기 설정

조건 과제 1 전자 회로도 설계(Schematic) 마의 A.

A. Page size: A4(297mm*210mm)

A. 메뉴바에서 [Options] 〉 [Schematic Page Properties]를 클릭한다.

B. Schematic Page Properties 창에서 [Page Size] 탭의 Units 항목에서 **[Millimeters]**를 선택하고, New Page Size 항목에서 **[A4]**를 선택한 다음 [확인]을 클릭한다.

나. Grid 색상 설정 및 Grid가 보이게 설정(생략 가능)

A. 메뉴바에서 [Options] > [Preferences]를 선택한다. Preferences(속성) 창의 [Colors/Print] 탭에서 [Grid] 항목을 클릭하여 Grid Color 창에서 원하는 색상을 선택한 다음 [확인]을 클릭한다.

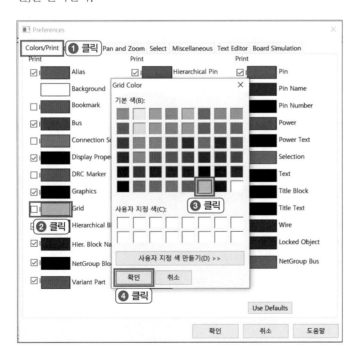

B. [Grid Display] 탭을 선택하여 그림과 같이 설정하고 [확인] 버튼을 클릭한다.

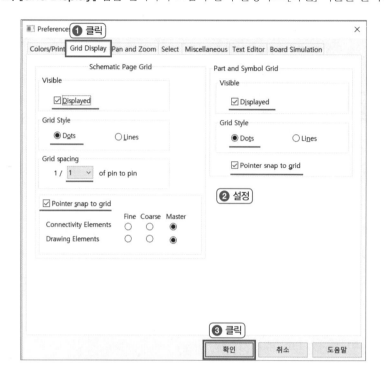

4) 타이틀 블록(Title Block) 작성

▣ OrCAD Capture에서 전자 회로도 설계(Schematic)의 흐름

프로그램 실행	New Project 생성	환경 설정	Title Block 작성 Library 생성	library 추가	배치/ 배선	레퍼런스 정렬	Net alias 작성	PCB Footprint 입력	DRC	Netlist 생성

조건 과제 1 전자 회로도 설계(Schematic) 마.

마. 타이틀 블록(Title block)을 작성한다.

    A. Title: 작품명(크기 14)

        예 CONTROL BOARD

    B. Document Number: ELECTRONIC CAD, 시행일자(크기 12)

        예 ELECTRONIC CAD, 2021.01.01

    C. Revision: 1.0(크기 7)

가. 도면의 우측 하단에 타이틀 블록이 보이지 않는 경우, 메뉴바에서 [Place] 〉 [Title Block]을 클릭하고, TitleBlock0/CAPSYM을 선택하여 타이틀 블록을 삽입한다.

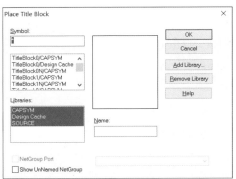

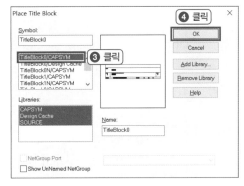

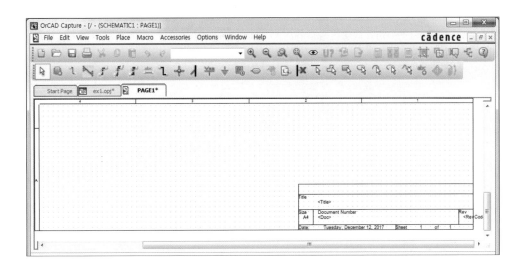

나. Title Block의 Size가 [A4]로 설정되어 있는 것을 확인하고, 〈Tite〉, 〈Doc〉, 〈Rev Code〉를 각각 클릭하여 글자를 입력하고, 글자 크기를 설정한 후 [OK]를 클릭한다.

A. 〈Title〉을 선택하고 MRB(마우스 오른쪽 버튼) 메뉴에서 [Edit Properties]를 클릭하거나 〈Title〉을 더블 클릭한다.

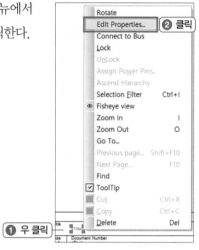

B. Display properties 창에서 Value에 [CONTROL BOARD]를 입력하고, 글자 크기를 설정하기 위해 [Change]를 클릭하고 글꼴 창의 크기에 [14]를 입력한 후에 [확인]을 클릭한다.

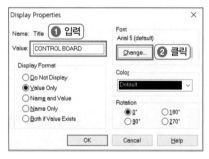

C. 〈Doc〉를 선택하고 MRB(마우스 오른쪽 버튼) 메뉴에서 [Edit Properties]를 클릭하거나 〈Doc〉를 더블 클릭한다.

D. Display properties 창에서 Value에 [ELECTRONIC CAD. 시행일자] (예시: [ELECTRONIC CAD. 202X.XX.XX])를 입력하고, 글자 크기를 설정하기 위해 [Change]를 클릭하고 글꼴 창의 크기에 [12]를 입력한 후에 [확인]을 클릭한다.

E. 〈RevCode〉를 선택하고 MRB(마우스 오른쪽 버튼) 메뉴에서 [Edit Properties]를 클릭하거나 〈RevCode〉를 더블 클릭한다.

F. Display properties 창에서 Value에 [1.0]을 입력하고 [확인]을 클릭한다.

Title	TR BASIC		
Size	Document Number		Rev
A4	ELECTRONIC CAD, 202X.01.01		1.0
Date:	Monday, January, 1, 20XX	Sheet 1 of 1	

5) 라이브러리(Library) 생성

기존의 OrCAD의 Library에는 수록되지 않은 ATMEGA8, MIC811 ADM101E Library를 생성한다.

▣ OrCAD Capture에서 전자 회로도 설계(Schematic)의 흐름

프로그램 실행	New Project 생성	환경 설정	Title Block 작성 / Library 생성	library 추가	배치/ 배선	레퍼런스 정렬	Net alias 작성	PCB Footprint 입력	DRC	Netlist 생성

가. ATMEGA8 생성

제시된 도면의 ATMEGA8을 참고하여 만든다.

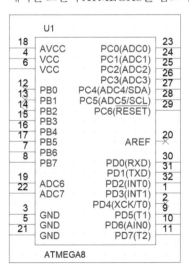

A. 새 라이브러리 생성

ㄱ. 메뉴바에서 [File] 〉 [NEW] 〉 [Library]를 클릭한다.

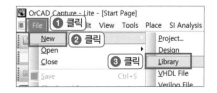

ㄴ. Add to Project 창에서 [C:\Users\
user\Desktop\06\06.opj]를 선택하
고 [OK]를 클릭한다.

ㄷ. 프로젝트 매니저 창에서 라이브러리 폴더 아래 library1.olb 및 바탕화면의 06 폴더에
LIBRARY1.olb 파일이 생긴 것을 확인한다.

프로젝트 매니저 창	바탕화면의 06 폴더
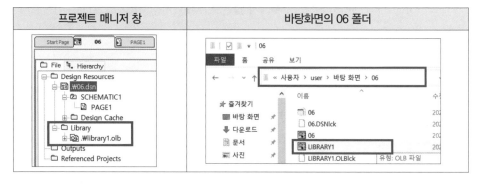	

B. 새부품 생성

ㄱ. 오브젝트 매니저 창에서 Library 폴더
아래 [.\library1.olb]의 MRB(마우스
오른쪽 버튼) 메뉴에서 **[New Part]**를
클릭한다.

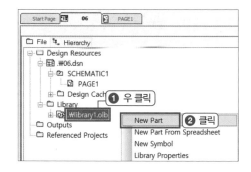

ㄴ. New Part Properties
창에 다음과 같이 입력
하고 [OK]를 클릭하거
나 엔터([Enter↵])를 누른
다. (여기에 입력된 PCB
Footprint의 내용은 나중
에 Footprint 값으로 활용
된다.)

ㄷ. 파트 편집 창이 다음과 같이 활성화된다.

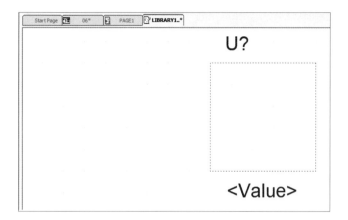

C. 부품의 테두리 확대

주어진 도면의 IC 테두리가 크기 때문에 점선으로 된 테두리를 드래그하여 확대한다. (핀을 편집할 때는 넉넉하게 큰 것이 좋다.)

ㄱ. 테두리를 클릭하면 생기는 모서리의 오른쪽 아래 [진한색 사각형]을 드래그하여 확대한다.

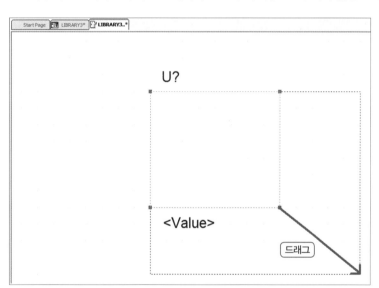

D. 핀 입력(Pin Array 이용)

도면을 참고하여 핀을 입력한다.

ㄱ. 메뉴바에서 [Place] > [Pin Array]를 선택한다.

ㄴ. Place Pin Array 창에 다음과 같이
입력하고 [OK]를 클릭하거나 엔터
([Enter↵])를 누른다. (ATMEGA8이
32핀이므로 16핀씩 양쪽으로 입력)

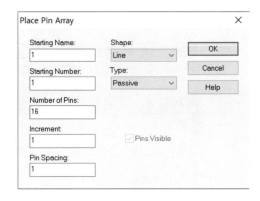

ㄷ. 테두리에 대고 클릭하여 핀을 배치시
킨다. (테두리 양쪽에 핀 번호와 일치
하도록 재배치하기에 편리하도록 위,
아래에 배치하였다.)

E. 핀 배치

편집하고자 하는 핀을 드래그하여 도면과 일치하도록 배치한다. (이때 연속되는 핀을 여러
개 선택해서 드래그해도 된다.)

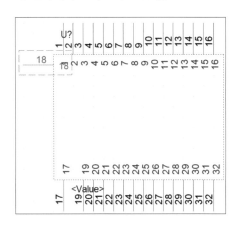

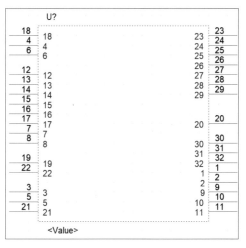

F. 핀 편집

ㄱ. 왼쪽 핀 편집

❶ 편집하고자 하는 왼쪽 핀을 드 래그하여 선택한 후 MRB(마우 스 오른쪽 버튼) 메뉴에서 [Edite Properties...]를 클릭한다.

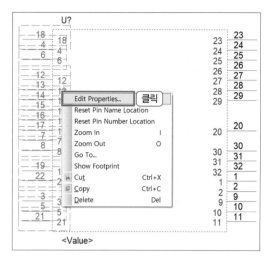

❷ Browse Spreadsheet 창에서 Name, Type, Pin Length 값을 수정한다. 18, 4, 6, 3, 5, 21번 핀은 VCC 또는 GND와 연결되므로 Type의 콤보박스를 눌러서 속성을 [Power]로 변경하고, 12, 13, 14번 핀의 길이가 짧으므로 Pin Length의 콤보박스를 눌러서 속성을 [Short]로 변경한 후에 [OK]를 클릭한다.

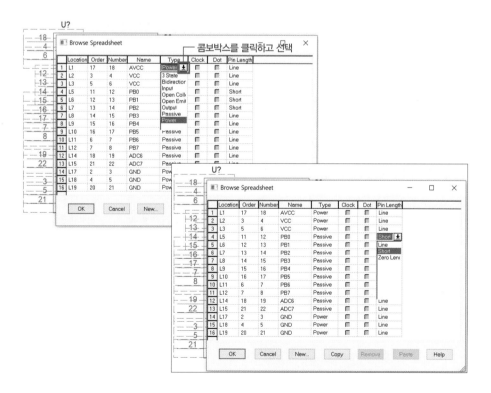

꿀팁! **Browse Spreadsheet 창 사용**

1. Name, Type, Pin Length의 맨 윗줄에 있는 각 [Label의 오른쪽의 테두리]를 드래그하여 칸의 폭을 넓게 하고 입력하면 편리하다.

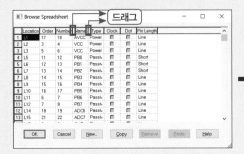 

2. Browse Spreadsheet 창의 크기를 오른쪽 아래(◢) 부분을 드래그해서 조정할 수 있다.

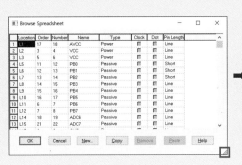 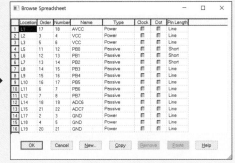

ㄴ. 오른쪽 핀 편집

❶ 편집하고자 하는 오른쪽 핀을 드 래그하여 선택한 후 MRB(마우 스 오른쪽 버튼) 메뉴에서 [Edite Properties...]를 클릭한다.

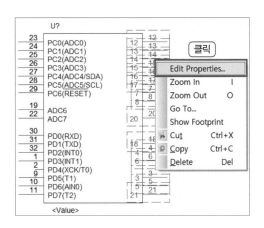

❷ 29번 핀 이름 *RESET*은 [R\E\S\E\T\]으로 입력하고, 2번, 20번 핀의 길이가 짧으므 로 Pin Length의 콤보박스를 눌러서 속성을 [Short]로 변경한 후에 [OK]를 클릭한다.

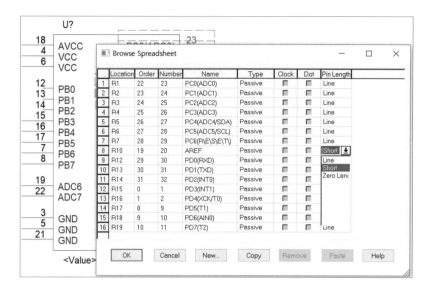

G. 부품의 크기 확정

주어진 도면을 참고하여 테두리를 클릭하면 생기는 모서리의 진한 분홍색 사각형을 드래그하여 부품의 크기를 확정한다. 이때 가로, 세로의 폭이 너무 넓으면 회로 설계(Schematic)를 할 때, 도면의 공간이 부족할 수 있고, 너무 좁으면 핀의 이름이 겹치는 문제가 발생하므로 적당하게 조정하는 것이 좋다.

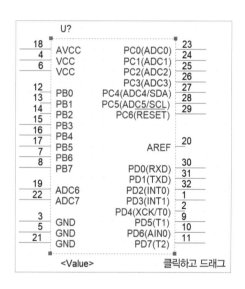

H. 부품의 테두리 그리기

ㄱ. 메뉴바에서 [Place] 〉 [Rectangle]을 선택한다.

ㄴ. 부품의 [왼쪽 위 모서리], [오른쪽 아래 모서
리]를 각각 클릭한다.

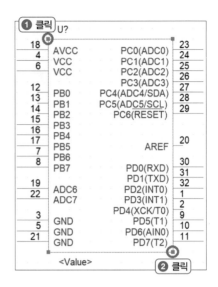

I. 저장하기

부품 편집 창의 Label 위에 마우스를 올리고, MRB(마우스 오른쪽 버튼) 메뉴 중에서 [Save]
를 클릭하여 저장한다.

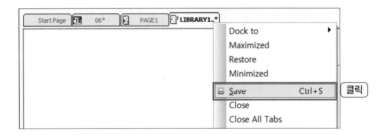

J. 부품 편집 창 닫기

부품 편집 창의 Label 위에 마우스를 올리고, MRB(마우스 오른쪽 버튼) 메뉴 중에서
[Close]를 클릭하여 부품 편집 창을 닫는다.

K. Library 생성 확인

프로젝트 매니저 창에서 라이브러리에 ATMEGA8 부품이 생성된 것을 확인한다.

 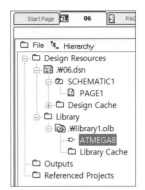

꿀팁! 라이브러리 수정 후 발생하는 에러 수정

1. ATMEA8 라이브러리 수정하기

프로젝트 매니저 창에서 [.\library1.olb] 아래 ATMEGA8 위에 마우스 커서를 올리고, MRB(마우스 오른쪽 버튼)을 클릭하면 나오는 메뉴 중에서 [Edit Part]를 클릭하여 부품 편집 창을 열고 수정한다.

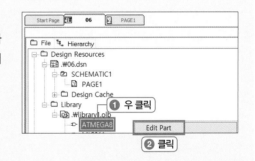

2. 라이브러리 수정 후 발생하는 에러 수정하기

A. OrCAD Capture 프로젝트 파일에서 회로 설계를 하다가 Library를 수정하면 다음과 같은 창이 뜨는 에러가 발생한다.

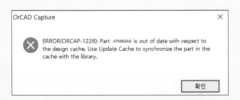

B. Project Manager 창에서 [Design Cache] 위에 마우스 커서를 올리고 MRB(마우스 오른쪽 버튼)을 클릭하면 나오는 메뉴 중에서 [Cleanup Cache]를 클릭하면 에러 메시지가 나오지 않고 수정된 라이브러리가 회로에 적용된다.

나. MIC811 생성

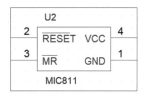

제시된 도면의 MIC811을 참고하여 만든다.

A. 새부품 생성

ㄱ. 오브젝트 매니저 창에서 Library 폴더 아래 [.\library1.olb] 위에서 MRB(마우스 오른쪽 버튼)을 클릭하여 **[New Part]**를 클릭한다.

ㄴ. New Part Properties 창에 다음과 같이 입력하고 [OK]를 클릭하거나 엔터를 누르면(여기에서 PCB Footprint에 입력된 내용은 나중에 Footprint 값으로 활용됨) 파트 편집창이 다음과 같이 활성화된다.

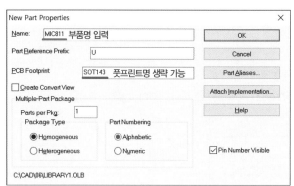
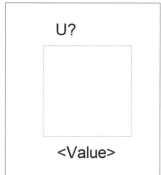

B. 핀 입력(Pin을 하나씩 입력)

도면을 참고하여 핀을 입력한다.

ㄱ. 2번 핀 입력

❶ 메뉴바에서 **[Place] > [Pin]**을 선택한다.

❷ Place Pin 창에 다음과 같이 입력하고 엔터를 누른다. ($\overline{RESET}$은 [R\E\S\E\T\]으로 입력한다.)

❸ 적당한 위치에 클릭하여 Pin을 배치시킨다.

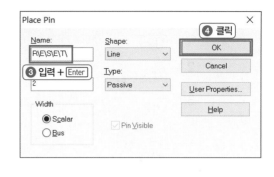

ㄴ. 3번 핀 입력

❶ 메뉴바에서 [Place] 〉 [Pin]을 선택한다.

❷ Place Pin 창에 다음과 같이 입력하고 [OK]를 클릭한다. ($\overline{MR}$은 [M\R\]로 입력한다.)

❸ 적당한 위치에 클릭하여 Pin을 배치시킨다.

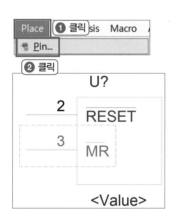

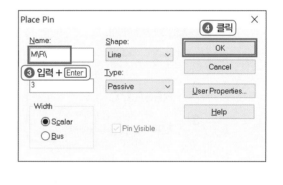

ㄷ. 4번 핀 입력

❶ 메뉴바에서 [Place] 〉 [Pin]을 선택한다.

❷ Place Pin 창에 다음과 같이 입력하고 [OK]를 클릭한다. (VCC의 Type을 [Power]로 선택하고, 핀이 보일 수 있도록 [Pin Visible]을 체크한다.)

❸ 적당한 위치에 클릭하여 Pin을 배치시킨다.

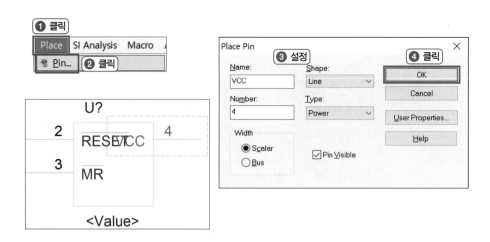

ㄹ. 1번 핀 입력

　❶ 메뉴바에서 [Place] 〉 [Pin]을 선택한다.

　❷ Place Pin 창에 다음과 같이 입력하고 엔터(Enter↵)를 누른다. (GND의 Type을
　　 [Power]로 선택하고, 핀이 보일 수 있도록 [Pin Visible]을 체크한다.)

　❸ 적당한 위치에 클릭하여 Pin을 배치시킨다.

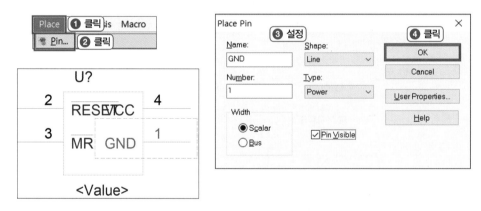

C. 부품의 크기 확정

주어진 도면을 참고하여 테두리를 클릭하면 생기는 모서리의 진한 분홍색 사각형을 드래

그하여 부품의 크기를 확정한다. 이때 가
로, 세로의 폭이 너무 넓으면 회로 설계
(Schematic)를 할 때, 도면의 공간이 부족
할 수 있고, 너무 좁으면 핀의 이름이 겹치
는 문제가 발생하므로 적당하게 조정하는
것이 좋다.

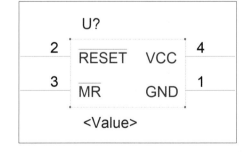

D. 부품의 테두리 그리기

ㄱ. 메뉴바에서 [Place] 〉 [Rectangle]을 선택한다.

ㄴ. 부품의 왼쪽 위 모서리, 오른쪽 아래 모서리를 각각 클릭한다.

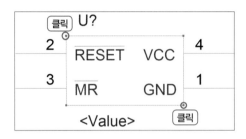

E. 저장하고 부품 편집 창을 닫는다.

ㄱ. 부품 편집 창의 Label 위에 마우스를 올리고, MRB(마우스 오른쪽 버튼) 메뉴 중에서 [Save]를 클릭하여 저장한다.

ㄴ. 부품 편집 창의 Label 위에 마우스를 올리고, MRB(마우스 오른쪽 버튼) 메뉴 중에서 [Close]를 클릭하여 저장한다.

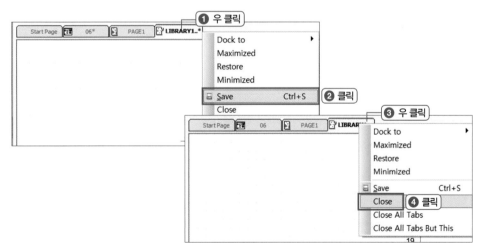

F. Library 생성 확인

프로젝트 매니저 창에서 라이브러리에 MIC811
부품이 생성된 것을 확인한다.

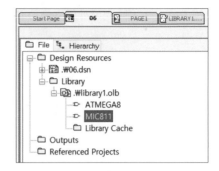

 라이브러리 수정 후 발생하는 에러 수정

1. MIC811 라이브러리 수정하기

프로젝트 매니저 창에서 [.\library1.olb] 아래
MIC811 위에 마우스 커서를 올리고, MRB(마우
스 오른쪽 버튼)을 클릭하면 나오는 메뉴 중에서
[Edit Part]를 클릭하여 부품 편집 창을 열고 수정
한다.

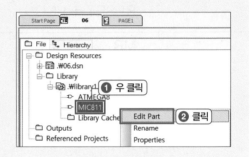

2. 라이브러리 수정 후 발생하는 에러 수정하기

A. OrCAD Capture 프로젝트 파일에서 회로 설계를 하다가 Library를 수정하면 다음과 같은 창이
뜨는 에러가 발생한다.

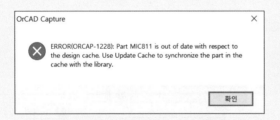

B. Project Manager 창에서 [Library Cache] 또
는 [Design Cache] 위에 마우스 커서를 올리
고 MRB(마우스 오른쪽 버튼)을 클릭하면 나오
는 메뉴 중에서 [Cleanup Cache]를 클릭하면
에러 메시지가 나오지 않고 수정된 라이브러리가
회로에 적용된다.

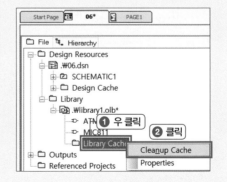

다. ADM101E 생성

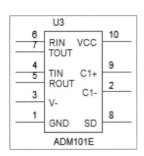

제시된 도면의 ADM101E를 참고하여 만든다.

A. 새부품 생성

ㄱ. 오브젝트 매니저 창에서 Library 폴더 아래(여기에서는 .\library1.olb)에 대고 MRB(마우스 오른쪽 버튼)을 클릭하여 **[New Part]**를 클릭한다.

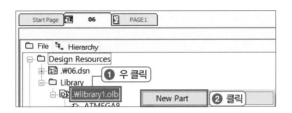

ㄴ. New Part Properties 창에 다음과 같이 입력하고 [OK]를 클릭하거나 엔터(Enter)를 누르면(여기에서 PCB Footprint에 입력된 내용은 나중에 Footprint 값으로 활용됨) 파트 편집 창이 다음과 같이 활성화된다. (SOIC10은 PCB Editor의 Library에 없으므로 생성해야 함)

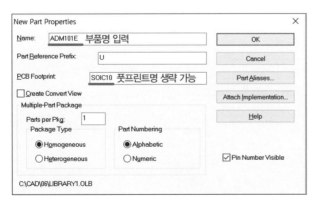

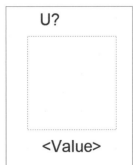

B. 부품의 테두리 확대

주어진 도면의 IC 테두리가 크기 때문에 점선으로 된 테두리를 드래그하여 확대한다. (핀을 편집할 때는 넉넉하게 큰 것이 좋다.)

ㄱ. 테두리를 클릭하면 생기는 모서리의 [진한색 사
　각형]을 드래그하여 확대한다.

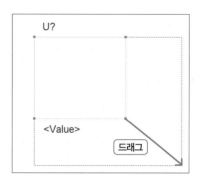

C. 핀 입력(Pin Array 이용)

도면을 참고하여 핀을 입력한다.

ㄱ. 메뉴바에서 [Place] 〉 [Pin
　Array]를 선택한다.

ㄴ. Place Pin Array 창에 다음과 같이 입력하고 엔터([Enter↵])를 누른다. (ADM101E가
　10핀이므로 5핀씩 양쪽으로 입력)

ㄷ. 테두리에 대고 클릭하여 핀을 배치시킨다. (테두리 양쪽에 핀 번호와 일치하도록 재배치
　하기에 편리하도록 위, 아래에 배치하였다.)

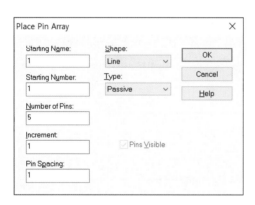
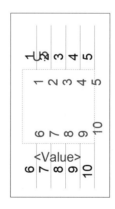

D. 핀 배치

편집하고자 하는 핀을 드래그해서 도면과 일치하도록
배치한다. (이때 연속되는 핀을 여러 개 선택해서 드
래그해도 된다.)

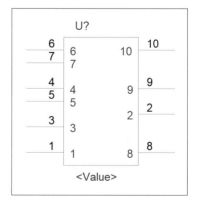

E. 핀 편집

ㄱ. 왼쪽 핀 편집(7번, 6번, 4번, 5번, 3번, 1번 핀 편집)

❶ 편집하고자 하는 왼쪽 핀을 드래그
하여 선택한 후 MRB(마우스 오른
쪽 버튼)을 클릭하면 나오는 메뉴
중에서 [Edite Properties...]를 클
릭한다.

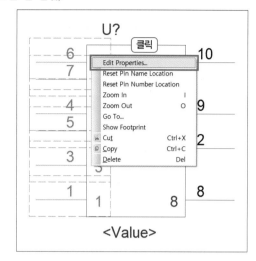

❷ Browse Spreadsheet 창에서 핀의 Name을 각각 입력하고, 1번 핀은 GND와 연결
되므로 Type의 콤보박스를 눌러서 속성을 [Power]로 변경한 후, Pin Length를 모두
[Line]으로 설정하고 [OK]를 클릭하거나 엔터([Enter↵])를 누른다.

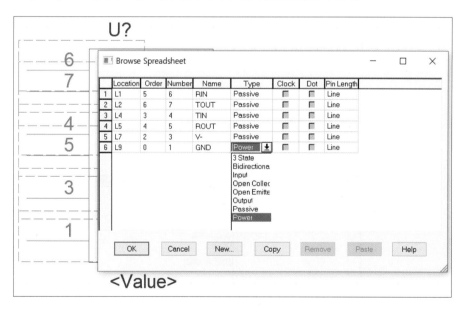

꿀팁! **Browse Spreadsheet 창 사용**

1. Name, Type, Pin Length의 맨 윗줄에 있는 각 [Label의 오른쪽 테두리]를 드래그하여 칸의 폭을
넓게 하고 입력하면 편리하다.

2. Browse Spreadsheet 창의 크기를 오른쪽 아래(◢) 부분을 드래그해서 조정할 수 있다

ㄴ. 오른쪽 핀 편집(10번, 9번, 2번, 8번 핀 편집)

❶ 편집하고자 하는 오른쪽 핀을 드래그하여 선택한 후 MRB(마우스 오른쪽 버튼)을 클릭
하면 나오는 메뉴 중에서 **[Edite Properties...]**를 클릭한다.

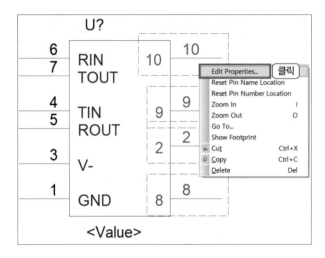

❷ Browse Spreadsheet 창에서 핀의 Name을 각각 입력하고, 10번 핀은 VCC와 연
결되고, 8번은 GND와 연결되므로 **10번과 8번** Type의 콤보박스를 눌러서 속성을
[Power]로 변경한 후, 9번, 2번 핀의 Type을 [Passive]로 설정하고, Pin Length를
모두 [Line]으로 설정한 후에 [OK]를 클릭하거나 엔터([Enter↵])를 누른다.

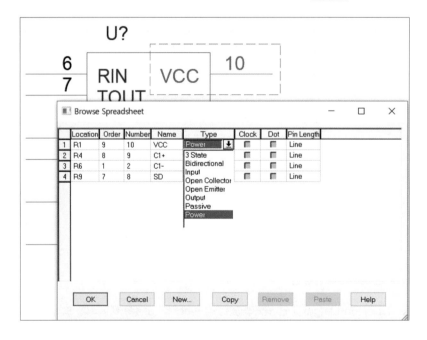

F. 부품의 크기 확정

주어진 도면을 참고하여 테두리를 클릭하면 생기는 모서리의 진한 핑크색 사각형을 드래그하여 부품의 크기를 확정한다. 이때 가로, 세로의 폭이 너무 넓으면 회로 설계(Schematic)를 할 때, 도면의 공간이 부족할 수 있고, 너무 좁으면 핀의 이름이 겹치는 문제가 발생하므로 적당하게 조정하는 것이 좋다.

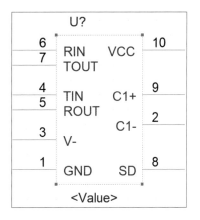

G. 부품의 테두리 그리기

ㄱ. 메뉴바에서 [Place] 〉 [Rectangle]을 선택한다.

ㄴ. 부품의 [왼쪽 위 모서리], [오른쪽 아래 모서리]를 각각 클릭한다.

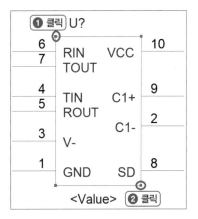

H. 저장하고 부품 편집 창을 닫는다.

ㄱ. 부품 편집 창의 Label 위에 마우스를 올리고, MRB(마우스 오른쪽 버튼) 메뉴 중에서 [Save]를 클릭하여 저장한다.

ㄴ. 부품 편집 창의 Label 위에 마우스를 올리고, MRB(마우스 오른쪽 버튼) 메뉴 중에서 [Close]를 클릭하여 저장한다.

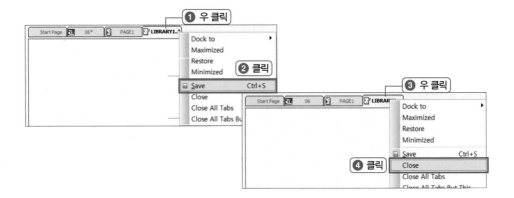

I. Library 생성 확인

프로젝트 매니저 창에 라이브러리가 생성된 것을 확인한다.

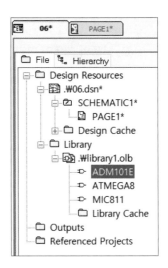

꿀팁! OrCAD Capture 프로그램의 라이브러리 파일 저장 경로

라이브러리 파일이 프로젝트 파일(*.opj)과 같은 폴더에 있도록 주의한다.

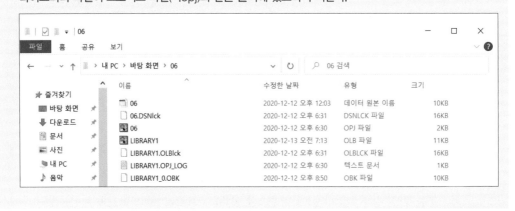

6) 라이브러리(Library) 추가

■ OrCAD Capture에서 전자 회로도 설계(Schematic)의 흐름

| 프로그램 실행 | New Project 생성 | 환경 설정 | Title Block 작성 / Library 생성 | library 추가 | 배치/ 배선 | 레퍼런스 정렬 | Net alias 작성 | PCB Footprint 입력 | DRC | Netlist 생성 |

가. 직접 생성한 라이브러리를 추가하는 방법

A. 회로 설계 창(PAGE1 클릭)을 활성화하고, 메뉴바에서 [Place] 〉 [Part]를 선택하거나 툴파레트의 🔳 아이콘을 클릭한다.

B. Place Part 창에서 🔳(Add Library)를 클릭하여 활성화된 Browse File 창에서 [바탕화면] 〉 [06] 〉 [Library1]을 클릭하고 [OK]를 클릭하거나 엔터 (Enter↵)를 누른다.

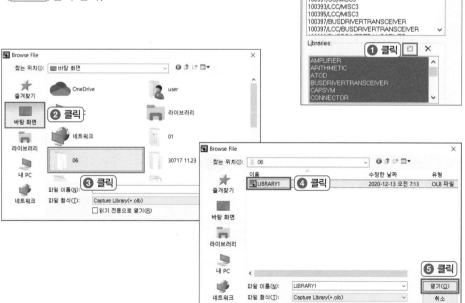

나. OrCAD Capture 프로그램이 제공하는 라이브러리를 추가하는 방법

Place Part 창에서 ⬜(Add Library)를 클릭하여 활성화된 Browse File 창에서 OrCAD Capture 프로그램이 제공하는 Library를 마우스를 드래그하여 모두 선택(Ctrl+A)하고 [열기]를 클릭한다.

> ※ Library 파일이 저장된 경로
>
> [C:\Cadence\SPB_16.3\tools\capture\library]

7) 회로도 작성(배치/배선)

▣ OrCAD Capture에서 전자 회로도 설계(Schematic)의 흐름

프로그램 실행	New Project 생성	환경 설정	Title Block 작성 / Library 생성	library 추가	배치/ 배선	레퍼런스 정렬	Net alias 작성	PCB Footprint 입력	DRC	Netlist 생성

조건 과제 1 전자 회로도 설계(Schematic) 라.

라. 전자회로 도면의 영역을 균형 있게 작성하되, 좌측 하단의 모서리(스테이플러 편철 자리) 부분은 비워둔다.

가. 부품을 불러오는 방법

A. 메뉴바에서 [Place] 〉 [Part]를 선택하거나, 툴파레트의 🖲️아이콘을 클릭한다.

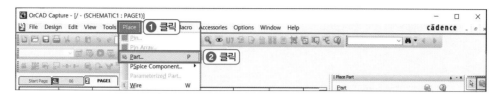

B. Part 창에 부품명(Part 이름)을 입력한 후 엔터([Enter ↵])를 누른다.

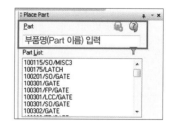

직접 생성한 라이브러리 활용					
부품명	회로 Symbol	Part 이름	부품명	회로 Symbol	Part 이름
ATMEGA8	U1 ATMEGA8	ATMEGA8	ADM101E	U3 ADM101E	ADM101E
MIC811	U2 MIC811	MIC811			

기존 라이브러리 활용					
부품명	회로 Symbol	Part 이름	부품명	회로 Symbol	Part 이름
저항	R1 1K	RESISTOR	크리스털	Y1 CRYSTAL	CRYSTAL
커패시터 (극성 있음)	C1 CAP POL	CAP POL	LM2902	U4A LM2902	LM2902

				J1	
커패시터 (극성 없음)	C1 20pF	CAP NP	HEADER 10	HEADER 10	HEADER 10
LED (SMD Type, 극성 있음)	D1 LED	DIODE	LM7805	U5 VIN VOUT LM7805C/TO3	LM7805C/TO

나. 부품 배치

부품을 배치할 때에는 커다란 부품을 먼저 배치하고, 주변에 작은 부품을 배치한다. LM2902는 회로도와 라이브러리의 핀 배치가 다르므로 [Edit Part] 메뉴를 이용한 부품 수정이 필요하다. LM7805는 회로도와 라이브러리의 핀의 개수 및 핀의 Type이 다르므로 [Edit Part] 메뉴를 이용한 부품 수정이 필요하다.

도면 작성 중에 직접 생성한 부품(U1, U2, U3)을 수정한 후 cache 에러가 발생하면 Project Manager 창에서 [Design Cache]의 MRB(마우스 오른쪽 버튼) 메뉴에서 [Cleanup Cache]를 클릭하면 수정한 값이 업데이트되어 에러가 발생하지 않는다.

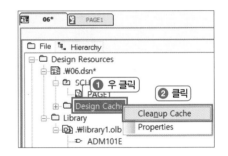

A. ATMEGA8 배치

ㄱ. **직접 생성한 라이브러리를 추가**(직접 생성한 라이브러리를 추가하는 방법. 173쪽 참고)한 다음에, 메뉴바에서 **[Place]〉[Part]**를 선택하고 Place Part 창에서 [Part:] 부분에 부품명(Part 이름) **[ATMEGA8]**을 입력하고 엔터([Enter.↵])를 누른다.

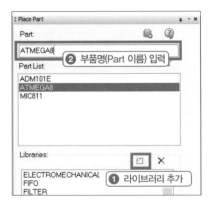

ㄴ. 마우스 커서를 따라 부품이 따라오는 것을 확인한 후 적당한 위치에 클릭하여 부품을 배치한다.

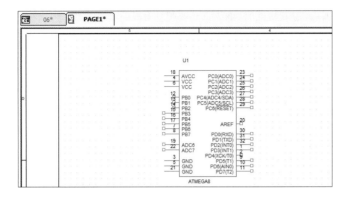

B. MIC811 배치

ㄱ. Place Part 창에서 [Part:] 부분에 파트 이름 [MIC811]을 입력하고 엔터(Enter↵)를 누른다.

ㄴ. 마우스 커서를 따라 부품이 따라오는 것을 확인한 후 적당한 위치에 클릭하여 부품을 배치한다.

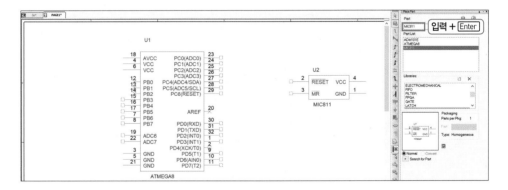

C. ADM101E 배치

ㄱ. Place Part 창에서 [Part:] 부분에 파트 이름 [ADM101E]를 입력하고 엔터(Enter↵)를 누른다.

ㄴ. 마우스 커서를 따라 부품이 따라오는 것을 확인한 후 적당한 위치에 클릭하여 부품을 배치한다.

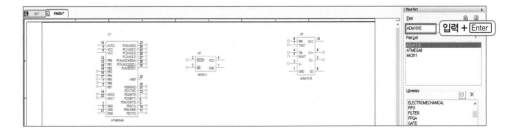

D. LM2902 배치 및 수정

ㄱ. 부품 배치

❶ OrCAD Capture 프로그램이 제공하는 라이브러리를 추가한다. Place Part 창에서
  🔲(Add Library)를 클릭하여 활성화된 Browse File 창에서 OrCAD Capture 프로
  그램이 제공하는 Library를 마우스를 드래그하여 모두 선택(Ctrl+A)하고 [열기]를
  클릭한다.

※ Library 파일이 저장된 경로

  [C:\Cadence\SPB_16.3\tools\capture\library]

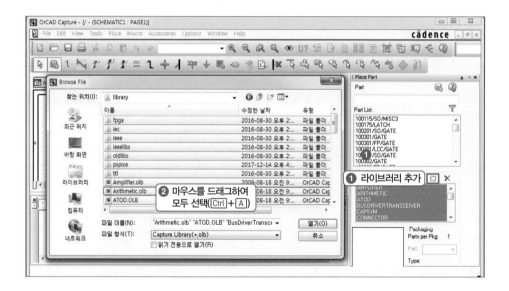

❷ Place Part 창에서 [Part:] 부분에 파트 이름 [LM2902]를 입력하고 엔터(Enter⏎)를
  누른다.

❸ 마우스 커서를 따라 부품이 따라오는 것을 확인한 후 적당한 위치에 클릭하여 부품을
  배치한다.

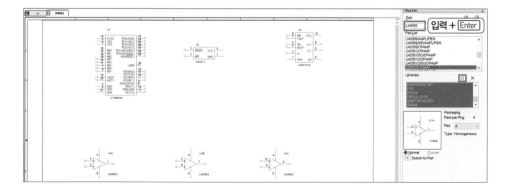

ㄴ. 부품 수정

❶ LM2902 부품을 하나 클릭하여 선택한 상태에서 MRB(마우스 오른쪽 버튼)을 클릭하고 메뉴 중에서 [Edit Part]를 클릭한다. (부품을 클릭하여 선택하지 않은 상태에서 MRB(마우스 오른쪽 버튼)를 누르면 Edit Part 메뉴가 보이지 않는다)

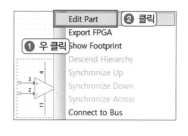

❷ Edit Part 창에서 2번 핀과 3번 핀을 드래그해서 위치를 바꾼다.

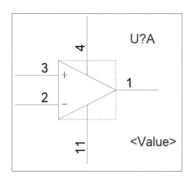
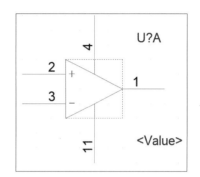

❸ 부품 편집 창의 [06.DSN−L..＊] 위에 마우스를 올리고, MRB(마우스 오른쪽 버튼)을 클릭한 후 메뉴 중에서 [Close]를 클릭한다.

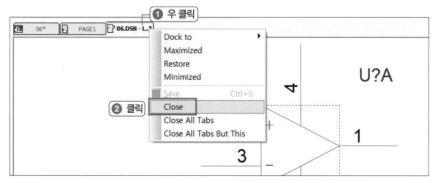

❹ Save Part Instance 창에서 [Update All]을 클릭하여 도면의 모든 LM2902 부품에 변경사항을 적용하고 저장한다.

1. Update Current: 부품을 수정하기 위해 클릭한 부품만 수정하고 저장

2. Update All: 현재 작성 중인 회로 도면의 같은 Part Name을 갖는 모든 부품에 적용하고 저장

3. Discard: 부품 수정 사항을 적용하지 않고 원래 부품 저장

4. Cancel: 저장하는 것을 취소하고 다시 부품 편집 창으로 복귀

5. Help: 도움말 창 호출

❺ OrCAD Capture 창에서 도면의 모든 LM2902 부품에 변경사항을 적용하고 계속할 것
인지를 묻는 질문에 [예(Y)]를 클릭한다.

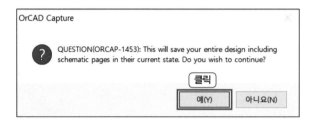

❻ Undo 경고 창에서 UNDO/REDO를 사용할 수 없어도 계속할 것인지를 묻는 질문에
[Yes]를 클릭한다.

❼ 도면의 모든 부품에 핀 배치가 수정되었는지 확인한다.

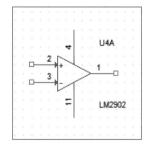 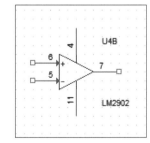 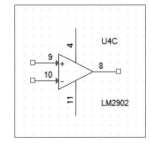

E. LM7805 배치 및 수정

ㄱ. 부품 배치

❶ OrCAD Capture 프로그램이 제공하는 라이브러리를 추가한다. (이미 추가되어 있으면 생략!)

❷ Place Part 창에서 [Part:] 부분에 파트 이름 **[LM7805C/TO]**를 입력하고 엔터([Enter.↵])를 누른다.

❸ 마우스 커서를 따라 부품이 따라오는 것을 확인한 후 적당한 위치에 클릭하여 부품을 배치한다.

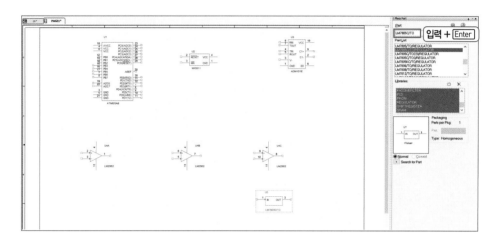

ㄴ. 부품 수정

❶ LM7805C/TO 부품을 하나 클릭하여 선택한 상태에서 MRB(마우스 오른쪽 버튼)을 클릭하고 메뉴 중에서 **[Edit Part]**를 클릭한다. (부품을 클릭하여 선택하지 않은 상태에서 MRB(마우스 오른쪽 버튼)을 누르면 [Edit Part] 메뉴가 보이지 않는다.)

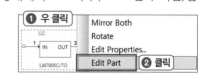

❷ 2번 핀 GND를 표시하기 위해서 2번 핀 자리에 ⊕를 더블 클릭하거나, ⊕를 클릭하여 선택하고 MRB(마우스 오른쪽 버튼)을 클릭하면 나오는 메뉴 중에서 **[Edit Properties...]**를 클릭한다

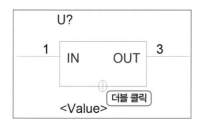

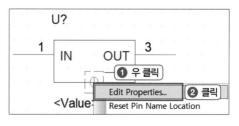

❸ Pin Properties(핀 속성) 창에서 이름에 **[GND]**, Number에 **[2]**, 선이 길게 표시되므로 Shape에 **[Line]**, 2번 핀에 GND가 연결되므로 Type에 **[Power]**, 핀이 보일 수 있도록 **[Pin Visible]**을 체크하고 [OK]를 클릭한다.

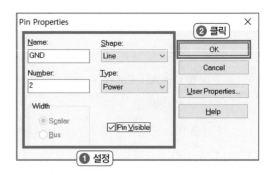

❹ 2번 핀이 눈에 보일 수 있도록 표시된 것을 확인한다.

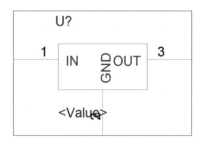

❺ 3번 핀의 Type을 변경하기 위해 3번 핀을 더블 클릭하거나 3번 핀을 클릭하여 선택하고, MRB(마우스 오른쪽 버튼)을 클릭하면 나오는 메뉴 중에서 **[Edit Properties...]**를 클릭한다.

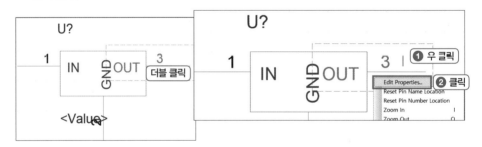

❻ 핀 속성 창에서 Type을 Passive로 설정하고 [OK]를 클릭한다. (회로 도면에서 3번 핀에 입력의 성직을 띤 +5V 전원이 연결되어 있으므로 Type이 Output으로 설정되어 있으면 에러가 발생함)

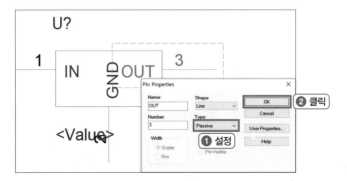

❼ 부품 편집 창의 [06.DSN−L.. *] 위에 마우스를 올리고, MRB(마우스 오른쪽 버튼)를 클릭하면 나오는 메뉴 중에서 [Close]를 클릭한다.

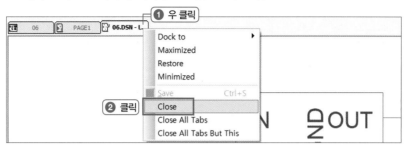

❽ Save Part Instance 창에서 [Update Current] 또는 [Update All]을 클릭하여 부품의 변경사항을 적용하고 저장한다.

⑨ 질문 또는 경고 문구에 다음과 같이 답하고 저장한다.

Update Current를 선택했을 때	Update All을 선택했을 때
Undo 경고 창에서 UNDO/REDO를 사용할 수 없어도 계속할 것인지를 묻는 질문에 [Yes]를 클릭한다. *(Undo Warning!! 창)*	1. OrCAD Capture 창에서 도면의 모든 LM2902 부품에 변경사항을 적용하고 계속할 것인지를 묻는 질문에 [예(Y)]를 클릭한다. *(OrCAD Capture 창)* 2. Undo 경고 창에서 UNDO/REDO를 사용할 수 없어도 계속할 것인지를 묻는 질문에 [Yes]를 클릭한다. *(Undo Warning!! 창)*

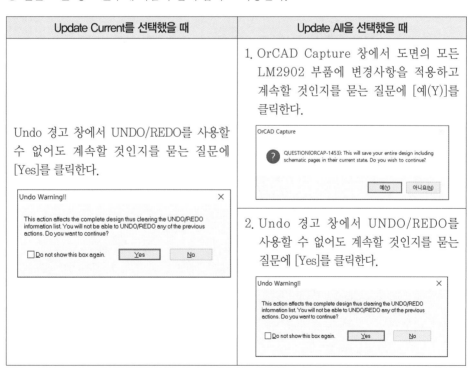

❿ 회로 설계 창에서 부품이 수정되었는지 확인한다.

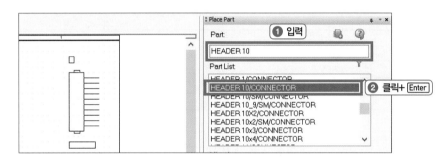

F. HEADER10 배치

ㄱ. Place Part 창에서 [Part:] 부분에 파트 이름 [HEADER 10]을 입력하고 [PartList] 부분에서 [HEADER10/CONNECTOR]를 클릭하여 선택한 후 엔터(Enter↵)를 누르면 마우스 커서에 부품이 따라온다.

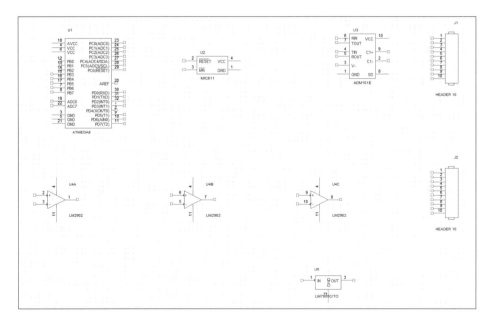

ㄴ. 기보드의 H를 눌러서 부품 수평 번경(좌우 대칭)을 하고 배치한다.

G. 작은 부품 배치(저항, 커패시터, LED, 크리스털 등)

ㄱ. 저항 배치

❶ Place Part 창에서 [Part:] 부분에 파트 이름 [RESI]를 입력하면 [RESISTOR]가 완성
된다. 이때 엔터([Enter.◡])를 누르면 마우스 커서에 부품이 따라온다.

❷ 키보드의 [R]을 눌러서 부품 회전을 하며 적당한 위치에 클릭하여 저항을 배치한다.

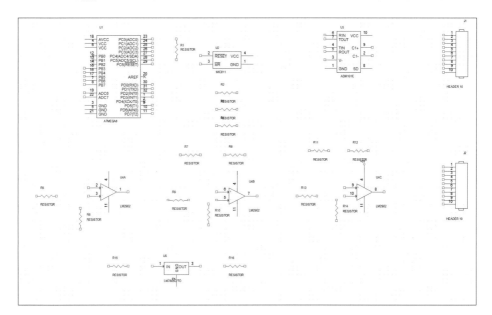

ㄴ. 커패시터(극성 없음) 입력

❶ Place Part 창에서 [Part:] 부분에 파트 이
름 [CAP NP]를 입력하고 엔터([Enter.◡])를
누르면 마우스 커서에 부품이 따라온다.

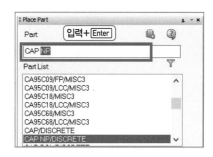

❷ 키보드의 R 을 눌러서 부품 회전을 하며 적당한 위치에 클릭하여 커패시터를 배치한다.

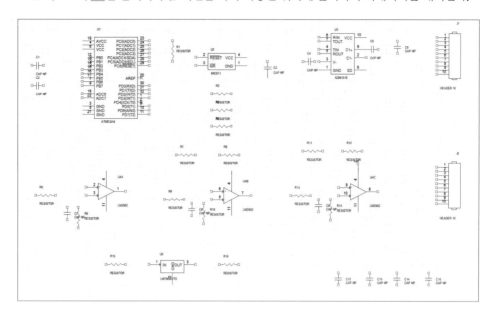

ㄷ. 커패시터(극성 있음) 입력

❶ Place Part 창에서 [Part:] 부분에 파트 이름 [CAP POL]을 입력하고 엔터(Enter.↵)를 누르면 마우스 커서에 부품이 따라온다.

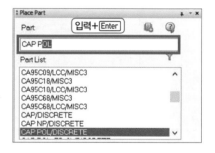

❷ 극성의 방향(+의 위치)에 유의하며 적당한 위치에 클릭하여 커패시터를 배치한다.

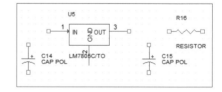

ㄹ. LED 입력

❶ Place Part 창에서 [Part:] 부분에 파트 이름 [LED]를 입력하고 엔터(Enter.↵)를 누르면 마우스 커서에 부품이 따라온다.

❷ 키보드의 [H]를 눌러서 부품 수평 변경(좌우 대칭)을 하며 적당한 위치에 클릭하여 커패
시터를 배치한다.

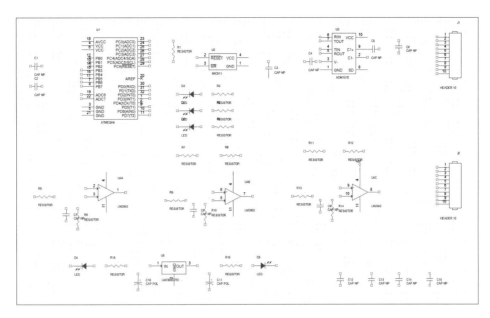

ㅁ. 크리스털 입력

❶ Place Part 창에서 [Part:] 부분에 파트 이름
[CR]을 입력하면 [CRYSTAL]이 완성된다.
이때 엔터([Enter↵])를 누르면 마우스 커서에
부품이 따라온다.

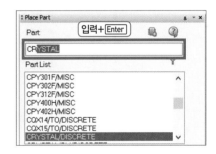

❷ 키보드의 [R]을 눌러서 부품 회전을
하며 적당한 위치에 클릭하여 크리
스털을 배치한다.

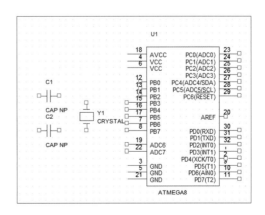

다. 배선

A. 메뉴바에서 [Place] 〉 [Wire] 또는 툴파레트 아이콘 또는 키보드의 Ⓦ를 누른다.

B. 그림과 같이 시작점 클릭, 꺾는 점 클릭, 끝점 더블
클릭으로 선을 연결한다.

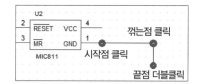

C. 다음 그림과 같이 Pin의 끝(사각 박스)을 클릭한 후 연결하고자 하는 부품의 Pin이 붉은 색
원으로 변했을 때 Pin 끝(사각 박스)을 클릭하여 배선한다.

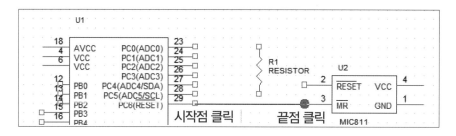

D. ATMEGA8 등 IC의 반복되는 선을 입력할 때는 키보드의 F4를 눌러서 자동 배선복사 기능
을 활용한다.

E. 배선 명령을 종료할 때는 키보드의 Esc를 누른다.

F. ATMEGA8의 2번, 12번−14번, 20번 핀
과 같이 사용하지 않는 핀은 툴파레트의
Place no connect( ) 아이콘을 클릭
하거나 키보드의 Ⓧ를 클릭하고 핀의 끝
(사각박스)을 클릭하여 NC처리를 한다.

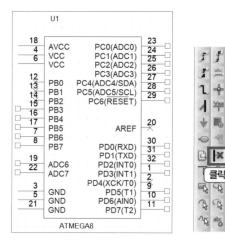

G. 배선을 다음과 같이 완성한다.

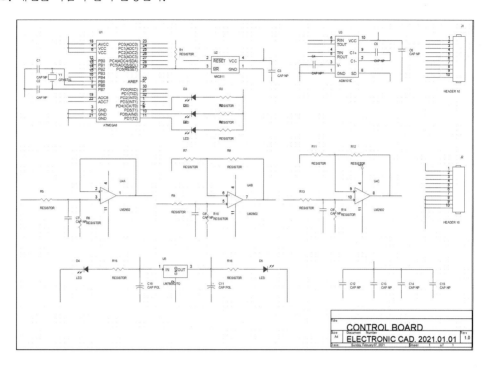

라. 전원 및 GND입력

전원은 +5V, +12V로 두 가지이다.

A. +5V 입력

ㄱ. 키보드의 G 를 누른다.

ㄴ. Place Ground 창에서 [VCC_
CIRCLE/CAPSYM]을 클릭하여 선
택하고, Name에 [+5V]를 입력한
후에 [OK]를 클릭한다.

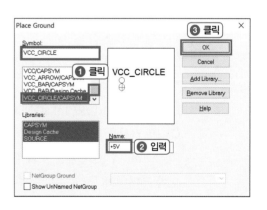

ㄷ. 연결 부위에 빨간색 동그란 원이 표시되었을 때 클릭하여 ⁺⁵ᵛ 를 입력
한다.

B. +12V 입력

ㄱ. 키보드의 [G]를 누른다.

ㄴ. Place Ground 창에서 [VCC_
BAR/CAPSYM]을 클릭하여 선택
하고, Name에 [+12V]를 입력한
후에 [OK]를 클릭한다.

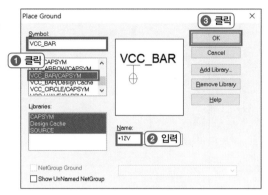

ㄷ. 연결 부위에 빨간색 동그란 원이 표시되었을 때 클릭하여 +12V 를 그림과 같이 입력한다.

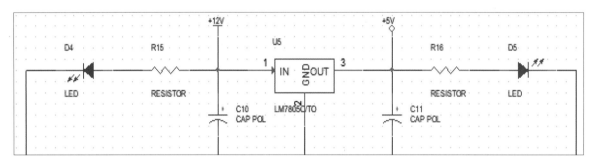

C. GND 입력

ㄱ. 키보드의 [G]를 누른다.

ㄴ. Place Ground 창에서 [GND/
CAPSYM]을 클릭하여 선택하
고, Name에 [GND]인 것을 확
인한 후에 [OK]를 누른다. 이때
[GND_POWER/CAPSYM]을
입력하지 않도록 주의한다.

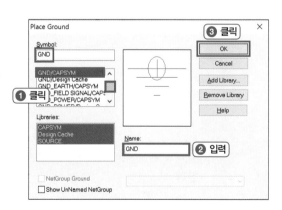

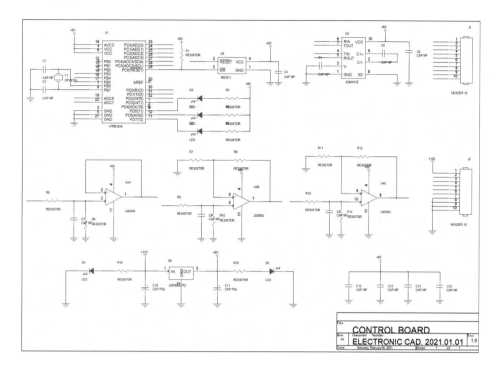

ㄷ. 마우스 커서에 GND 심벌이 따라다니므로, 도면 위에 클릭하여 그림과 같이 GND를 배치한다.

ㄹ. GND 회로 심벌 위에 마우스 커서를 올려서 이름이 GND로 되어 있는지 확인한다. 만약, 이름이 [GND_POWER]로 되어 있으면 회로 도면에서 ⊥ 를 모두 지우고 키보드 단축키([G])를 눌러서 Place Ground 창이 뜨면 [GND/CAPSYM] 클릭하여 선택하고 다시 입력한다.

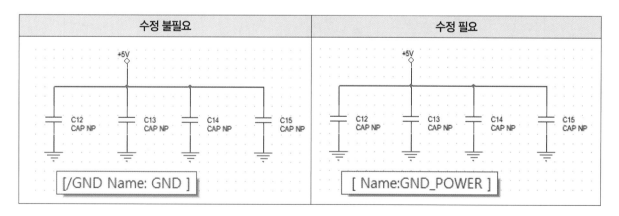

수정 불필요	수정 필요

8) 레퍼런스 정렬

■ OrCAD Capture에서 전자 회로도 설계(Schematic)의 흐름

프로그램 실행	New Project 생성	환경 설정	Title Block 작성 Library 생성	library 추가	배치/ 배선	Net alias 작성	레퍼런스 정렬	PCB Footprint 입력	DRC	Netlist 생성

가. 부품값 수정

수정할 부품값을 더블 클릭하거나 MRB(마우스 오른쪽 버튼) 메뉴의 [Edit Properties]를 클릭하여 [Value]를 입력하고 [OK]를 클릭하거나 엔터(Enter.↵)를 누른다.

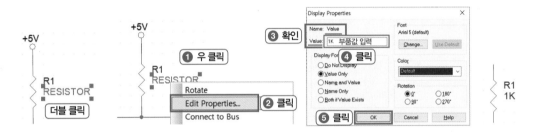

이와 같은 방법으로 주어진 회로도와 같이 모든 부품의 Value 값을 수정한다.

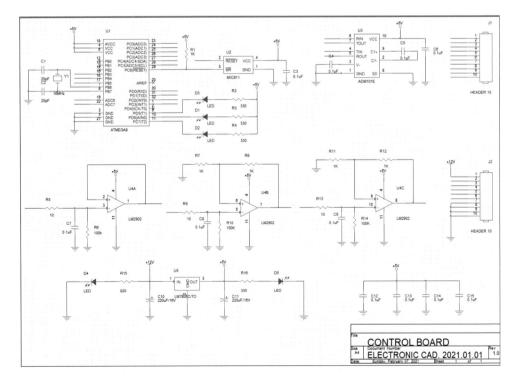

나. 부품 참조번호(Part Reference) 수정

A. 수정할 Part Reference를 더블 클릭하거나 MRB(마우스 오른쪽 버튼) 메뉴의 [Edit Properties]를 클릭한다.

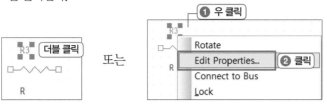

B. Display Properties 창의 Value에 Part Reference 값을 입력하고 [OK]를 클릭한다.

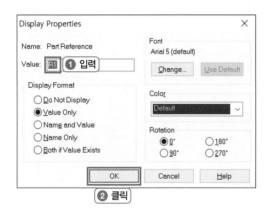

꿀팁! 주의사항

1. 부품값(Value)과 부품 참조번호(Part Reference) 구분하기

부품값과 부품 참조번호를 혼동해서 입력하면 DRC 에러가 발생하므로 주의해서 입력하자.

1) 부품값 입력 창은 [Name: Value]로 표시되어 있다.

2) 부품 참조 번호 입력 창은 [Name: Part Reference]로 표시되어 있다.

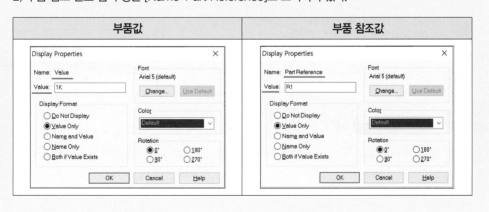

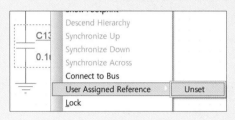
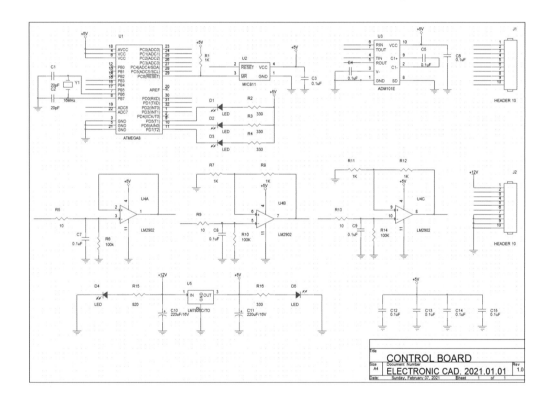

9) 네트 이름(Net alias) 작성

PCB 설계 작업 시 Design rule 등에 적용하기 쉽도록 Net alias(네트 이름)를 부여한다. OrCAD Capture 프로그램에서 자동으로 부여되는 네트 이름은 [N02003] 등으로 표시된다. 전원 Net 및 중요 Net의 경우 Net alias를 부여함으로써 관리 및 확인을 쉽게 할 수 있고, 연결하고자 하는 부품 간 같은 Net alias를 통해 논리적으로 상호 연결할 수 있다.

■ OrCAD Capture에서 전자 회로도 설계(Schematic)의 흐름

프로그램 실행	New Project 생성	환경 설정	Title Block 작성 / Library 생성	library 추가	배치/배선	레퍼런스 정렬	Net alias 작성	PCB Footprint 입력	DRC	Netlist 생성

조건 과제 1 회로 설계(Schematic) 다.의 4)번

4) 다음 지정된 네트의 이름을 정의하여 연결하거나, 지시사항에 따라 네트의 이름을 이용하여 연결합니다. (포트 활용 가능)

부품의 지정 핀	네트의 이름	부품의 지정 핀	네트의 이름
U1의 1번 연결부	#COMP2	J1의 1번 연결부	#COMP1
U1의 15번 연결부	MOSI	J1의 2번 연결부	#COMP2
U1의 16번 연결부	MISO	J1의 3번 연결부	ADC1
U1의 17번 연결부	SCK	J1의 4번 연결부	ADC2
U1의 7번 연결부	X1	J1의 5번 연결부	TEMP
U1의 8번 연결부	X2	J1의 6번 연결부	PC0
U1의 19번 연결부 U4의 1번, 2번 연결부	#ADC1	J1의 7번 연결부	PC1
U1의 22번 연결부 U4의 8번, R12 연결부	#ADC2	J1의 8번 연결부	PC2
U1의 23번 연결부	PC0	J1의 9번 연결부	PC3
U1의 24번 연결부	PC1	J1의 10번 연결부	PC4
U1의 25번 연결부	PC2	J2의 2번 연결부	MOSI
U1의 26번 연결부	PC3	J2의 3번 연결부	MISO
U1의 27번 연결부	PC4	J2의 4번 연결부	SCK
U1의 28번 연결부 U4의 7번, R8 연결부	#TEMP	J2의 5번 연결부	RESET
U1의 30번 연결부, U3의 4번 연결부	RXD	J2의 6번 연결부, U3의 7번 연결부	TX
U1의 31번 연결부, U3의 5번 연결부	TXD	J2의 7번 연결부, U3의 6번 연결부	RX
U1의 32번 연결부	#COMP1	R5의 좌측 연결부	ADC1
U2의 2번 연결부	RESET	R9의 좌측 연결부	TEMP
		R13의 좌측 연결부	ADC2

가. 메뉴바에서 [Place] 〉[Net alias]를 선택하거나 툴파레트() 아이콘 또는 키보드의 Ⓝ을 클릭한다.

나. Place Net alias 창에서 Alias：에 [#COMP2]를 입력한 후 [OK]를 클릭하거나 엔터(Enter↵)를 누른다. 커서 끝 부분에 사각박스가 붙어있는 것을 확인할 수 있으며 alias를 부여하고자 하는 Net에 클릭하면 붉은색으로 alias가 부여된다.

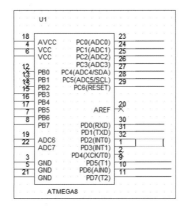 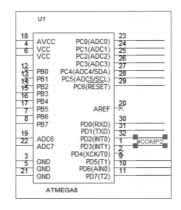

다. 같은 방법으로 조건을 참고하여 다음과 같이 네트 이름을 부여한다.

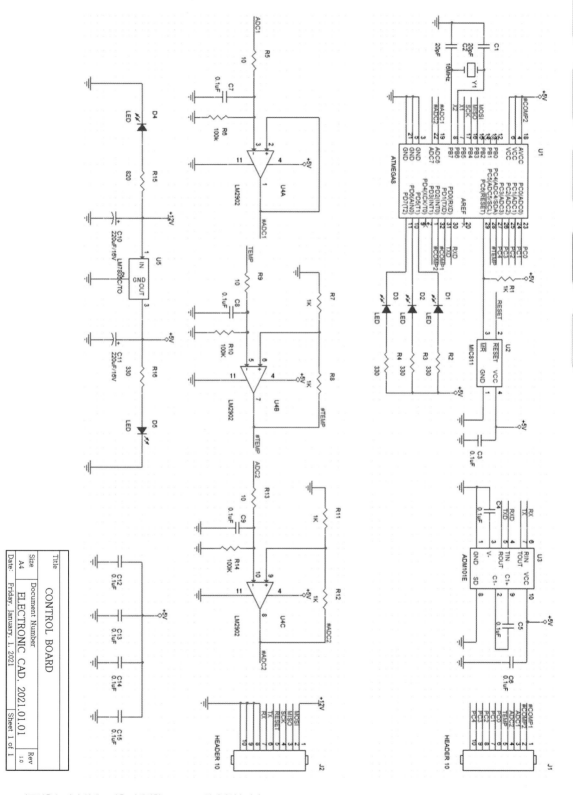

※ 가독성을 높이기 위해 도면을 시계방향으로 90도 회전하였습니다.

꿀팁! **숫자가 하나씩 증가하는 네트 이름 입력**

[PC0, PC1, PC2, PC3]과 같이 숫자가 하나씩 증가하는 네트 이름은 최초 PC0만 [Place Net Alias] 창에서 입력하고 해당 Net에 클릭하면 네트 이름이 입력된 후 자동으로 Net 이름의 숫자가 하나 증가하므로 [Place Net Alias] 창에서 다시 네트 이름을 정할 필요 없이, 다음 Net를 클릭하여 자동으로 숫자가 증가한 네트 이름을 입력할 수 있다.

꿀팁! **같은 숫자를 가진 네트 이름 입력 시 주의사항**

[#ADC1]과 같이 숫자를 가진 네트 이름을 여러 개의 Net에 연속으로 부여할 때, 숫자가 자동 증가한 네트 이름이 입력되므로 입력 후 숫자를 수정한다. 숫자를 수정하지 않을 경우 DRC에서 에러가 발생하므로 주의하자.

10) PCB Footprint 입력

풋프린트는 각 부품이 PCB기판 위에서 자리를 차지하는 형태를 나타낸다. 예를 들어 DIP Type 저항의 풋프린트(RES400)는 형태를 갖고, SMD Type 저항의 풋프린트(SMR0603)는 형태를 갖는다.

▣ OrCAD Capture에서 전자 회로도 설계(Schematic)의 흐름

프로그램 실행	New Project 생성	환경 설정	Title Block 작성 / Library 생성	library 추가	배치/ 배선	레퍼런스 정렬	Net alias 작성	PCB Footprint 입력	DRC	Netlist 생성

회로의 Netlist를 생성하기 위해 다음 표를 참고하여 Footprint를 작성한다. (대소문자 구분 안 함)

Part 이름	Footprint 이름	Footprint Symbol	Part 이름	Footprint 이름	Footprint Symbol
C1 20pF	SMC0603		U2 MIC811	SOT143	
C10 220uF/16V	D55		U3 ADM101E	SOIC10	
D1 LED	CAP196		U4A LM2902	SOIC14	
J1 HEADER 10	HEADER10		U5 LM7805C	TO220AB	
R1 1K	SMR0603		Y1 16MHz	CRYSTAL16MHz	
U1 ATMEGA8	TQFP32				

가. 속성 편집 창 열기

A. 방법 1 : 프로젝트 매니저 창에서 [.\06.DSN] 위에 마우스 커서를 올리고 MRB(마우스 오른쪽 버튼) 메뉴의 **[Edit Object Properties]**를 클릭한다.

B. 방법 2 : 프로젝트 매니저 창에서 [PAGE1] 위에 마우스 커서를 올리고 MRB(마우스 오른쪽 버튼) 메뉴의 **[Edit Object Properties]**를 클릭한다.

C. 방법 3 : 회로 설계 창에서 부품이 모두 선택되도록 키보드($\boxed{\text{Ctrl}}$+$\boxed{\text{A}}$)를 누른 상태에서 MRB(마우스 오른쪽 버튼) 메뉴의 [Edit Properties]를 클릭한다.

D. 방법 4 : 회로 설계 창에서 모든 영역을 드래그하여 모든 회로를 선택한 후 MRB(마우스 오른쪽 버튼) 메뉴의 [Edit Properties]를 클릭한다.

E. 방법 5 : 각 부품을 더블 클릭하여 각 부품별로 속성 편집 창을 연다.

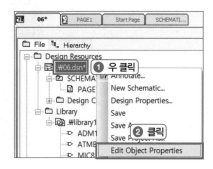
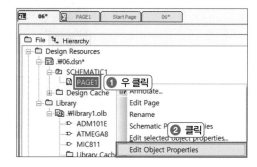

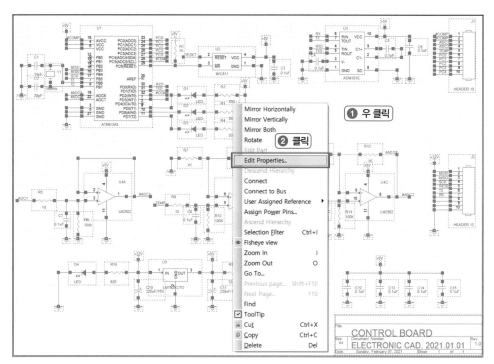

나. Edit Properties 창에서 Filter by:에 [Orcad-Capture]를 설정하고, PCB Footprint 항목
　에 Footprint 이름을 입력한다.

① 클릭

			Value	Reference	Designator	PCB Footprint	Power Pins Visible	Primitive	Source Library
New Property...	Apply	Display...	Delete Property	Pivot	Filter by:	Orcad-Capture			
1		SCHEMATIC1 : PAGE	20pF	C1		SMC0603	☐	DEFAULT	C:\CADENCE\SPB_16...
2		SCHEMATIC1 : PAGE	20pF	C2		SMC0603	☐	DEFAULT	C:\CADENCE\SPB_16...
3		SCHEMATIC1 : PAGE	0.1uF	C3		SMC0603	☐	DEFAULT	C:\CADENCE\SPB_16...
4		SCHEMATIC1 : PAGE	0.1uF	C4		SMC0603	☐	DEFAULT	C:\CADENCE\SPB_16...
5		SCHEMATIC1 : PAGE	0.1uF	C5		SMC0603	☐	DEFAULT	C:\CADENCE\SPB_16...
6		SCHEMATIC1 : PAGE	0.1uF	C6		SMC0603	☐	DEFAULT	C:\CADENCE\SPB_16...
7		SCHEMATIC1 : PAGE	0.1uF	C7		SMC0603	☐	DEFAULT	C:\CADENCE\SPB_16...
8		SCHEMATIC1 : PAGE	0.1uF	C8		SMC0603	☐	DEFAULT	C:\CADENCE\SPB_16...
9		SCHEMATIC1 : PAGE	0.1uF	C9		SMC0603	☐	DEFAULT	C:\CADENCE\SPB_16...
10		SCHEMATIC1 : PAGE	220uF/16V	C10		D55	☐	DEFAULT	C:\CADENCE\SPB_16...
11		SCHEMATIC1 : PAGE	220uF/16V	C11		D55	☐	DEFAULT	C:\CADENCE\SPB_16...
12		SCHEMATIC1 : PAGE	0.1uF	C12		SMC0603	☐	DEFAULT	C:\CADENCE\SPB_16...
13		SCHEMATIC1 : PAGE	0.1uF	C13		SMC0603	☐	DEFAULT	C:\CADENCE\SPB_16...
14		SCHEMATIC1 : PAGE	0.1uF	C14		SMC0603	☐	DEFAULT	C:\CADENCE\SPB_16...
15		SCHEMATIC1 : PAGE	0.1uF	C15		SMC0603	☐	DEFAULT	C:\CADENCE\SPB_16...
16		SCHEMATIC1 : PAGE	LED	D1		CAP196	☐	DEFAULT	C:\CADENCE\SPB_16...
17		SCHEMATIC1 : PAGE	LED	D2		CAP196	☐	DEFAULT	C:\CADENCE\SPB_16...
18		SCHEMATIC1 : PAGE	LED	D3		CAP196	☐	DEFAULT	C:\CADENCE\SPB_16...
19		SCHEMATIC1 : PAGE	LED	D4		CAP196	☐	DEFAULT	C:\CADENCE\SPB_16...
20		SCHEMATIC1 : PAGE	LED	D5		CAP196	☐	DEFAULT	C:\CADENCE\SPB_16...
21		SCHEMATIC1 : PAGE	HEADER 10	J1		HEADER10	☐	DEFAULT	C:\CADENCE\SPB_16...
22		SCHEMATIC1 : PAGE	HEADER 10	J2		HEADER10	☐	DEFAULT	C:\CADENCE\SPB_16...
23		SCHEMATIC1 : PAGE	1K	R1		SMR0603	☐	DEFAULT	C:\CADENCE\SPB_16...
24		SCHEMATIC1 : PAGE	330	R2		SMR0603	☐	DEFAULT	C:\CADENCE\SPB_16...
25		SCHEMATIC1 : PAGE	330	R3		SMR0603	☐	DEFAULT	C:\CADENCE\SPB_16...
26		SCHEMATIC1 : PAGE	330	R4		SMR0603	☐	DEFAULT	C:\CADENCE\SPB_16...
27		SCHEMATIC1 : PAGE	10	R5		SMR0603	☐	DEFAULT	C:\CADENCE\SPB_16...
28		SCHEMATIC1 : PAGE	100k	R6		SMR0603	☐	DEFAULT	C:\CADENCE\SPB_16...
29		SCHEMATIC1 : PAGE	1K	R7		SMR0603	☐	DEFAULT	C:\CADENCE\SPB_16...
30		SCHEMATIC1 : PAGE	1K	R8		SMR0603	☐	DEFAULT	C:\CADENCE\SPB_16...
31		SCHEMATIC1 : PAGE	10	R9		SMR0603	☐	DEFAULT	C:\CADENCE\SPB_16...
32		SCHEMATIC1 : PAGE	100K	R10		SMR0603	☐	DEFAULT	C:\CADENCE\SPB_16...
33		SCHEMATIC1 : PAGE	1K	R11		SMR0603	☐	DEFAULT	C:\CADENCE\SPB_16...
34		SCHEMATIC1 : PAGE	1K	R12		SMR0603	☐	DEFAULT	C:\CADENCE\SPB_16...
35		SCHEMATIC1 : PAGE	10	R13		SMR0603	☐	DEFAULT	C:\CADENCE\SPB_16...
36		SCHEMATIC1 : PAGE	100K	R14		SMR0603	☐	DEFAULT	C:\CADENCE\SPB_16...
37		SCHEMATIC1 : PAGE	820	R15		SMR0603	☐	DEFAULT	C:\CADENCE\SPB_16...
38		SCHEMATIC1 : PAGE	330	R16		SMR0603	☐	DEFAULT	C:\CADENCE\SPB_16...
39		SCHEMATIC1 : PAGE	ATMEGA8	U1		TQFP32	☐	DEFAULT	C:\USERS\USER.DES...
40		SCHEMATIC1 : PAGE	MIC811	U2		SOT143	☐	DEFAULT	C:\USERS\USER.DES...
41		SCHEMATIC1 : PAGE	ADM101E	U3		SOIC10	☐	DEFAULT	C:\USERS\USER.DES...
42		SCHEMATIC1 : PAGE	LM2902	U4	A	SOIC14	☐	DEFAULT	C:\USERS\USER.DES...
43		SCHEMATIC1 : PAGE	LM2902	U4	B	SOIC14	☐	DEFAULT	C:\USERS\USER.DES...
44		SCHEMATIC1 : PAGE	LM2902	U4	C	SOIC14	☐	DEFAULT	C:\USERS\USER.DES...
45		SCHEMATIC1 : PAGE	LM7805C/TO	U5		TO220AB	☐	DEFAULT	C:\USERS\USER.DES...
46		SCHEMATIC1 : PAGE	16MHz	Y1		CRYSTAL16MHz	☐	DEFAULT	C:\CADENCE\SPB_16...

③ 입력

\ Parts / Schematic Nets / Flat Nets / Pins / Title Blocks / Globals / Ports / Aliases /

② 확인

다. Edit Properties 창의 [SCHMATI. ＊] 탭에서 MRB(마우스 오른쪽 버튼)을 클릭하고, [Close]
　를 클릭한다.

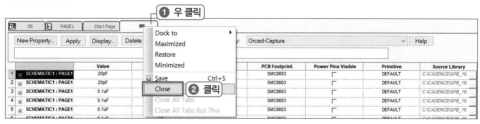

11) DRC(Design Rule Check)

DRC(Design Rule Check)는 회로도 작성 후 에러가 있는지 검사(Check)해 주는 기능이다. 프로젝트 매니저 창에서만 [Design Rule Check] 메뉴 또는 아이콘(![icon])이 활성화됨을 주의하자.

▣ OrCAD Capture에서 전자 회로도 설계(Schematic)의 흐름

프로그램 실행	New Project 생성	환경 설정	Title Block 작성 / Library 생성	library 추가	배치/ 배선	레퍼런스 정렬	Net alias 작성	PCB Footprint 입력	DRC	Netlist 생성

조건 과제 1 **전자 회로도 설계(Schematic) 파.**

파. DRC(Design Rule Check)

A. 모든 조건은 default 값(Clearance: 0.254mm)을 따른다.

B. DRC 검사(설계규칙검사)를 해서 에러가 있으면 수정하여 DRC(설계규칙검사)를 다시 하고, 에러가 없으면 감독위원에게 확인을 받는다. **(감독위원에게 DRC(설계 규칙검사) 결과 에러가 없다는 것을 확인받지 못하면 실격 처리됨)**

C. DRC(설계규칙검사)를 한 결과 에러가 없을 때 다음 단계의 작업을 진행한다.

가. DRC 메뉴 실행

프로젝트 매니저 창에서 [.\06.dsn]을 클릭하거나 [PAGE1]을 클릭하고, 메뉴바에서 **[Tools]** 〉 **[Design Rule Check]**를 누르거나 DRC 아이콘 (![icon])을 클릭한다. (회로 설계 창에서는 DRC 메뉴 및 아이콘이 활성화되지 않는다.)

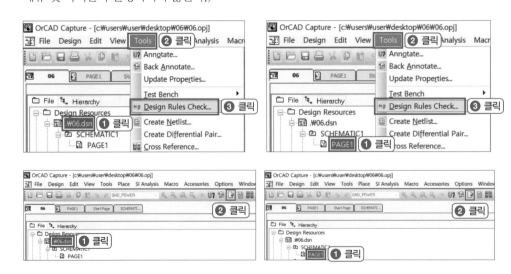

나. DRC 옵션 설정

Design Rules Options 탭에서 아래 그림처럼 Create DRC markers for warnings(error 부분을 녹색 원으로 표시하고자 할 경우), 전기적인 규칙, 물리적인 규칙, View Output(세션로 그 내용이 새 창으로 뜨는 메모장에 표시)을 체크하고, Physical Rules 탭에서 Check power ground short를 체크 해제한 후 검사를 실행한다.

다. 세션로그 내용 확인

회로 도면의 에러 여부를 확인하기 위해 메뉴바에서 [Window] 〉 [Session Log]를 선택하거나 새 창으로 뜨는 세션 로그 메모장을 아래 그림과 같이 확인한다.

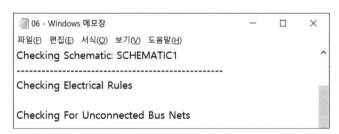

▲ 세션로그 창

라. 에러 수정 및 DRC

DRC 결과 에러가 있으면, 에러가 없을 때까지 에러 수정 및 DRC를 반복한다.

마. DRC 파일이 생성된 것 확인

DRC 검사를 하면 프로젝트 매니저 창의 Outputs 폴더 아래 .₩06.drc 파일이 생성된 것을 확인할 수 있다.

1. 전원과 연결된 핀의 속성이 Output으로 설정되어 있으면 에러가 발생하므로, 핀의 속성을 [Passive]로 변경한다. 예를 들어, 다음과 같은 에러가 발생하면 U5의 3번 핀의 속성을 [Passive]로 변경한다.

```
Checking Electrical Rules
ERROR(ORCAP-1628): Possible pin type conflict U5,OUT  Output Connected to Power
                SCHEMATIC1, PAGE1  (86.36, 170.18)
```

2. 연결하고자 하는 부품 간 같은 Net alias를 통해 논리적으로 상호 연결한 경우에 네트 이름에 오타가 있거나, 하나만 입력하여 쌍이 맞지 않으면 다음과 같은 WARNING이 발생한다. 네트 이름을 확인하여 쌍을 이루는 네트의 이름이 동일하도록 수정한다.

```
Checking For Single Node Nets
WARNING(ORCAP-1600): Net has fewer than two connections N01963
                SCHEMATIC1, PAGE1  (73.66, 22.86)
```

12) Netlist 생성

Create netlist를 하면 06.brd 파일(보드 디자인 파일)이 생성된다. [*.brd] 파일은 부품 정보, 핀과 핀 간의 연결정보, Footprint 정보를 갖고 있다.

■ OrCAD Capture에서 전자 회로도 설계(Schematic)의 흐름

프로그램 실행	New Project 생성	환경 설정	Title Block 작성 / Library 생성	library 추가	배치/배선	레퍼런스 정렬	Net alias 작성	PCB Footprint 입력	DRC	Netlist 생성

가. 프로젝트 매니저 창으로 이동한 후 [.\06.dsn] 파일을 클릭하고, 메뉴바에서 [Tool] 〉 [Create Netlist...]를 클릭하거나 또는 Create netlist 아이콘( )을 클릭한다.

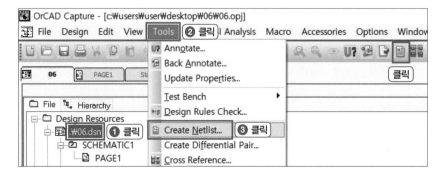

나. Create Netlist 창에서 [Create or Update PCB Editor Board (Netrev)]의 체크박스를 선택하고, Board Launching Option 부분의 [Open Board in Allegro PCB Editor]를 선택한 후에 [확인]을 클릭한다.

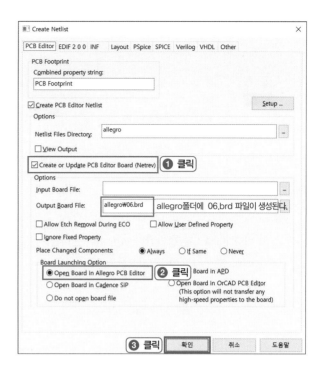

꿀팁! **PCB Editor에서 작업 중 OrCAD 회로 도면의 오류를 발견했을 때**

PCB Editor에서 작업을 하다가 도면을 작성할 때의 오류를 발견했을 때 Create Netlist 창에서 Input Board File과 Output Board File에 경로 및 .brd 파일명을 동일하게 설정하고 Create Netlist(📃)를 하면 도면의 수정 내용이 PCB Editor에서 작업하던 내용에 업데이트된다.

1. 작업하던 PCB Editor 프로그램 파일 (.brd)을 저장하고 PCB Editor 프로그램을 종료한다.

2. OrCAD Capture 프로그램에서 도면을 수정한다.

3. DRC(Design Rule Check)를 에러 및 워닝이 없을 때까지 한다.

4. 다음과 같이 설정하고 네트리스트를 생성 (Create Netlist) 한다.

다. allegro 폴더가 자동으로 만들어지고, 그 폴더 안에 Netlist와 Footprint 정보가 생성되어
＊.brd 파일이 생성된 것을 확인한다.

라. Netlist 폴더인 allegro 폴더를 새로 만들
기 위해 [예(Y)]를 클릭한다. allegro 폴더
가 이미 생성되어 있는 경우는 이 과정이
나타나지 않는다.

마. 지금까지 과정에서 문제가 없으면 PCB
Editor로 넘어가기 전에 미리 저장하겠
다는 메시지 외에 다른 에러 메시지 없
이 OrCAD PCB Editor로 Netlist와
Footprint 정보가 전송된 후 OrCAD
PCB Editor가 열린다. 이때 경고 창이 나
타나면 [예] 단추를 누른다.

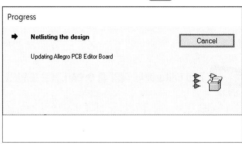

바. Netlist 생성 시 Error 및 Warning을 확인하기 위해 메뉴바에서 [Window] 〉 [Session log]
를 클릭한다. 설계 창 하단에 Session log 창이 열리면 메시지를 확인한다.

여기서 주의할 점은 Create Netlist 중 error가 발생하여도 "Open Board in OrCAD PCB
Editor" 부분이 선택되어 있으므로 PCB Editor 프로그램 창이 열린다는 것이다. 창이 열려도
Netlist 정보가 정확히 넘어간 것이 아니므로 꼭 세션로그 창에서 error 및 Warning의 발생
여부를 확인하고, error 및 Warning이 발생하였다면 수정한 후 다시 Netlist를 생성한다.

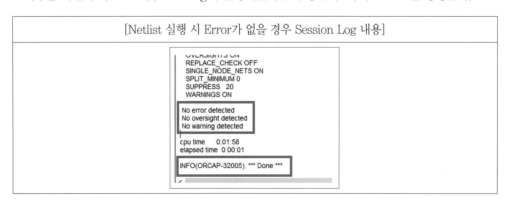

[경고(Warning) 창이 있을 경우 Session Log 내용]
1. 네트리스트 생성이 되었으나 경고 메시지(warning)가 있을 경우 다음과 같은 창이 뜬다. [확인]을 클릭하고, 세션로그(session log) 창에서 경고 메시지를 확인하여 수정한 후에, PCB Editor 프로그램에서 PCB 설계(Layout 작성)를 하도록 한다. 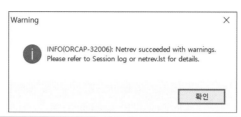

꿀팁! **네트리스트 생성 시 발생할 수 있는 에러 방지**

1. 파일명 및 파일 저장 경로를 영문자 또는 숫자만 사용한다.

한글 또는 특수문자를 사용하면 네트리스트를 생성할 때 에러가 발생한다.

예시: 파일 저장 경로 (C:\USERS/USER/DESKTOP\06)

사. 그림과 같이 OrCAD PCB Editor 창이 열리는 것을 확인한다.

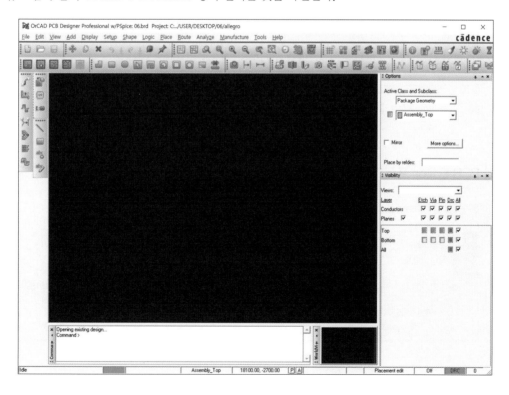

아. 그림과 같이 OrCAD Capture 프로그램의 프로젝트 매니저 창에 Outputs 폴더를 확인한다. Netlist 명령 에러 없이 정상적으로 실행되면(경고 메시지가 있는 경우에도 PCB Editor 프로그램이 실행되면), OrCAD Capture 프로그램 pstxnet.dat, pstxprt. dat, pstchip.dat의 3개의 파일이 생성된다.

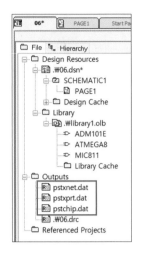

patxnet.dat: 부품 간 Net 연결 등 관련 정보
pstxprt.dat: 부품 관련 정보
pstchip.dat: 부품 Footprint 등 관련 정보

③ PCB 설계(Layout)

PCB 설계의 최종 목적은 거버 파일 생성이다. 이 거버 파일로 PCB를 제작한다. PCB Editor에서 PCB 설계(Layout)의 흐름은 다음과 같다.

◼ PCB 설계(Layout) 흐름

프로그램 실행	부품 확인	환경 설정	Board Outline 작성	hole 삽입	grid 및 color 설정	부품 배치	Constraint (설계규약) 설정	배선	카퍼	DRC	레퍼런스 정리	보드명 기입	Dimension 작성 (치수 기입)	드릴 파일 생성	거버 데이터 생성	거버 파일 인쇄
패드 디자이너		패드스택, 비아 생성														
라이브러리(풋프린트 심벌) 생성																
라이브러리 추가																

1) PCB Editor 프로그램 실행

◼ PCB 설계(Layout) 흐름

프로그램 실행	부품 확인	환경 설정	Board Outline 작성	hole 삽입	grid 및 color 설정	부품 배치	Constraint (설계규약) 설정	배선	카퍼	DRC	레퍼런스 정리	보드명 기입	Dimension 작성 (치수 기입)	드릴 파일 생성	거버 데이터 생성	거버 파일 인쇄
패드 디자이너		패드스택, 비아 생성														
라이브러리(풋프린트 심벌) 생성																
라이브러리 추가																

가. OrCAD Capture 프로그램에서 Create Netlist 창에서 Board Launching Option 부분의 [Open Board in OrCAD PCB Editor]를 선택하여 Netlist를 생성했다면 이미 PCB Editor 프로그램이 실행되어 있을 것이다.

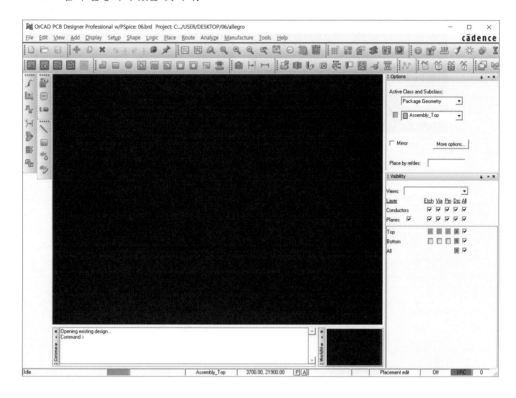

나. 만약 PCB Editor 작업을 하다가 저장하고 PCB Editor 프로그램을 종료한 상태라면, 직접 OrCAD PCB Editor 프로그램을 실행하여 [06.brd] 파일 열기를 한다.

A. OrCAD PCB Editor 프로그램을 실행하기

ㄱ. 버전 16.5인 경우:

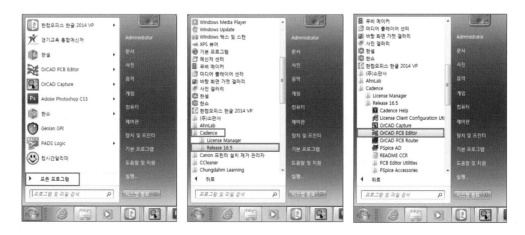

ㄴ. 버전 16.6인 경우:

B. 메뉴바에서 [File] > [Open]을 클릭하여 **바탕화면\06\allegro에서 [06.brd]** 파일을 클릭하고 [열기]를 클릭한다.

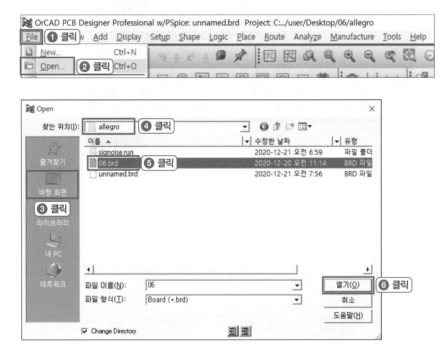

2) 부품의 Footprint 확인

OrCAD Capture 프로그램의 전자회로에서 각 부품의 Footprint가 PCB Editor 프로그램에 모두 넘어왔는지 확인한다. Footprint 값이 틀리거나 Footprint 값이 없는 부품은 Quickview 창에서 부품의 형태를 확인할 수 없다. Footprint 값이 틀린 부품은 수정하고, PCB Editor 프로그램의 라이브러리에서 제공하지 않아서 Footprint 값이 없는 부품은 라이브러리(풋프린트 심벌)를 생성한다.

■ PCB 설계(Layout) 흐름

프로그램 실행	부품 확인	환경 설정	Board Outline 작성	hole 삽입	grid 및 color 설정	부품 배치	Constraint (설계규약) 설정	배선	카퍼	D R C	레퍼런스 정리	보드명 기입	Dimension 작성 (치수 기입)	드릴 파일 생성	거버 데이터 생성	거버 파일 인쇄
	패드 디자이너		패드스택, 비아 생성													
	라이브러리(풋프린트 심벌) 생성															
	라이브러리 추가															

가. 메뉴바에서 [Place] 〉 [Manually]를 선택하거나 Place Manul 아이콘(🔳)을 클릭한다.

나. Placement 창에서 도면의 모든 부품이 있는지 Components를 확인한다. 만약 PCB Editor 프로그램의 라이브러리를 이용할 수 있는 부품 중에서 Quickview 창에서 보이지 않는 부품 은 OrCAD Capture 프로그램에서 Footprint 값을 수정하고, 다시 Netlist를 생성하거나 또 는 메뉴바에서 [Place] 〉 [Uadate Symbols]를 실행한다.

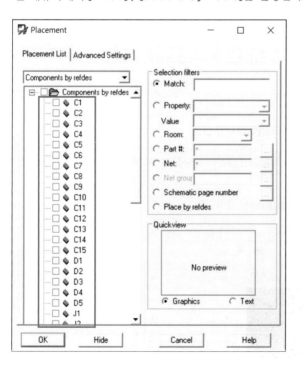

다. Placement 창에서 각 부품의 체크박스를 클릭하고 Quickview 창을 확인하여 각 부품의 Footprint 심벌 모양이 맞는지 확인한다. 만약 PCB Editor 프로그램에서 제공하는 라이브러리와 Quickview 창의 부품 모양이 다르면, OrCAD Capture 프로그램에서 Footprint 값을 수정하고 다시 Netlist를 생성하거나 또는 메뉴바에서 **[Place] > [Uadate Symbols]**를 실행한다.

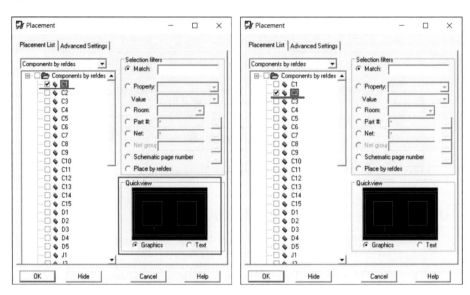

라. PCB Editor 프로그램에서 제공하지 않는 라이브러리(Footprint 심벌)는 직접 생성한다.

☞ 224쪽의 7) Pad Designer 프로그램에서 패드스택 및 비아 생성 및 241쪽의 8) Library(풋 프린트 심벌) 생성 참고

꿀팁! PCB 설계 도중 심벌(풋프린트) 업데이트(수정사항 반영)

PCB를 설계하던 중 풋프린트 Symbol의 오류를 발견하여 수정한 풋프린트를 적용할 때에는 심벌을 업데이트하는 메뉴를 이용하면 편리하다.

1. 메뉴바에서 [Place] > [Update Symbols]를 클릭한다.

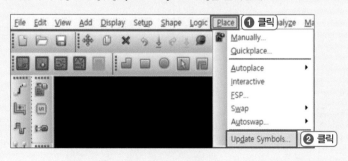

2. Package symbols와 Update symbol padstacks의 체크
박스를 클릭하고 [Refresh]를 클릭한다.

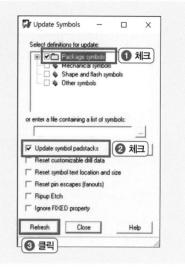

3) 환경 설정

PCB Editor 2Layer(양면 보드)를 설계하기 전 기본적인 환경 설정을 한다.

◼ PCB 설계(Layout) 흐름

프로그램 실행	부품 확인	환경 설정	Board Outline 작성	hole 삽입	grid 및 color 설정	부품 배치	Constraint (설계규약) 설정	배선	카퍼	DRC	레퍼런스 정리	보드명 기입	Dimension 작성 (치수 기입)	드릴 파일 생성	거버 데이터 생성	거버 파일 인쇄
패드 디자이너			패드스택, 비아 생성													
라이브러리(풋프린트 심벌) 생성																
라이브러리 추가																

가. 메뉴바에서 [Setup] 〉 [Design Parameters]를 선택하거나 툴바의 Prmed 아이콘(▦)을 클릭한다.

나. Display Tab은 화면에 표시되는 정보들의 크기 및 Pin에 관계되는 정보를 설정하며, 기본적으로 설정되어 있는 값으로 사용 가능하다. Grid 설정의 경우 Display Tab에서 굳이 변경하지 않아도 설계 시 필요한 값으로 변경 가능하므로 설정하지 않아도 된다.

다. Design Tab을 선택한다. 이 Tab은 설계할 때의 단위(User Units), 도면 크기(Size), 소수점
아래 자리수(Accuracy) 및 원점(Origin) 등을 설정하며, 다음 그림과 같이 설정한다.

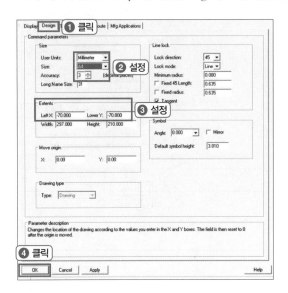

1. Design 탭을 선택한다.
2. Size
   ❶ User Units: Millimeter
   ❷ Size: A4
   ❸ Accuracy: 3
      (소수점 아래 3자리까지 표현)
3. Extents
   Left X: −70, Lower Y: −70
   (원점 왼쪽으로 70mm, 아래쪽 70mm
   로 Layout 설계공간 확장)
4. [OK]를 클릭한다.

꿀팁! 환경 설정

메뉴바에서 [Setup] 〉 [Design Parameters]( )에서 보드, 실크 데이터, 카퍼, 치수 보조선 등의 환
경 설정을 할 수 있다.

1. Design 탭에서 Size(User Uints, Size, Accuracy), Extents 등 보드 환경 설정
2. Text 딥에서 실크 데이터 크기 설징
3. Shapes 탭 아래 Termal relief connects에서 카퍼 환경 설정
4. Mfg Applications 탭에서 치수(Dimension) 환경 설정이 가능하다.

4) 보드 외곽선 작성

■ PCB 설계(Layout) 흐름

보드 외곽선 작성 방법은 메뉴바에서 [Setup] 〉 [Outlines] 〉 [Board Outline]을 이용하거나, 메
뉴바에서 [Add] 〉 [Line]을 이용하는 방법이 있다. 단, [Board Outlines]를 이용해서 보드 외곽선

을 그리면 보드에 필렛이나 챔퍼를 적용할 수 없다. 그래서 메뉴바에서 [Add] 〉[Line]을 이용하는
방법으로 보드 외곽선을 작성하고 필렛을 적용한다.

가. 보드 외곽선 그리기

A. 메뉴바에서 [Add] 〉[Line]을 클릭한다.

B. 옵션을 설정한다.

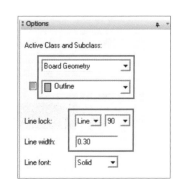

작업 창(디자인 창) 오른쪽에 위치한 Control Panel
의 Options 창에서 [Active Class/Subclass:] 부분을
Board Geometry와 Outline으로 설정한다. 그리고
Line의 모서리 각을 90도로 고정, Line의 폭을 0.3mm
또는 0.5mm로 설정한다.

C. 다음과 같이 Command 창에 좌표를 차례대로 입력한다. (절대좌표 또는 상대좌표를 입력
한다.

절대좌표	상대좌표
[x 0,0] Enter⏎ [x 80,0] Enter⏎ [x 80,70] Enter⏎ [x 0,70] Enter⏎ [x 0,0] Enter⏎	[x 0,0 Enter⏎ [ix 80] Enter⏎ [iy 70] Enter⏎ [ix −80] Enter⏎ [iy −70] Enter⏎

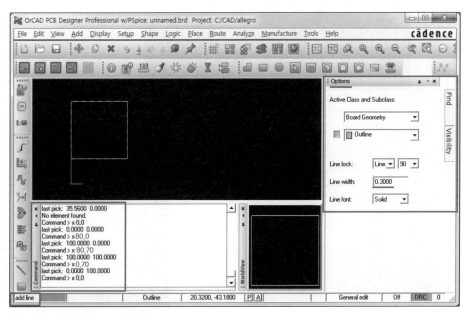

D. 키보드의 F6을 누르거나 MRB(마우스 오른쪽 버튼) 메뉴의 Done을 클릭해서 보드 외곽선 그리기를 종료하고 Idle 상태로 만든다.

나. 보드 외곽선에 필렛 적용하기

A. 메뉴바에서 [Manufacture] 〉 [Drafting] 〉 [Fillet]을 클릭한다.

B. 옵션 창에서 반지름을 [4]로 입력하고 마우스를 보드 외곽선이 포함되도록 드래그해서 필렛을 적용한다.

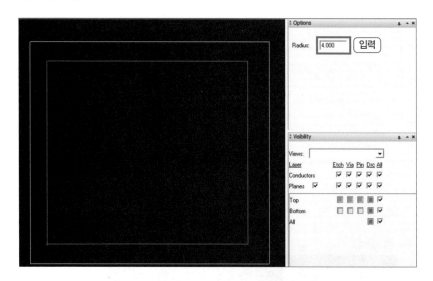

C. 보드 외곽선에 필렛이 적용된 것을 확인한다.

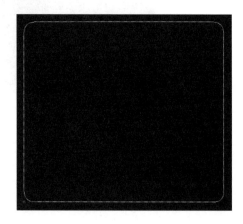

5) 기구 홀 배치

조건에 맞도록 비전기적 홀인 기계적인 홀 MTG125(직경 3.175mm)를 배치한 후 크기를 직경 3Ø로 수정한다.

■ PCB 설계(Layout) 흐름

| 프로그램 실행 | 부품 확인 | 환경 설정 | Board Outline 작성 | hole 삽입 | grid 및 color 설정 | 부품 배치 | Constraint (설계규약) 설정 | 배선 | 카퍼 | D R C | 레퍼런스 정리 | 보드명 기입 | Dimension 작성 (치수 기입) | 드릴 파일 생성 | 거버 데이터 생성 | 거버 파일 인쇄 |

패드 디자이너 / 패드스택, 비아 생성

라이브러리(풋프린트 심벌) 생성

라이브러리 추가

조건 과제 2 PCB 설계(Layout) 자.

자. 기구 홀(Mounting Hole) 삽입

A. 보드 외곽의 네 모서리에 직경 3Ø의 기구 홀을 삽입한다.

B. 각각의 모서리로부터 5mm 떨어진 지점에 배치한다. (위의 그림 참고)

C. 기구 홀은 비전기적(Non-Electrical) 속성을 갖는다.

D. 기구 홀의 부품 참조 값은 생략한다.

가. 기구 홀 배치

A. 메뉴바에서 [Place] > [Manually]를 선택한다.

B. Placement 창의 Advanced Settings 탭에서 [Library] 체크박스를 선택한다. (Library에 있는 기구 홀을 이용하기 위함)

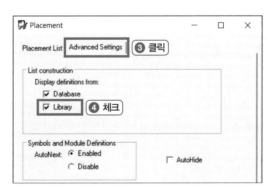

C. Placement List 탭을 선택한다. Mechanical symbols를 선택하여 [MTG125]의 체크박스를 클릭하면 커서 끝에 선택된 Symbol이 붙어 있는 것을 확인할 수 있다.

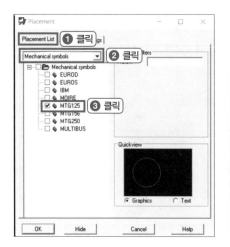

D. Placement 창을 띄운 상태에서 Command 창에 절대좌표 **[x 4, 4]**를 입력하고 [엔터]를
눌러서 아래 그림과 같이 기구 홀을 배치한다.

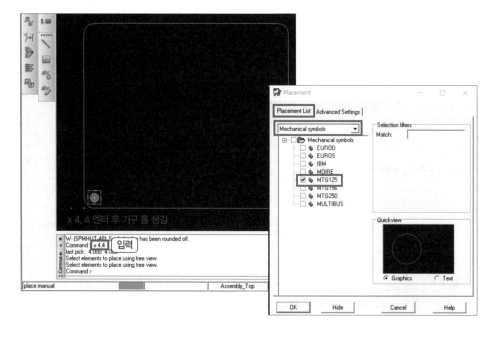

E. 같은 방법으로 Placement 창에서 MTG125를 체크하고, Command 창에 아래와 같이 좌
표를 입력하고 [엔터]를 눌러서 나머지 3곳에 기구 홀을 배치한다.

Command)x 76,4 [Enter↵]
Command)x 76,66 [Enter↵]
Command)x 4,66 [Enter↵]

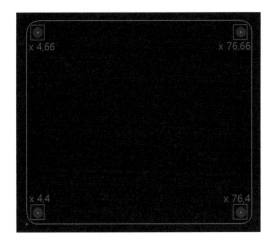

F. 키보드의 F6을 누르거나 MRB(마우스 오른쪽 버튼) 메뉴의 **[Done]**
을 클릭해서 기구 홀 배치를 완료하고 Idle 상태로 만든다.

클릭

Done	F6
Oops	F8
Cancel	F9

나. 기구 홀 크기를 직경 3Ø로 수정

A. 툴바의 GeneralEdit 아이콘(▣)을 선택한다.

꿀팁! 부품 또는 배선을 선택할 때 애플리케이션 모드(▣▣▣▣) 사용

1. GeneralEdit(▣): 일반 편집 모드 실행
2. PlacementEdit(▣): 부품 편집 모드 실행
3. EtchEdit(▣): 배선 편집 모드 실행
4. SignalIntegrity(▣): 신호 디자인 모드 실행

B. 4개 중 하나의 기구 홀 위에 마우스 커서를 올리고 MRB(마우스 오른쪽 버튼)을 클릭하면
나오는 메뉴에서 **[Modify design padstack] > [All Instances]**를 클릭한다.

C. Padstack Designer 창의 Drill diameter에 [3]을 입력한다.

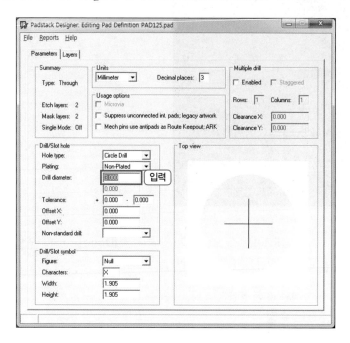

D. Padstack Designer 창 메뉴바에서 **[File] > [Update to Design and Exit]**를 클릭한다.

E. Pad Stack Warnings 창을 닫는다.

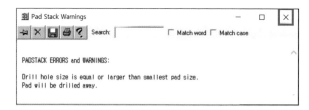

F. OrCAD PCB Designer Professional w/PSpice 창에서 [예]를 누른다.

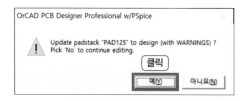

G. 다른 홀의 크기도 직경 3Ø로 바뀌었는지 확인한다. (All Instance를 선택했으므로 모든 홀
   의 크기가 3Ø로 바뀜)

6) 부품 배치 전 설정(그리드 및 Color 설정)

■ PCB 설계(Layout) 흐름

프로그램 실행	부품 확인	환경 설정	Board Outline 작성	hole 삽입	grid 및 color 설정	부품 배치	Constraint (설계규약) 설정	배선	카퍼	D R C	레퍼런스 정리	보드명 기입	Dimension 작성 (치수 기입)	드릴 파일 생성	거버 데이터 생성	거버 파일 인쇄
패드 디자이너		패드스택, 비아 생성														
라이브러리(풋프린트 심벌) 생성																
라이브러리 추가																

가. Grid 설정

A. 메뉴바에서 [Setup] > [Grid]를 선택하거나 작업 창(디자인 창)의 빈 공간에서 MRB(마우스 오른쪽 버튼) 메뉴의 [Quick Utilities] > [Grid]를 클릭한다.

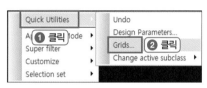

B. Define Grid 창에서 Grid On 체크박스를 체크하여 그리드가 보이도록 하고, Non-Etch 부분의 Spacing x 값을 [1.27], Spacing y 값을 [1.27]로 입력하여 그리드 한 칸당 1.27만큼 공간이 생기도록 설정한다.

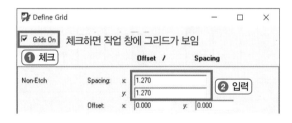
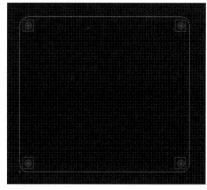

C. 그리드가 보이는 것이 불편하면 Define Grid 창에서 Grid On이 체크된 것을 해제한다.

나. Color Display 설정

작업 창(디자인 창)에서 불필요한 데이터를 정리하고, 필요한 데이터만 보이도록 하기 위한 창이다. 먼저 기본적으로 복잡하게 설정된 데이터를 모두 보이지 않도록 설정한 후에 설계자가 원하는 데이터만 보이도록 설정할 수 있다. 여기에서는 Stack-up, Board Geometry, Package Geometry, Components 설정을 한다.

A. 모든 데이터 숨김

ㄱ. 메뉴바에서 [Display] 〉[Color/Visibillity]를 선택하거나 툴바의 Color 아이콘(▦) 을 클릭한다.

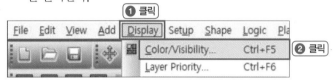

ㄴ. Color Dialog창 우측 상단의 Global visibility를 **Off**로 선택하면 모든 체크박스가 해제되며 모든 Subclasses가 작업 창(디자인 창)에서 보이지 않게 된다.

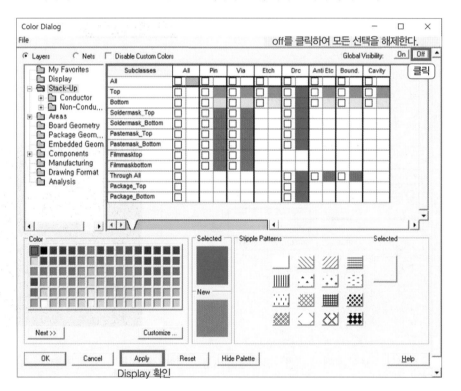

B. Stack-Up 설정

ㄱ. Stack-Up을 클릭하고 오른쪽 Subclasses에서 **Pin, Via, Etch, Drc**의 All을 선택한다.

ㄴ. [Apply]를 클릭하면 적용된 사항을 작업 창(디자인 창)에서 확인할 수 있다.

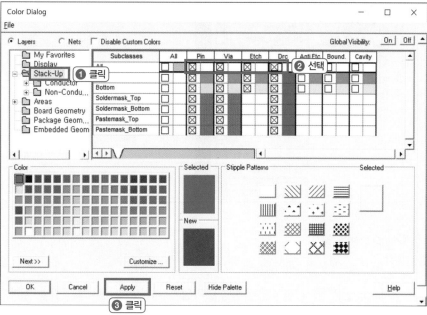

C. Board Geometry 설정

ㄱ. Board에 관련된 Color를 설정할 수 있으며, **Dimension, Outline, Silkscreen_top**
을 Check 한다.

ㄴ. [Apply]를 클릭하면 적용된 사항을 작업 창(디자인 창)에서 확인할 수 있다.

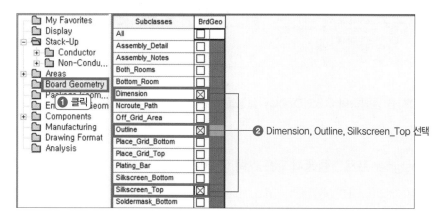

D. Package Geometry 설정

ㄱ. 부품에 관련된 Color를 설정하며, **Assembly_Top** 또는 **Silkscreen_Top**을 체크한다.

ㄴ. [Apply]를 클릭하면 적용된 사항을 작업 창(디자인 창)에서 확인할 수 있다.

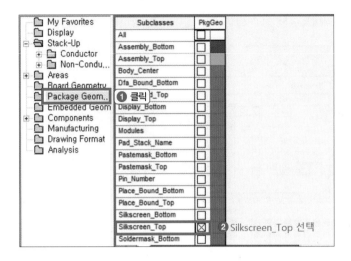

E. Components 설정

ㄱ. RefDes 부분의 **Silkscreen_Top**을 Check 한다.

ㄴ. [Apply]를 클릭하면 적용된 사항을 작업 창(디자인 창)에서 확인할 수 있다.

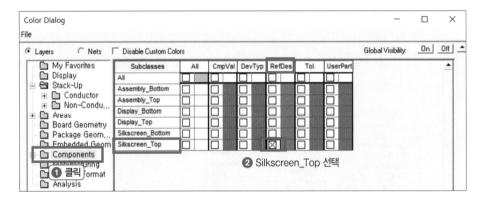

F. [OK]를 클릭하여 Color Display 설정을 마친다.

7) Pad Designer 프로그램에서 패드스택 및 비아 생성

기존의 PCB Editor의 라이브러리(Library)에 수록되지 않은 ADM101E, 극성 있는 커패시터(D55)의 패드스택을 생성한다. HEADER10, 크리스털의 패드스택은 라이브러리에 있는 pad60cir36을 사용해도 되므로 생략한다.

Via는 배선을 할 때 배선끼리 교차하는 것을 방지하기 위해 사용한다. 여기에서는 Via를 파워 비아 및 일반 비아로 구분해서 생성한다.

생성한 패드스택은 바탕화면\06\06에 저장한다.

만약 기존에 작성해 놓은 패드스택이 다른 경로에 저장되어 있다면 복사해서 바탕화면\06\06에 저장하고 라이브러리(풋프린트 심벌)를 생성한다.

■ PCB 설계(Layout) 흐름

프로그램 실행	부품 확인	환경 설정	Board Outline 작성	hole 삽입	grid 및 color 설정	부품 배치	Constraint (설계규약) 설정	배선	카퍼	D R C	레퍼런스 정리	보드명 기입	Dimension 작성 (치수 기입)	드릴 파일 생성	거버 데이터 생성	거버 파일 인쇄
패드 디자이너		패드스택, 비아 생성														
라이브러리(풋프린트 심벌) 생성																
라이브러리 추가																

조건 과제 1 PCB 설계(Layout) 나.

나. PCB Editor 프로그램에서 제공하는 라이브러리의 부품을 사용하는 것이 기본이다. 단, 그 외 필요한 부품은 제시된 데이터시트를 참고해서 규격에 맞게 본인이 직접 부품을 생성한다.

A. 수검자가 직접 생성한 부품은 본인에게 지정된 비번호로 라이브러리 폴더명을 정하고(여기에서는 **바탕화면\06\06**) 그 라이브러리 폴더 안에 저장한다.

가. ADM101E의 패드스택 생성

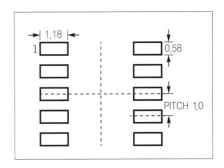

A. 패드의 폭(Width)과 높이(Height) 값 정하기

ADM101E의 데이터시트에 10핀의 패드의 폭과 높이가 명시되어 있으므로 그 값을 각각 사용한다.

너비(Width)=1.18
높이(Height)=0.58

B. 프로그램 실행

바탕화면에서 [시작] > [Cadence] > [Pad Designer]를 클릭한다.

C. 새 패드스택 만들기

ㄱ. 메뉴바에서 [File] > [NEW...]를 선택한다.

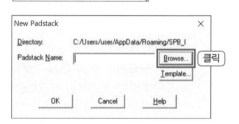

ㄴ. New Padstack 창에서 [Browse]를 누른다.

ㄷ. 바탕화면\06(프로젝트를 저장할 폴더)\06(라이브러리 및 패드를 저장할 폴더) 안에 저장하도록 경로를 정하고, 파일 이름을 [PAD1_18×0_58]로 입력한다.

❶ Pse_New 창에서 왼쪽에 있는 [바탕화면] 아이콘을 클릭하고 [06 폴더] 아이콘을 더블 클릭한다.

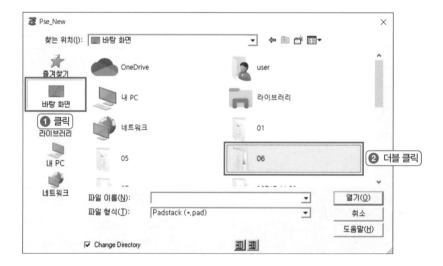

❷ Pse_New 창에서 [06 폴더] 아이콘을 더블 클릭한다.

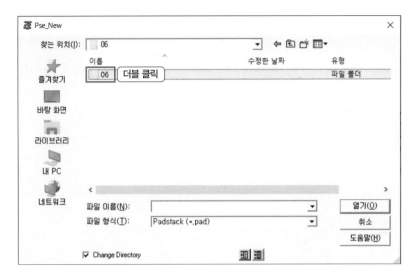

❸ 바탕화면\06\06 폴더에 파일 이름을 [PAD1_18X0.58]로 입력하고 [열기]를 클릭
한다.

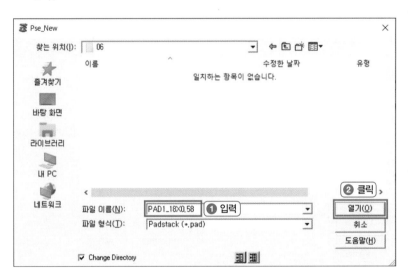

ㄹ. [OK]를 클릭한다.

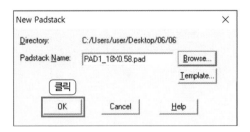

D. 파라미터 입력

Pad Designer 창의 Parameters 탭에서 단위를 [밀리미터]로 설정한다. 데이터시트에서 소숫점 아래 두 자리까지 사용하므로 Decimal places를 [2]로 입력한다. 한편 ADM101E 는 SMD 타입이라서 패드가 탑 면에만 장착되므로 Drill/Slot hole은 설정하지 않는다.

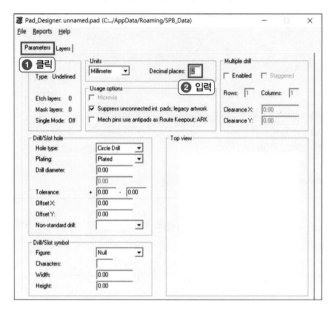

E. 패드의 크기 입력

Pad Designer 창의 Layers 탭에서 다음과 같이 설정한다.

ㄱ. ADM101E가 SMD 타입이라서 패드가 탑 면에만 장착되므로 [Single layer mode]를 체크한다.

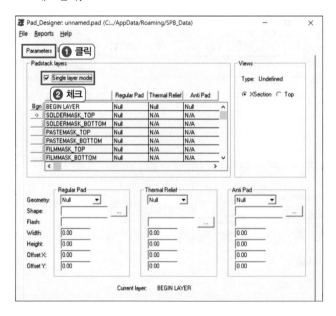

ㄴ. BEGIN LAYER를 클릭하고, Regular Pad의 Geometry를 [**Rectangle**]로 설정한 후, Width에 [**1.18**], Height에 [**0.58**]을 입력한다.

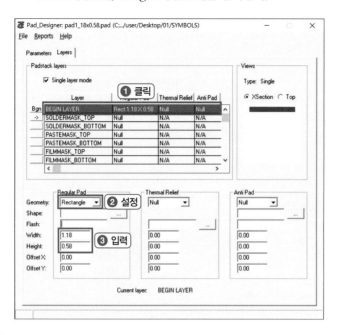

ㄷ. SOLDERMASK_TOP을 클릭하고, Regular Pad의 Geometry를 [**Rectangle**]로 설정한 후, Width에 [**1.28**], Height에 [**0.68**]을 입력한다.

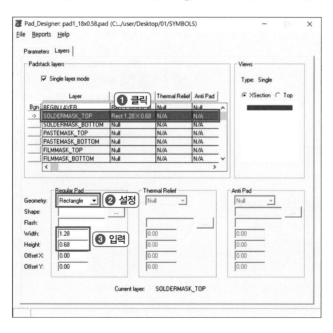

ㄹ. PASTEMASK_TOP을 클릭하고, Regular Pad의 Geometry를 [Rectangle]로 설정한 후, Width에 [1.28], Height에 [0.68]을 입력한다.

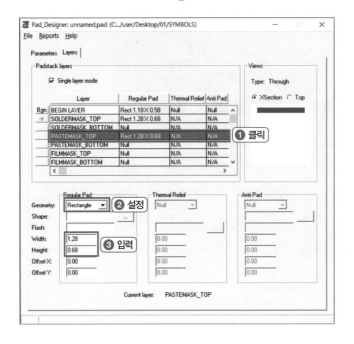

F. 체크한다.

메뉴바 [File] 〉 [Check]를 클릭하여 체크한다.

G. 저장한다.

메뉴바 [File] 〉 [Save]를 클릭하여 저장한다.

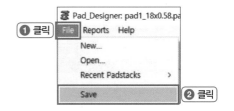

나. 극성 있는 커패시터(D55)의 패드스택 생성

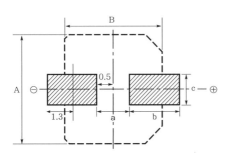

Case Code	A	B	a	b	c
D55	4.3	4.3	1.0	2.6	1.6

A. 패드의 폭(Width)과 높이(Height) 값 정하기

데이터시트에서 패드의 폭은 b, 높이는 c로 명시되어 있으므로 그 값을 각각 사용한다.

(너비)Width=2.6
(높이)Height=1.6

B. 프로그램 실행(이미 실행하고 있으면 생략!)

바탕화면에서 [시작] > [Cadence] > [Pad Designer]를 클릭한다.

C. 새 패드스택 만들기

ㄱ. 메뉴바에서 [File] > [NEW...]를 선택한다.

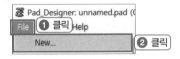

ㄴ. New Padstack 창에서 [Browse]를 누른다.

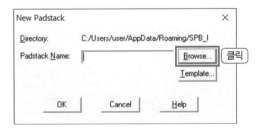

ㄷ. 바탕화면\06(프로젝트를 저장할 폴더)\06(라이브러리 및 패드를 저장할 폴더) 안에 파일 이름을 [PAD2_6REC1_6]으로 입력하고 [열기]를 클릭한다.

❶ Pse_New 창에서 왼쪽에 있는 [바탕화면] 아이콘을 클릭하고 [06 폴더] 아이콘을 더블 클릭한다.

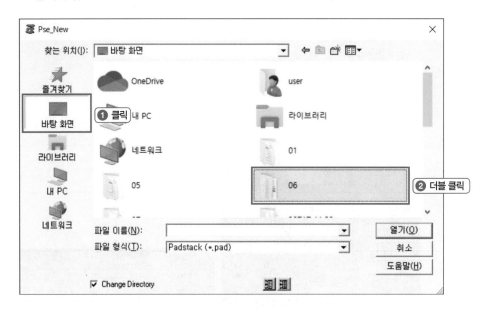

❷ Pse_New 창에서 [06 폴더] 아이콘을 더블 클릭한다.

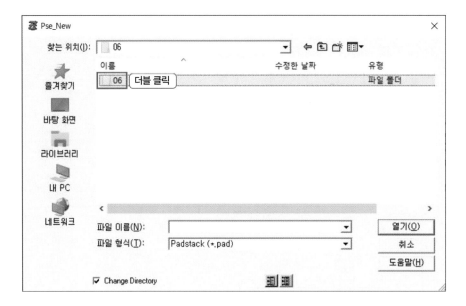

❸ 바탕화면\06\06 폴더에 파일 이름을 [PAD2_6REC1_6]으로 입력하고 [열기]를 클릭한다.

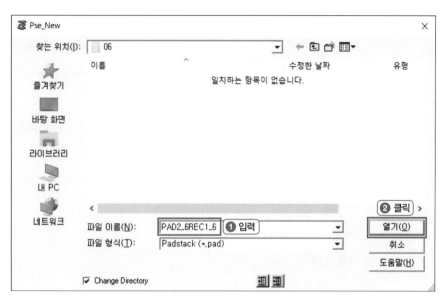

ㄹ. 패드의 경로와 이름을 확인하고 [OK]를 클릭한다.

D. 파라미터 입력

Pad Designer 창의 Parameters 탭에서 단위를 [밀리미터]로 설정한다. 데이터시트에서 소숫점 아래 두 자리까지 사용하므로 Decimal places를 [2]로 입력한다. 한편 D55는 SMD 타입이라서 패드가 탑 면에만 장착되므로 Drill/Slot hole은 사용하지 않는다.

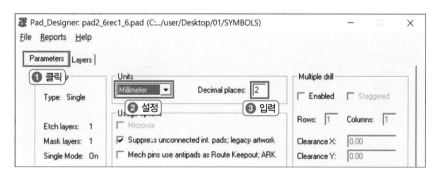

E. 패드의 크기 입력

Pad Designer 창의 Layers 탭에서 다음과 같이 설정한다.

ㄱ. D55가 SMD 타입이라서 패드가 탑 면에만 장착되므로 **Single layer mode**를 체크한다.

ㄴ. BEGIN LAYER를 클릭하고, Regular Pad의 Geometry를 **[Rectangle]**로 설정한 후,
Width에 **[2.6]**, Height에 **[1.6]**을 입력한다.

ㄷ. SOLDERMASK_TOP을 클릭하고, Regular Pad의 Geometry를 **[Rectangle]**로 설
정한 후, Width에 **[2.7]**, Height에 **[1.7]**을 입력한다.

ㄹ. PASTEMASK_TOP을 클릭하고, Regular Pad의 Geometry를 **[Rectangle]**로 설정
한 후, Width에 **[2.7]**, Height에 **[1.7]**을 입력한다.

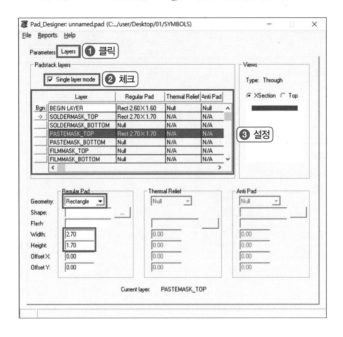

F. 체크한다.

메뉴바 [File] 〉 [Check]를 클릭하여 체크한다.

G. 저장한다.

메뉴바 [File] 〉 [Save]를 클릭하여 저장한다.

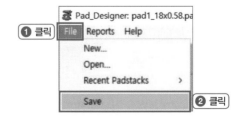

다. Power Via 생성

A. 프로그램 실행(이미 실행하고 있으면 생략!)

ㄱ. 바탕화면에서 [시작] 〉 [Cadence] 〉 [Pad Designer]를 클릭한다.

B. 새 파워비아(Power Via) 만들기

ㄱ. 메뉴바에서 [File] 〉 [NEW...]를 선택한다.

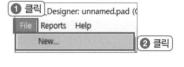

ㄴ. New Padstack 창에서 **Browse** 버튼을 누른다.

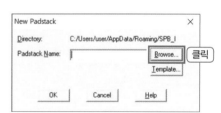

ㄷ. 바탕화면\06(프로젝트를 저장할 폴더)\06(라이브러리 및 패드를 저장할 폴더)을 만들고(이미 만들어져 있으면 생략), 바탕화면\06\06 폴더 안에 파일 이름을 [**power_via0_4c0_8**]로 입력하고 [열기]를 클릭한다.

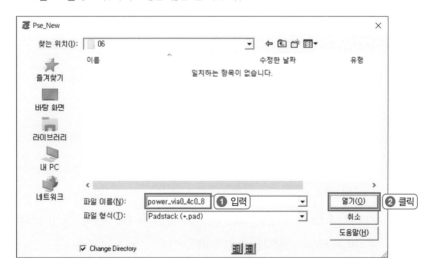

ㄹ. 비아 이름을 확인하고 [OK]를 클릭
한다.

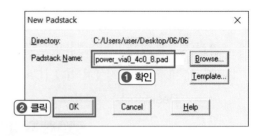

C. 파라미터 입력

Pad Designer 창의 Parameters 탭에서 단위를 **[밀리미터]**로, 데이터시트에서 소숫점 아래 두 자리까지 사용하므로 Decimal places를 **[2]**로 입력한다. 한편 Power Via는 드릴로 구멍을 뚫는 것이므로 파라미터 탭에서 드릴 직경을 **[0.4]**로, 드릴 심벌의 모양(모든 모양 선택 가능), 문자(드릴 표시 문자), 드릴 심벌 크기(보통 드릴 직경의 반을 사용함)를 설정한다.

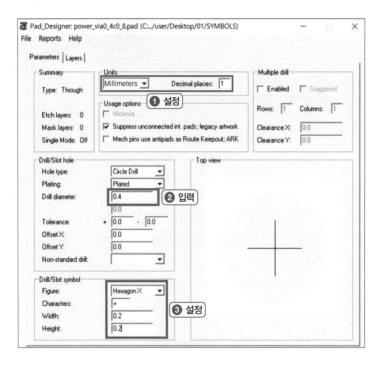

D. 패드의 크기 입력

Pad Designer 창의 Layers 탭에서 다음과 같이 설정한다.

ㄱ. Power Via는 DIP 타입이라서 패드가 양면에 장착되므로 Single layer mode를 체크하지 않는다.

ㄴ. BEGIN LAYER를 클릭하고, Regular Pad의 Geometry를 **[Circle]**로 설정한 후, Width와 Height에 **[0.8]**을 입력한다.

ㄷ. DEFAULT INTERNAL을 클릭하고, Regular Pad의 Geometry를 [Circle]로 설정한 후, Width와 Height에 [0.8]을 입력한다.

ㄹ. END LAYER를 클릭하고, Regular Pad의 Geometry를 [Circle]로 설정한 후, Width와 Height에 [0.8]을 입력한다.

ㅁ. SOLDERMASK_TOP을 클릭하고, Regular Pad의 Geometry를 [Circle]로 설정한 후, Width와 Height에 [0.9]를 입력한다.

ㅂ. SOLDERMASK_BOTTOM을 클릭하고, Regular Pad의 Geometry를 [Circle]로 설정한 후, Width와 Height에 [0.9]를 입력한다.

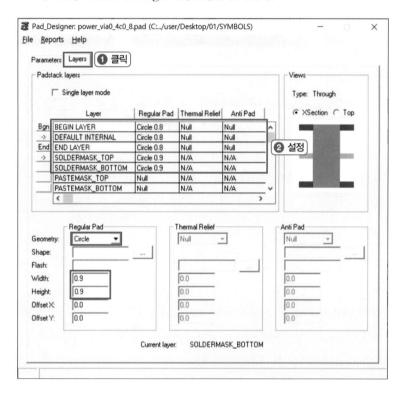

E. 체크하고 저장한다.

메뉴바에서 [File] 〉 [Check]를 클릭하여 체크하고, [File] 〉 [Save]를 클릭하여 저장한다.

라. Stadard Via 생성

A. 프로그램 실행(이미 실행하고 있으면 생략!)

바탕화면에서 [시작] 〉 [Cadence] 〉 [Pad Designer]를 클릭한다.

B. 새 일반 비아(Stadard Via) 만들기

ㄱ. 메뉴바에서 [File] 〉 [NEW...]를 선택한다.

ㄴ. New Padstack 창에서 [Browse]를 누른다.

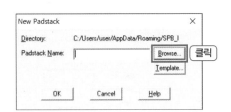

ㄷ. 바탕화면\06(프로젝트를 저장할 폴더)\06(라이브러리 및 패드를 저장할 폴더)을 만들고(이미 만들어져 있으면 생략), 바탕화면\06\06 폴더 안에 파일 이름을 [stadard_via0_3c0_6]으로 입력한 후 [열기]를 클릭한다.

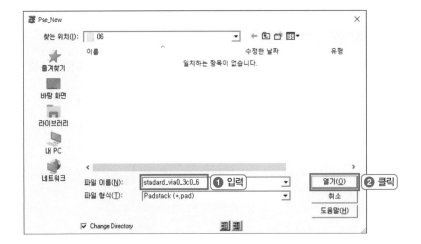

ㄹ. 비아 이름을 확인하고 [OK]를 클릭한다.

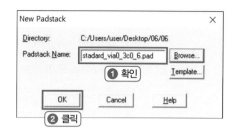

C. 파라미터 입력

Pad Designer 창의 Parameters 탭에서 단위를 **[밀리미터]**로, 데이터시트에서 소숫점 아래 두 자리까지 사용하므로 Decimal places를 **[2]**로 입력한다. 한편 Stadard Via는 드릴로 구멍을 뚫는 것이므로 파라미터 탭에서 드릴 직경을 **[0.3]**으로, 드릴 심벌의 모양(모든 모양 선택 가능), 문자(드릴 표시 문자), 드릴 심벌 크기(보통 드릴 직경의 반을 사용함)를 설정한다.

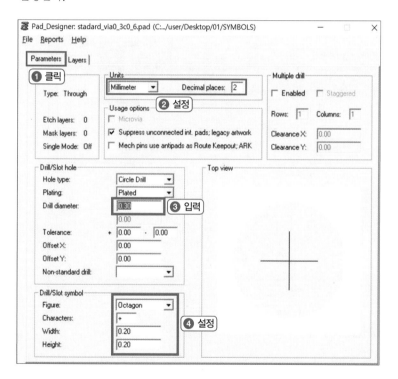

D. 패드의 크기 입력

ㄱ. Stadard Via는 DIP 타입이라서 패드가 양면에 장착되므로 Single layer mode를 체크하지 않는다.

ㄴ. BEGIN LAYER를 클릭하고, Regular Pad의 Geometry를 **[Circle]**로 설정한 후, Width와 Height에 **[0.6]**을 입력한다.

ㄷ. DEFAULT INTERNAL을 클릭하고, Regular Pad의 Geometry를 [Circle]로 설정한 후, Width와 Height에 [0.6]을 입력한다.

ㄹ. END LAYER를 클릭하고, Regular Pad의 Geometry를 [Circle]로 설정한 후, Width 와 Height에 [0.6]을 입력한다.

ㅁ. SOLDERMASK_TOP을 클릭하고, Regular Pad의 Geometry를 [Circle]로 설정한 후, Width와 Height에 [0.7]을 입력한다.

ㅂ. SOLDERMASK_BOTTOM을 클릭하고, Regular Pad의 Geometry를 [Circle]로 설 정한 후, Width와 Height에 [0.7]을 입력한다.

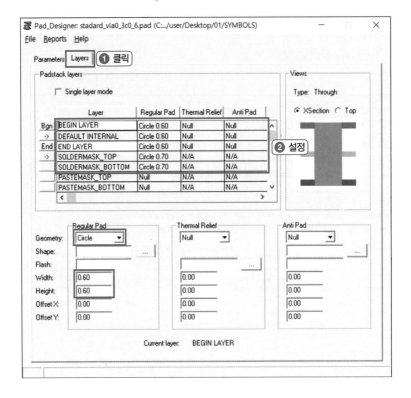

E. 체크하고 저장한다.

메뉴바에서 [File] 〉 [Check]를 클릭하여 체크하고, [File] 〉 [Save]를 클릭하여 저장한다.

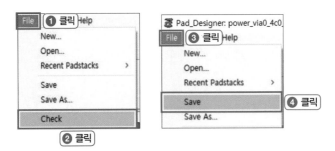

8) Library(풋프린트 심벌) 생성

PCB Editor 프로그램의 라이브러리(Library)에 수록되지 않은 ADM101E, HEADER10, 크리스털, 극성 있는 커패시터(D55)의 풋프린트 심벌을 생성한다.

생성한 풋프린트는 바탕화면\06\06에 저장한다.

만약 기존에 작성해 놓은 라이브러리(풋프린트 심벌)가 다른 경로에 저장되어 있다면 복사해서 바탕화면\06\06에 저장하고 부품을 배치할 때 활용한다.

■ PCB 설계(Layout) 흐름

프로그램 실행	부품 확인	환경 설정	Board Outline 작성	hole 삽입	grid 및 color 설정	부품 배치	Constraint (설계규약) 설정	배선	카퍼	D R C	레퍼런스 정리	보드명 기입	Dimension 작성 (치수 기입)	드릴 파일 생성	거버 데이터 생성	거버 파일 인쇄
	패드 디자이너		패드스택, 비아 생성													
	라이브러리(풋프린트 심벌) 생성															
	라이브러리 추가															

가. SOIC10.dra (ADM101E 풋프린트 심벌 생성)

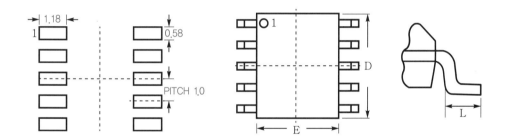

기호	최소값	최대값
D	4.80	5.00
E	3.80	4.00
L	0.40	1.27

A. 프로그램 실행(이미 실행하고 있으면 생략!)

바탕화면에서 [시작] 〉 [Cadence] 〉 [PCB Editor]를 클릭하거나 또는 바탕화면에서 PCB Editor 아이콘(⌨)을 클릭하여 실행한다.

B. 새 부품 생성

ㄱ. 메뉴바에서 [File] 〉 [NEW]를 클릭한다.

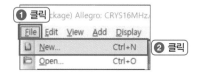

ㄴ. New Drawing 창에서 Drawing Type에 [Package symbol(wizard)] (IC는 10개의 핀이 규칙적으로 배열되므로 마법사를 사용하는 것이 편리함)를 선택한 후, 생성할 부품이 저장될 경로를 설정하기 위해 [Browse...]를 클릭한다.

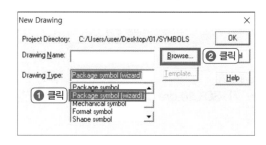

ㄷ. 바탕화면\06(프로젝트를 저장할 폴더)\06(라이브러리 및 패드를 저장할 폴더) 안에 저장하도록 경로를 정하고, 파일 이름 [SOIC10]을 입력한다.

❶ New 창에서 왼쪽에 있는 [바탕화면] 아이콘을 클릭하고 [06 폴더] 아이콘을 더블 클릭한다.

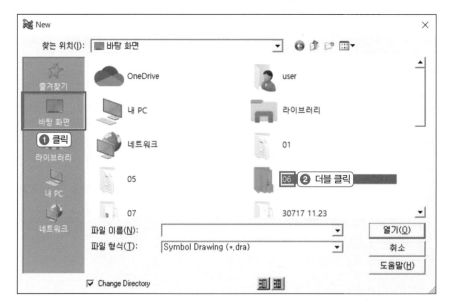

❷ New 창에서 [06 폴더] 아이콘을 더블 클릭한다.

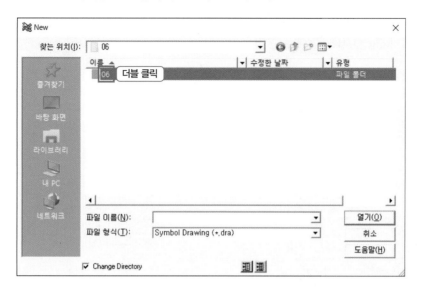

❸ 바탕화면\06\06 폴더인 것을 확인한 후에 파일 이름을 [SOIC10]으로 입력하고 [열기]를 클릭한다.

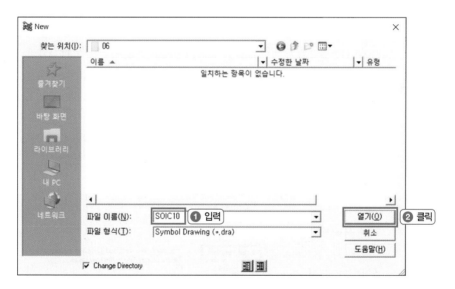

ㄹ. New Drawing 창에서 [OK]를 클릭한다.

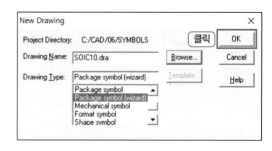

C. 부품 심벌 마법사로 부품 만들기

ㄱ. 부품 심벌 마법사(Packabe Symbol Wizard)에서 부품의 형태(package type)를
SOIC로 선택하고 [Next〉]를 클릭한다.

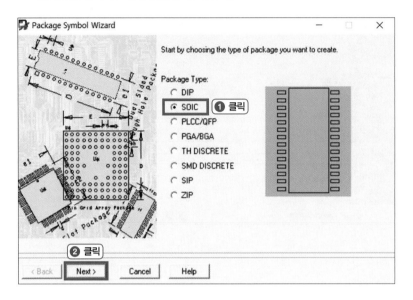

ㄴ. PCB Editor 프로그램상에서 설정해 놓은 파라미터들을 적용하기 위해 [Load
templates] 버튼을 클릭하면 기존의 파라미터가 적용되는 것을 확인할 수 있다.

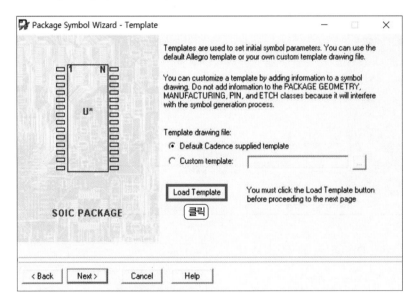

ㄷ. 마법사 및 부품에 사용될 단위와 소수점 아래 자리수를 입력한다. 여기에서는 단위를 **[밀리미터]**로 설정하고, Accyracy에 **[2]**를 입력한 후 [Next>]를 클릭한다.

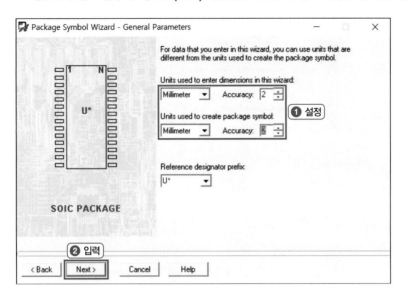

ㄹ. 데이터시트를 참고하여 IC의 핀의 개수를 **[10]**, 핀 간의 간격(Lead pitch)을 **[1.00]**, e1의 간격을 **[5.07]**(E의 최소값 3.80 + L의 최대값 1.27), 부품의 너비(Package width; E)를 **[3.80]**, 부품의 길이(Package length; D)를 **[4.80]**으로 입력한다. 일반적으로 부품 파라미터의 값은 데이터시트의 중간값을 사용하지만, IC 몸통의 납이 칠해지는 면(Pad Stack의 Soldermask TOP 면)을 침범하지 않기 위해 E, D를 최소값으로 사용했다.

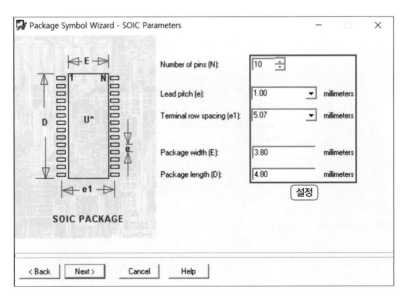

ㅁ. 부품의 Pin으로 쓰일 Pad Stack을 정해주기 위해 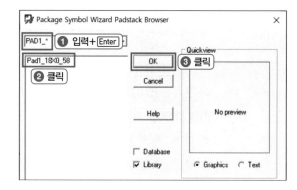 을 클릭한다.

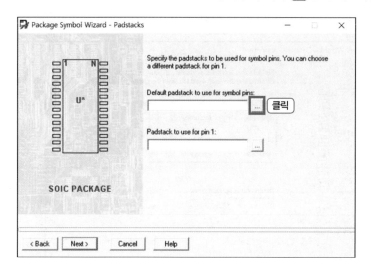

ㅂ. [PAD1_*]을 검색 콤보 란
에 입력하고 [엔터]를 눌러
서 패드스택을 검색하여
[PAD1_18X0_58]을 선택한
후 [OK]를 클릭한다.

ㅅ. 선택한 패드스택이 맞는지 확인하고 [Next>]를 클릭한다.

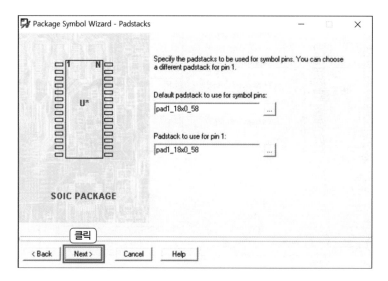

ㅇ. IC의 기준 위치를 중앙으로 정하고 심벌을 생성하기 위해 [Next〉]를 클릭한다.

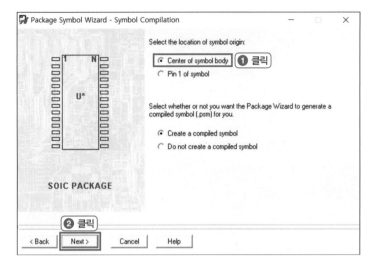

ㅈ. 부품명이 맞는지 확인하고 [Finish]를 클릭한다.

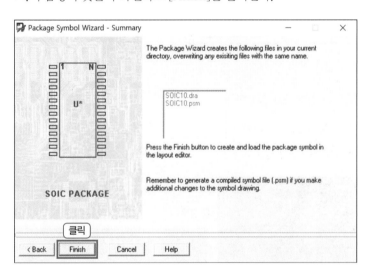

D. 부품 확인

부품이 원하는 모양으로 생성되었는지 확인한다. 이때 실크 데이터(부품의 외곽선 등)가 SOLDER MASK 영역(납이 묻는 부분)을 침범하지 않는지 확인한다.

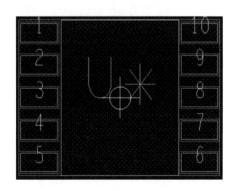

나. HEADER10.dra 생성

데이터시트의 Pin1과 End Pin의 배열을 참고하여 핀의 배열을 다음과 같이 한다.

2	4	6	8	10 End Pin
1 Pin1	3	5	7	9

부품의 풋프린트를 만들기 위해서는 Pad Designer 프로그램에서 미리 만든 패드스택 [PAD1_5CIR1_0] 또는 기존의 라이브러리에 있는 [pad60cir36d]가 필요하다. 여기에서는 [pad60cir36d]를 활용하기로 한다.

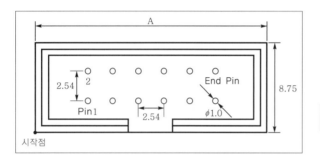

핀의 개수	Part No.	A
8	1200−08	17.78
10	1200−10	20.32
12	1200−12	22.86

A. 프로그램 실행(이미 실행하고 있으면 생략!)

바탕화면에서 [시작] 〉 [Cadence] 〉 [PCB Editor]를 클릭하거나 또는 바탕화면에서 PCB Editor 아이콘( )을 클릭하여 실행한다.

B. 새 부품 생성

ㄱ. 메뉴바에서 [File] 〉 [NEW]를 클릭한다.

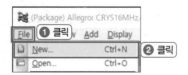

ㄴ. New Drawing 창에서 Drawing Type에 [Package symbol]을 선택한 후, 생성할 부품이 저장될 경로를 설정하기 위해 [Browse...]를 클릭한다.

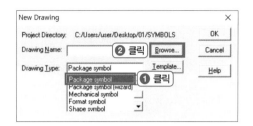

ㄷ. 바탕화면\06(프로젝트를 저장할 폴더)\06(라이브러리 및 패드를 저장할 폴더) 안에 저장하도록 경로를 정하고, 파일 이름 [HEADER10]을 입력하고 [열기]를 클릭한다.

❶ New 창에서 왼쪽에 있는 [바탕화면] 아이콘을 클릭하고 [06 폴더] 아이콘을 더블 클릭한다.

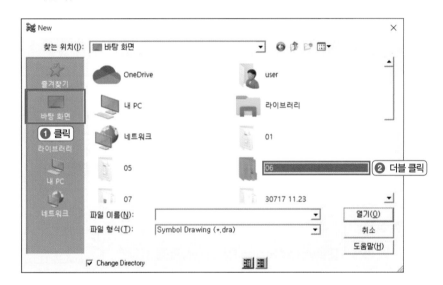

❷ New 창에서 [06 폴더] 아이콘을 더블 클릭한다.

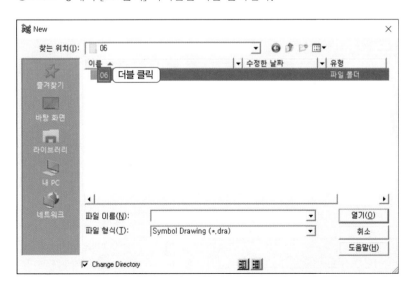

❸ 바탕화면\06\06 폴더인 것을 확인한 후에 파일 이름을 [HEADER10]으로 입력하고 [열기]를 클릭한다.

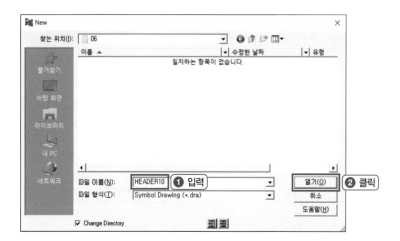

ㄹ. New Drawing 창에서 [OK]를 클릭한다.

C. 환경 설정

ㄱ. 메뉴바에서 [Setup] 〉 [Design Parameters]를 선택하거나 툴바의 Prmed 아이콘( )을 클릭한다.

ㄴ. Design Tab을 선택한다. 이 Tab은 설계할 때의 단위(User Units), 도면 크기(Size), 소수점 아래 자리수(Accuracy) 및 원점(Origin) 등을 다음 그림과 같이 설정한다.

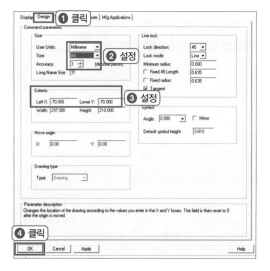

1. Design 탭을 선택한다.
2. Size
   ❶ User Units: Millimeter
   ❷ Size: A4
   ❸ Accuracy: 3
      (소수점 아래 3자리까지 표현)
3. Extents(확장)
   Left X: −70, Lower Y: −70
   (원점 왼쪽으로 70mm, 아래쪽 70mm로 Layout 설계공간 확장)
4. [OK]를 클릭한다.

ㄷ. 핀 간격이 2.54mm이므로 Grid를 2.54로 설정한다.

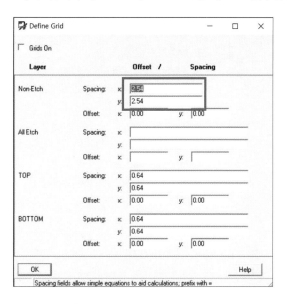

D. 핀 배치

ㄱ. HEADER10의 핀을 입력하기 위해 메뉴바에서 [Layout] 〉[Pins]를 클릭한다.

ㄴ. 기존에 만들어진 패드스택을 이용하기 위해 옵션 창에서 Padstack 입력란 옆에 🔲 버튼을 클릭한다.

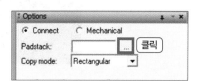

ㄷ. [PAD1_*]을 검색 콤보 란에 입력하고 [엔터]를 눌러서 패드스택을 검색하여 [PAD1_5CIR1_0]을 선택하고 [OK]를 클릭한다.

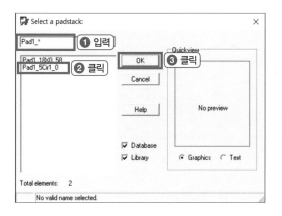

ㄹ. 옵션 창에서 핀의 옵션을 다음 드림과 같이 설정한다.

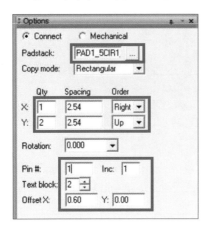

1. Padstack 확인
2. 축의 개수, 간격, 방향 입력
   X축은 1개씩 수동으로 입력
   Y축으로 Pin이 연속으로 2개 있고, 방향이
   위로 올라감
3. Pin #(핀 숫자)
   1부터 시작해서 1씩 증가
4. 핀 번호의 text 크기를 2로 설정
5. 패드에서 오른쪽으로 0.6mm만큼 떨어진
   위치에 핀 번호 숫자 표시

ㅁ. 마우스로 원점을 클릭하거나 Command 창에 **[x 0,0]** Enter↵ 를 입력한다.

원점 클릭	Command 창에 좌표 입력
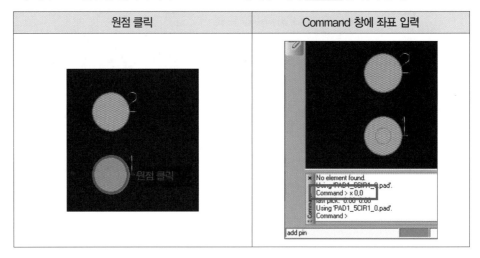	

ㅂ. Grid가 2.54로 설정되어 있고, Pin 간격도 2.54이므로 1번 핀 한 칸 옆을 클릭하면 그림과 같이 3번 핀, 4번 핀이 입력된다.

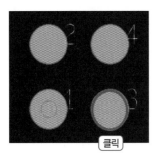

ㅅ. 핀 5번, 7번, 9번 자리에 차례대로 클릭하여 패드스택을 입력한다.

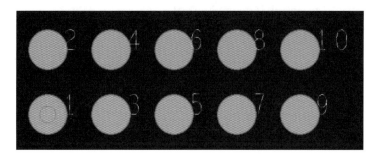

ㅇ. 키보드의 F6을 누르거나 MRB(마우스 오른쪽 버튼) 메뉴의 **[Done]**을 클릭해서 핀 입력을 완료한다.

E. HEADER10 부품 외곽선 작성

ㄱ. 부품 외곽선을 작성하기 위해 외곽선의 좌표값을 계산한다.

❶ x좌표를 기준으로 시작점과 1번 핀(원점)의 거리가 $(20.32-2.54\times4)\div2=5.08mm$ 이다. 그런데, 시작점의 위치가 1번 핀(원점)을 기준으로 왼쪽에 위치하므로 x좌표는 [−5.08]이다.

❷ y좌표를 기준으로 시작점과 1번 핀(원점)의 거리가 $(8.75-2.54)\div2=3.105mm$이다. 그런데, 시작점의 위치가 1번 핀(원점)을 기준으로 아래쪽에 위치하므로 y좌표는 [−3.105]이다.

❸ 부품 외곽선의 폭(Width)은 20.32mm이고, 높이(Height)는 8.75mm이다.

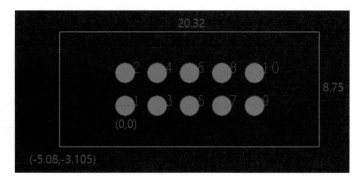

ㄴ. [Package Geometry] 〉 [Assembly_Top] 면에 절대좌표와 상대좌표를 이용하여 보드 외곽선을 그린다.

❶ 메뉴바에서 **[Add] 〉 [Line]**을 클릭한다.

❷ 부품 외곽선을 그리는 것이므로 Option 창에
서 [Package Geometry], [Assembly_Top]
을 선택하고, 라인의 폭을 [0.1]로 설정한다.

❸ 상태줄에 add line이 표시된 것을 확인하고, Command 창에 부품 외곽선의 시작점을
절대좌표 [x −0.58,−3.105]로 입력한다.

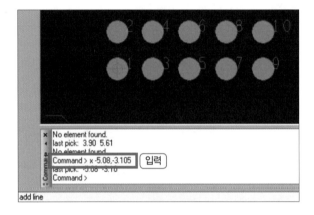

❹ 상대좌표를 이용하여 Command 창에 다음과 같이 차례로 입력한다.

상대좌표 이용	상대좌표 이용
ix 20.32 [Enter↵] iy 8.75 [Enter↵] ix −20.32 [Enter↵] iy −8.75 [Enter↵]	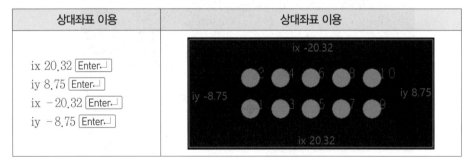

❺ 키보드의 [F6]을 누르거나 MRB(마우스 오른쪽 버튼) 메뉴의
[Done]을 클릭하여 부품 외곽선 그리기를 마친다.

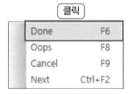

ㄷ. [Package Geometry] 〉 [Silkscreen_Top] 면에 절대좌표와 상대좌표를 이용하여
　　보드 외곽선을 그린다. 옵션 창에서 [Package_Geometry], [Silkscreen_top] 면
　　을 선택한 것을 확인하고 그리도록 주의하며 [Assembly_Top] 면에 그린 것과 같이
　　[Silkscreen_top] 면에 부품 외곽선을 한 번 더 그린다.

❶ 메뉴바에서 [Add] 〉 [Line]을 클릭한다.

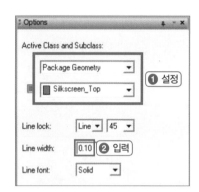

❷ Option 창에서 보드 외곽선을 그리는 영역은
　부품 외곽선이므로 [Package Geometry],
　[Silkscreen_Top]으로 선택하고, 라인의 폭
　을 [0.1]로 설정한다.

❸ 상태줄에 add line이 표시된 것을 확인하고, Command 창에 보드 외곽선의 시작점
　을 절대좌표 [x −0.58,−3.105]로 입력한다.

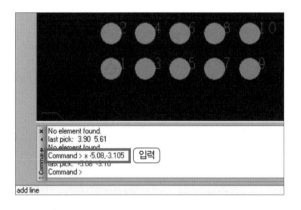

❹ 상대좌표를 이용하여 Command 창에 다음과 같이 차례로 입력한다.

상대좌표 이용	상대좌표 이용
ix 20.32 [Enter↵] iy 8.75 [Enter↵] ix −20.32 [Enter↵] iy −8.75 [Enter↵]	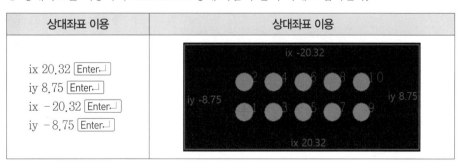

➎ 키보드의 F6을 누르거나 MRB(마우스 오른쪽 버튼) 메
뉴의 [Done]을 클릭하여 부품 외곽선 그리기를 마친다.

F. HEADER10의 참조 문자(Prefix) 입력

ㄱ. 그리드(Grid) 설정

그리드를 x축, y축 모두 [0.5]로 설정하고 Prefix를 입력하
면 참조 문자를 원하는 위치에 입력할 수 있다.

➊ 메뉴바에서 [Setup] 〉 [Grid]를 클릭한다.

➋ 그리드 설정 창에서 x축, y축을 0.5로 설정하고 [OK]를 클릭한다.

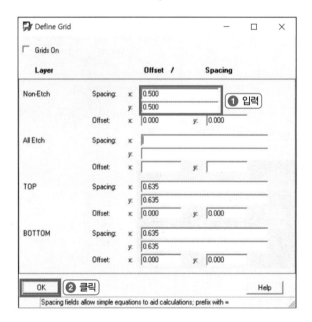

ㄴ. 메뉴바에서 [Layout] 〉 [Labels] 〉 [RefDes]
를 클릭한다.

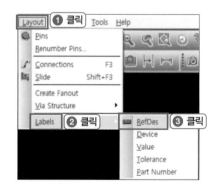

ㄷ. [RefDes] > [Assembly_Top] 면에 참조 문자(Prefix) 입력

❶ 옵션 창에서 참조 문자(Prefix)를 입력할 영역을 [RefDes] > [Assembly_Top] 면으로 선택하고, 참조 문자(Prefix)의 크기를 [2]로 설정한다.

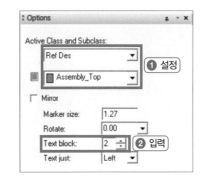

❷ 부품의 테두리 안에 참조 문자(Prefix)를 J*로 입력한다.

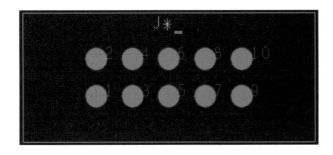

ㄹ. [RefDes] > [Silkscreen_Top] 면에 참조 문자(Prefix)를 입력한다.

❶ 옵션 창에서 참조 문자(Prefix)를 입력할 영역을 [RefDes] > [Silkscreen_Top] 면으로 선택하고, 참조 문자(Prefix)의 크기를 [2]로 설정한다.

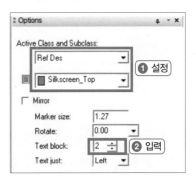

❷ 부품의 테두리 밖에 참조 문자(Prefix)를 J*로 입력한다.

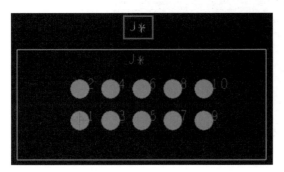

❸ 키보드의 F6을 누르거나 MRB(마우스 오른쪽 버튼) 메뉴
의 [Done]을 클릭해서 참조 문자(Prefix) 입력을 완료한다.

G. HEADER10 부품의 보호 영역 설정

다른 부품이나 배선 등이 HEADER10 부품의 영역을 침범하면 심각한 오류가 발생하므로
부품의 영역을 보호하는 조치를 취한다.

ㄱ. 메뉴바에서 [File] 〉 [Edit] 〉 [Z-Copy Shape]를 클
릭한다.

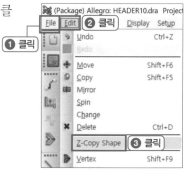

ㄴ. 옵션 창에서 보호할 영역을 [PACKAGE_GEOMETRY] 〉
[PLACE_BOUND_TOP] 면으로 설정하고, 방향을 **안쪽**
(Contract)으로 설정한다.

ㄷ. Header10의 테두리를 클릭하면 부품의 영역에 격자무늬가 생기며 보호기능이 생긴다.

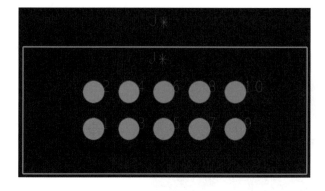

ㄹ. 키보드의 [F6]을 누르거나 MRB(마우스 오른쪽 버튼) 메뉴의 [Done]을 클릭하여 부품의 보호영역 설정(Z-Copy Shape)을 마친다.

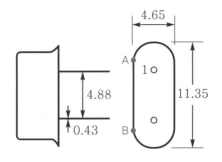

다. CRYSTAL16MHz.dra 생성

A. 프로그램 실행(이미 실행하고 있으면 생략!)

바탕화면에서 [시작] > [Cadence] > [PCB Editor]를 클릭하거나 또는 바탕화면에서 PCB Editor 아이콘(🔧)을 클릭하여 실행한다.

B. 새 부품 생성

ㄱ. 메뉴바에서 [File] > [NEW]를 클릭한다.

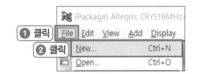

ㄴ. New Drawing 창에서 Drawing Type에 [Package symbol]을 선택한 후, 생성할 부품이 저장될 경로를 설정하기 위해 [Browse...]를 클릭한다.

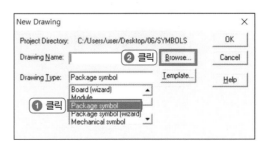

ㄷ. [바탕화면\06\06\]에 파일 이름 **[CRYSTAL16MHz]**를 입력하고 [열기]를 클릭한다.

❶ New 창에서 왼쪽에 있는 [바탕화면] 아이콘을 클릭하고 [06 폴더] 아이콘을 더블 클릭한다.

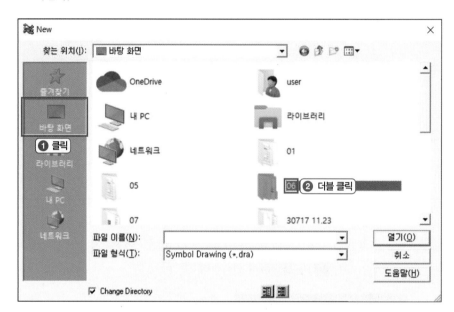

❷ New 창에서 [06 폴더] 아이콘을 더블 클릭한다.

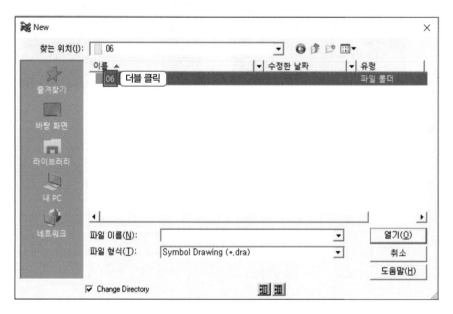

❸ 바탕화면\06\06 폴더인 것을 확인한 후에 파일 이름을 [CRYSTAL16MHz]로 입력하고 [열기]를 클릭한다.

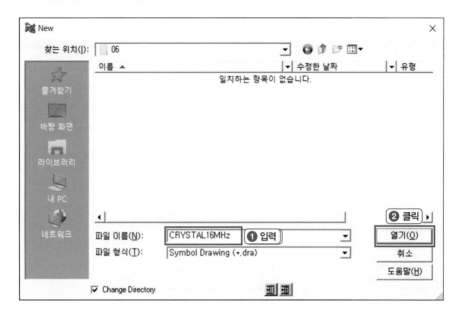

ㄹ. New Drawing 창에서 [OK]를 클릭한다.

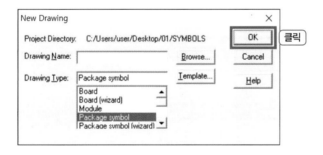

C. 환경 설정

ㄱ. 메뉴바에서 [Setup] 〉 [Design Parameters]를 선택하거나 툴바의 Prmed 아이콘(▨)을 클릭한다.

ㄴ. Design Tab을 선택한다. 이 Tab은 설계할 때의 단위(User Units), 도면 크기(Size), 소수점 아래 자리수(Accuracy) 및 원점(Origin) 등을 다음 그림과 같이 설정한다.

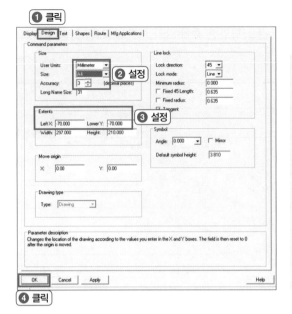

1. Design 탭을 선택한다.
2. Size
   ❶ User Units: Millimeter
   ❷ Size: A4
   ❸ Accuracy: 3
      (소수점 아래 3자리까지 표현)
3. Extents(확장)
   Left X: −70, Lower Y: −70
   (원점 왼쪽으로 70mm, 아래쪽
   70mm로 Layout 설계공간 확장)
4. [OK]를 클릭한다.

ㄷ. Grid를 2.54로 설정한다.

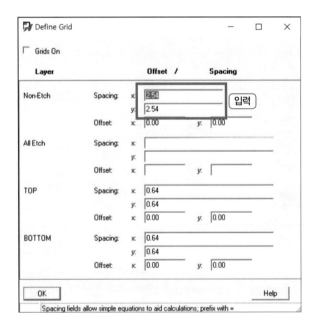

D. 핀 배치

ㄱ. CRYSTAL16MHz의 핀을 넣기 위해 메뉴바에서 [Layout] 〉 [Pins]를 클릭한다.

ㄴ. 패드스택을 이용하기 위해 옵션 창에서 Padstack 입력란 옆에  버튼을 클릭한다.

ㄷ. [pad60*]을 검색 콤보 란에 입력하고 [엔터]를 눌러서 패드스택을 검색하여 [pad60cir36d]를 선택하고 [OK]를 클릭한다.

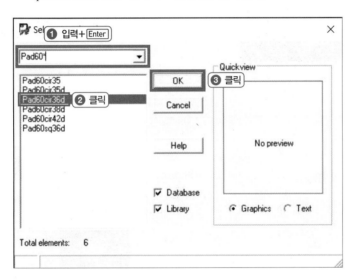

ㄹ. 옵션 창에서 핀의 옵션을 다음 그림과 같이 설정한다.

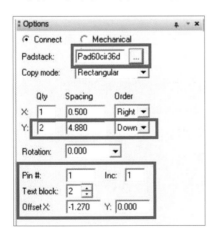

1. Padstack 확인
2. 축의 개수, 간격, 방향 입력
    X축은 1개
    Y축으로 Pin이 연속으로 2개 있고, 방향이 아래로 내려감
3. Pin #(핀 숫자)
    1부터 시작해서 1씩 증가
4. 핀 번호의 text 크기를 2로 설정
5. 패드에서 왼쪽으로 1.27mm만큼 떨어진 위치에 핀 번호 숫자 표시

ㅁ. 마우스로 원점을 클릭하거나 Command 창에 [x 0,0] Enter↵를 입력한다.

원점 클릭	Command 창에 좌표 입력
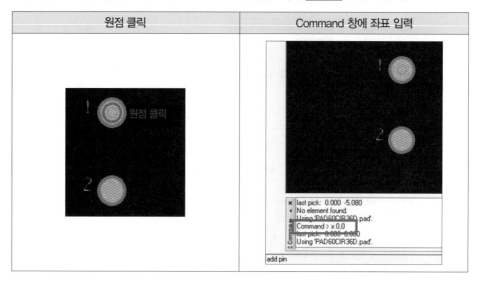	

ㅂ. 키보드의 F6을 누르거나 MRB(마우스 오른쪽 버튼) 메뉴의 [Done]을 클릭해서 핀 입력을 완료한다.

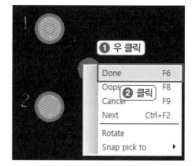

E. CRYSTAL16MHz 부품 외곽선 작성

ㄱ. 좌표값 계산

부품 외곽선을 작성하기 위해 외곽선의 좌표값을 계산한다.

❶ x좌표축을 기준으로 점 A와 1번 핀(원점)의 거리는 4.65÷2=2.325mm이다. 그런데, 점 A가 1번 핀(원점)을 기준으로 왼쪽에 위치하므로 x좌표는 [−2.325]이다.

❷ y좌표축을 기준으로 점 A와 1번 핀(원점)의 거리는 (11.35−4.88)÷2−2.325=0.91mm이다. 그런데, 점 A의 위치가 1번 핀(원점)을 기준으로 위쪽에 위치하므로 y좌표는 [0.91]이다.

❸ 점 B는 점 A와 x축 대칭이므로 x좌표는 [2.325], y 좌표는 [0.91]이다.

❹ 점 C의 x좌표는 [0]이다.

❺ y좌표축을 기준으로 점 C와 1번 핀(원점)의 거리가 (11.35−4.88)÷2=3.235mm이다. 그런데 점 C의 위치가 1번 핀(원점)을 기준으로 위쪽에 위치하므로 y좌표는 [3.235]이다.

Chapter 2

Chapter 3

Chapter 4

부록

❻ 점 D의 x좌표는 1번 핀과 동일하므로 [−2.325]이다.

❼ y좌표를 기준으로 점 D는 점 A보다 $0.91+4.88+0.91=6.7$mm만큼 아래 있으므로 점 D의 y좌표는 $0.91-6.7=[-5.79]$이다.

❽ 점 E는 점 D와 x축 대칭이므로 x좌표는 [2.325], y좌표는 [−5.79]이다.

❾ 점 F의 x좌표는 [0]이다.

❿ y좌표축을 기준으로 점 F와 1번 핀(원점)의 거리가 $4.88+3.235=8.115$mm이다. 그런데 점 F의 위치가 1번 핀(원점)을 기준으로 아래쪽에 위치하므로 y좌표는 [−8.115]이다.

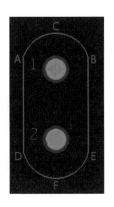
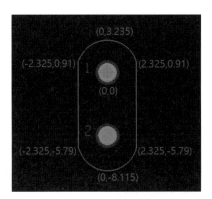

ㄴ. Assembly_TOP 면에 부품 외곽선 그리기

Package Geometry 〉 Assembly_TOP 면에 절대좌표와 상대좌표를 이용하여 3점 호 및 직선으로 부품 외곽선을 그린다. 3점 호는 시작점, 끝점, 호를 차례대로 입력하여 그린다.

❶ 윗부분 호 그리기

㉮ 메뉴바에서 [Add] 〉 [3pt Arc]를 클릭한다.

㉯ 부품 외곽선을 그리는 것이므로 Option 창에서 [Package Geometry], [Assembly_Top]을 선택하고, 라인의 폭을 [0.1]로 설정한다.

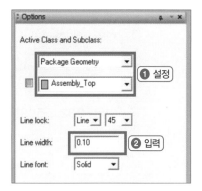

ⓒ 상태줄에 add arc가 표시된 것을 확인하고, Command 창에 부품 외곽선 윗부분 호의 시작점을 절대좌표 [x -2.325,0.91]로 입력하고 엔터([Enter.◄])를 누른다.

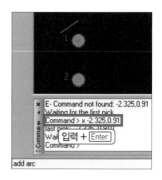

ⓓ 부품 외곽선 윗부분 호의 오른쪽 점을 절대좌표 [x 2.325,0.91] 또는 상대좌표 [ix 4.65]로 Command 창에 입력하고 엔터([Enter.◄])를 누른다.

절대좌표	상대좌표
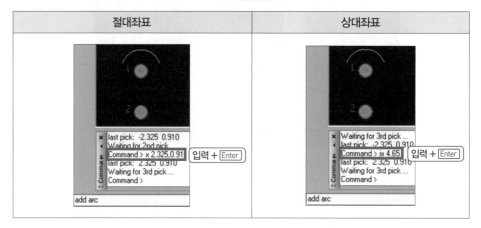	

ⓔ Command 창에 [x 0,3.235]를 입력하고 엔터([Enter.◄])를 눌러서 부품 외곽선의 윗부분 3점 호를 완성한다.

❷ 아랫부분 호 그리기

ⓐ 상태줄에 add arc가 표시된 것을 확인하고, Command 창에 부품 외곽선 아랫부분 호의 왼쪽 점을 절대좌표 [x -2.325,-5.79]로 입력하고 엔터([Enter.◄])를 누른다.

④ 부품 외곽선 아랫부분 호의 오른쪽 점을 절대좌표 [x 2.325,−5.79] 또는 상대좌표 [ix 4.65]로 Command 창에 입력하고 엔터([Enter.↵])를 누른다.

절대좌표	상대좌표
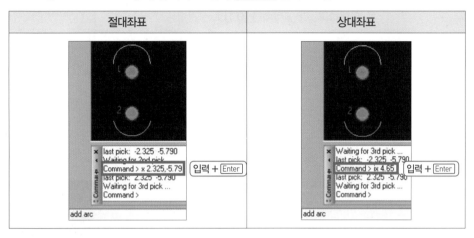	

⑤ Command 창에 [x 0,−8.115]를 입력하고 엔터 ([Enter.↵])를 눌러서 3점 호를 완성한다.

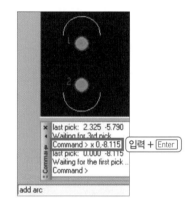

⑥ 키보드의 [F6]을 누르거나 MRB(마우스 오른쪽 버튼) 메뉴의 [Done]을 클릭하여 부품 외곽선의 아랫부분 3점 호 그리기를 마친다.

❸ 왼쪽 직선 부분 그리기

㉮ 메뉴바에서 [Add] > [Line]을 클릭한다.

㉰ 부품 외곽선을 그리는 것이므로 Option 창에서 [Package Geometry], [Assembly_Top]을 선택하고, 라인의 폭을 [0.1]로 설정한다.

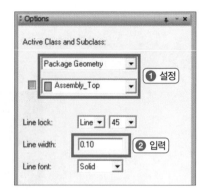

㉱ 상태줄에 add line이 표시된 것을 확인하고, Command 창에 부품 외곽선의 왼쪽 윗부분 직선의 시작점을 절대좌표 [x −2.325,0.91]로 입력하고 엔터(Enter)를 누른다.

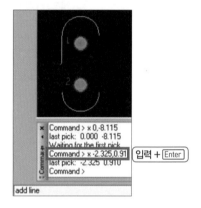

㉲ Command 창에 부품 외곽선 왼쪽 직선의 끝점을 절대좌표 [x −2.325,−5.79]로 입력하고 엔터(Enter)를 누른다.

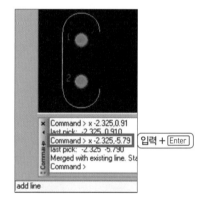

❹ 오른쪽 직선 부분 그리기

㉮ 상태줄에 add line이 표시된 것을 확인하고, Command 창에 부품 외곽선 오른쪽 윗부분 직선의 시작점을 절대좌표 [x 2.325,0.91]로 입력하고 엔터(Enter)를 누른다.

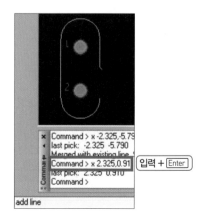

㉕ Command 창에 부품 외곽선 오른쪽 직선의 끝
점을 절대좌표 **[x 2.325,-5.79]**로 입력하고 엔터
(Enter↵)를 누른다.

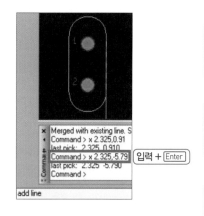

㉖ 키보드의 F6을 누르거나 MRB(마우스 오른쪽
버튼) 메뉴의 **[Done]**을 클릭하여 직선 그리기
를 마친다.

ㄷ. Silkscreen_TOP 면에 부품 외곽선 그리기

Package Geometry 〉 Silkscreen_TOP 면에 절대좌표와 상대좌표를 이용하여 보드 외
곽선을 그린다. 옵션 창에서 [Package_Geometry], [Silkscreen_top] 면으로 선택한 것
을 확인하고 Assembly_TOP 면에 그린 것과 같이 부품 외곽선을 한 번 더 그린다.

❶ 윗부분 호 그리기

㉮ 메뉴바에서 **[Add] 〉 [3pt Arc]**를 클릭한다.

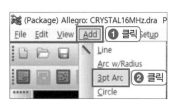

㉯ 부품 외곽선을 그리는 것이므로 Option 창에
서 **[Package Geometry], [Silkscreen_top]**
으로 선택하고, 라인의 폭을 **[0.1]**로 설정한다.

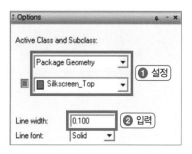

㉰ 상태줄에 add arc가 표시된 것을 확인하고, Command 창에 부품 외곽선 윗부분 호의 시작점을 절대좌표 **[x -2.325,0.91]**로 입력하고 엔터(Enter↵)를 누른다.

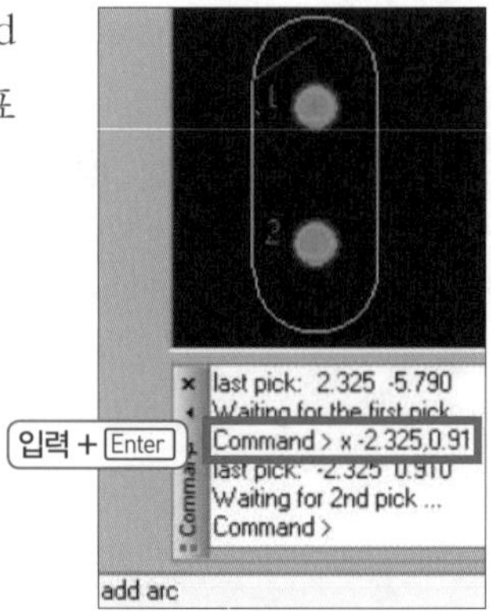

㉱ 부품 외곽선 윗부분 호의 오른쪽 점을 절대좌표 **[x 2.325,0.91]** 또는 상대좌표 **[ix 4.65]**로 Command 창에 입력하고 엔터(Enter↵)를 누른다.

절대좌표	상대좌표
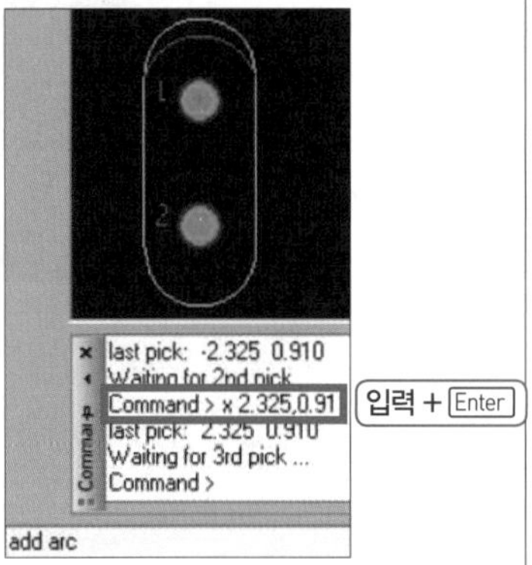	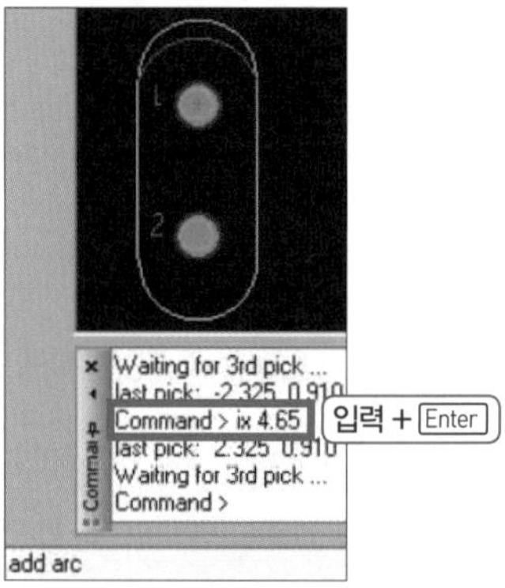

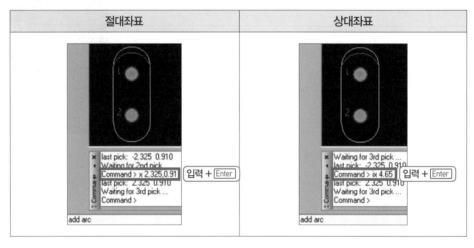

㉲ Command 창에 **[x 0.3,3.235]**를 입력하고 엔터(Enter↵)를 눌러서 부품 외곽선의 윗부분 3점 호를 완성한다.

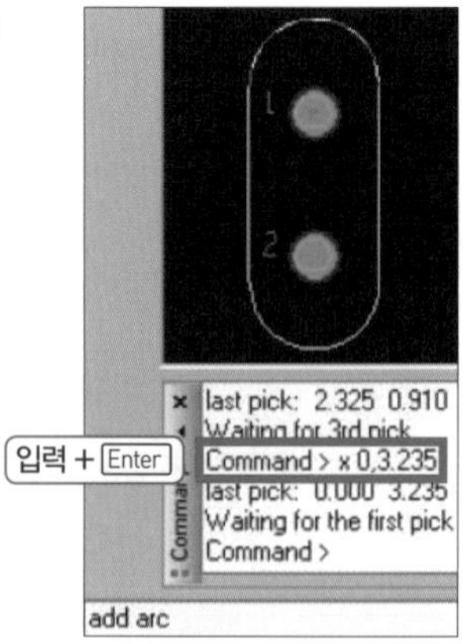

❷ 아랫부분 호 그리기

㉮ 상태줄에 add arc가 표시된 것을 확인하고, Command
   창에 부품 외곽선 아랫부분 호의 시작점을 절대좌표
   [x −2.325,−5.79]로 입력하고 엔터([Enter↵])를 누른다.

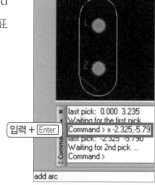

㉯ 부품 외곽선 아랫부분 호의 오른쪽 점을 절대좌표 [x 2.325,−5.79] 또는 상대좌표
   [ix 4.65]로 Command 창에 입력하고 엔터([Enter↵])를 누른다.

절대좌표	상대좌표
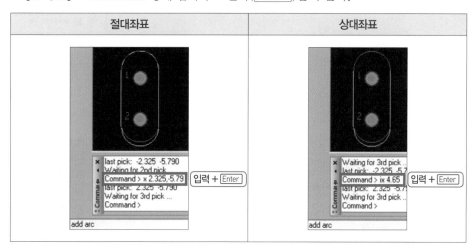	

㉰ Command 창에 [x 0,−8.115]를 입력하고 엔터([Enter↵])
   를 눌러서 3점 호를 완성한다.

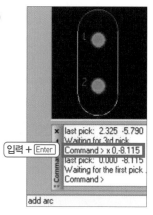

㉺ 키보드의 F6을 누르거나 MRB(마우스 오른쪽 버튼) 메뉴의 [Done]을 클릭하여 부품 외곽선의 아랫부분 3점 호 그리기를 마친다.

❸ 왼쪽 직선 부분 그리기

㉮ 메뉴바에서 [Add] 〉 [Line]을 클릭한다.

㉯ 부품 외곽선을 그리는 것이므로 Option 창에서 [Package Geometry], [Silkscreen_Top]을 선택하고, 라인의 폭을 [0.1]로 설정한다.

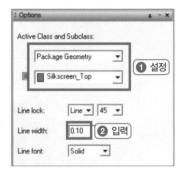

㉰ 상태줄에 add line이 표시된 것을 확인하고, Command 창에 부품 외곽선의 왼쪽 윗부분 직선의 시작점을 절대좌표 [x -2.325,0.91]로 입력하고 엔터(Enter↵)를 누른다.

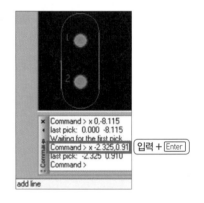

㉱ Command 창에 부품 외곽선 왼쪽 직선의 끝점을 절대좌표 [x -2.325,-5.79]로 입력하고 엔터(Enter↵)를 누른다.

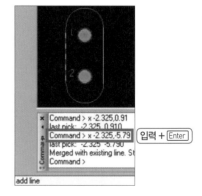

❹ 오른쪽 직선 부분 그리기

㉮ 상태줄에 add line이 표시된 것을 확인하고,
Command 창에 부품 외곽선 오른쪽 윗부분 직선의
시작점을 절대좌표 [x 2.325,0.91]로 입력하고 엔터
([Enter﹒])를 누른다.

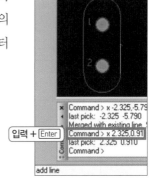

㉯ Command 창에 부품 외곽선 오른쪽 직선의 끝점을
절대좌표 [x 2.325,−5.79]로 입력하고 엔터([Enter﹒])
를 누른다.

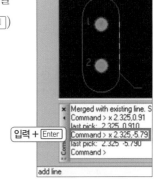

㉰ 키보드의 [F6]을 누르거나 MRB(마우스 오른쪽 버튼)
메뉴의 [Done]을 클릭하여 직선 그리기를 마친다.

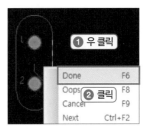

F. CRYSTAL16MHz의 참조 문자(Prefix) 입력

ㄱ. 그리드(Grid) 설정

그리드를 작은 값(여기에서는 x축, y축 모두 [0.5])으로 설정하고 Prefix를 입력하면 참조
문자를 원하는 위치에 입력할 수 있다.

❶ 메뉴바에서 [Setup] 〉 [Grid]를 클릭한다.

❷ 그리드 설정 창에서 x축, y축을 **[0.5]**로 설정하고 [OK]를 클릭한다.

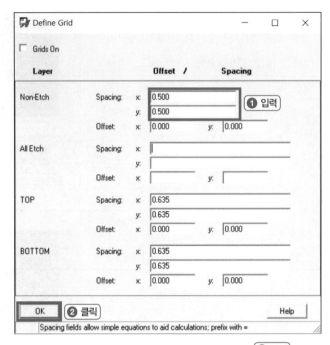

ㄴ. 메뉴바에서 **[Layout]** 〉 **[Labels]** 〉
   [RefDes]를 클릭한다.

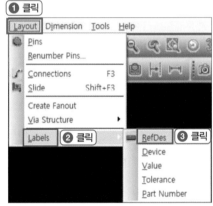

ㄷ. [RefDes] 〉 [Assembly_Top] 면에 참조 문자(Prefix) 입력

❶ 옵션 창에서 참조 문자(Prefix)를 입
   력할 영역을 **[RefDes]**, **[Assembly_
   Top]**으로 선택하고, 참조 문자(Prefix)
   의 크기를 **[2]**로 설정한다.

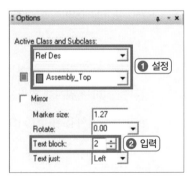

❷ 부품의 테두리 안에 참조 문자(Prefix)를 [Y*]로
입력한다.

ㄹ. [RefDes] 〉 [Silkscreen_Top] 면에 참조 문자(Prefix) 입력

❶ 옵션 창에서 참조 문자(Prefix)를 입력할 영역을
[RefDes], [Silkscreen_Top]으로 선택하고, 참
조 문자(Prefix)의 크기를 [2]로 설정한다.

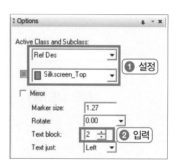

❷ 부품의 테두리 밖에 참조 문자(Prefix)를 [Y*]로
입력한다.

❸ 키보드의 F6을 누르거나 MRB(마우스 오른쪽 버
튼) 메뉴의 [Done]을 클릭해서 참조 문자(Prefix)
입력을 완료한다.

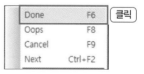

G. CRYSTAL16MHz 부품의 보호 영역 설정

다른 부품이나 배선 등이 HEADER10 부품의 영역을 침범하면 심각한 오류가 발생하므로 **[Z-Copy Shape]**를 이용하여 부품의 영역을 보호하는 조치를 취한다.

ㄱ. 메뉴바에서 **[File] 〉 [Edit] 〉 [Z-Copy Shape]** 를 클릭한다.

ㄴ. 옵션 창에서 보호할 영역을 **[PACKAGE_GEOMETRY]**, **[PLACE_BOUND_TOP]** 면으로 설정하고, 방향을 **안쪽(Contract)**으로 설정한다.

ㄷ. CRYSTAL16MHz의 테두리를 클릭하면 부품의 영역에 격자무늬가 생기며 보호기능이 생긴다.

ㄹ. 키보드의 F6 을 누르거나 MRB(마우스 오른쪽 버튼)
　메뉴의 [Done]을 클릭하여 부품의 보호영역 설정
　(Z-Copy Shape)을 마친다.

라. D55.dra 생성(극성 있는 커패시터의 풋프린트 심벌 생성)

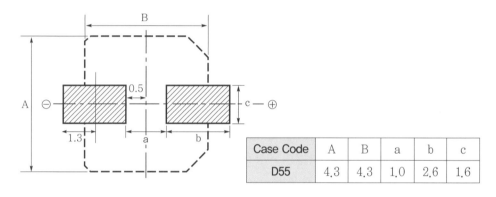

Case Code	A	B	a	b	c
D55	4.3	4.3	1.0	2.6	1.6

A. 부품의 패드스택 및 외곽선의 좌표값 계산

부품의 핀 및 부품 외곽선을 그리기 위해 필요한 좌표값을 계산한다. 부품 외곽선이 패드 위에 그려지면 납땜 면에 실크 데이터 잉크가 묻어서 불량이 날 수 있다. 따라서 부품 외곽선이 패드 외곽선 바깥쪽에 위치하도록 주의하며 좌표값을 계산한다.

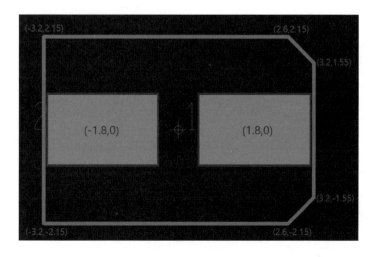

B. 프로그램 실행(이미 실행하고 있으면 생략!)

바탕화면에서 [시작] 〉 [Cadence] 〉 [PCB Editor] 클릭 또는 바탕화면에서 PCB Editor
아이콘(▦)을 클릭하여 실행한다.

C. 새 부품 생성

ㄱ. 메뉴바에서 [File] 〉 [NEW]를 클릭한다.

ㄴ. New Drawing 창에서 Drawing
Type에 [Package symbol]을 선
택한 후, 생성할 부품이 저장될 경
로를 설정하기 위해 [Browse...]를
클릭한다.

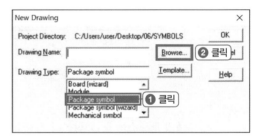

ㄷ. [바탕화면\06\06\]에 파일 이름 [D55]를 입력하고 [열기]를 클릭한다.

❶ New 창에서 왼쪽에 있는 [바탕화면] 아이콘을 클릭하고 [06 폴더] 아이콘을 더블 클릭한다.

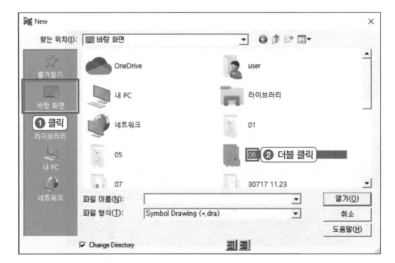

❷ New 창에서 [06 폴더] 아이콘을 더블 클릭한다.

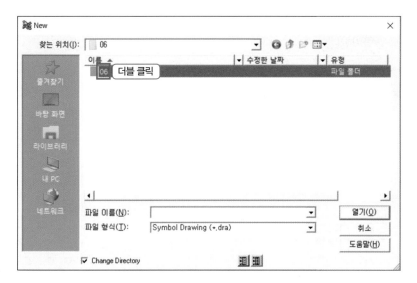

❸ [바탕화면\06\06] 폴더인 것을 확인한 후에 파일 이름을 [D55]로 입력하고 [열기]를
클릭한다.

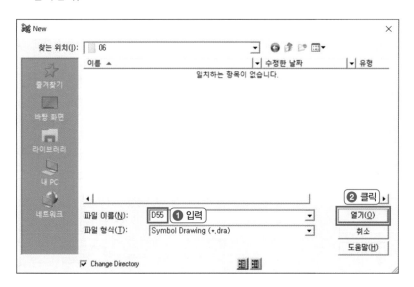

ㄹ. New Drawing 창에서 [OK]를 클릭한다.

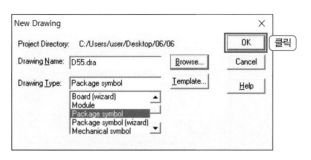

D. 환경 설정

ㄱ. 메뉴바에서 [Setup] 〉 [Design Parameters]를 선택하거나 툴바의 Prmed 아이콘()
을 클릭한다.

ㄴ. Design Tab을 선택한다. 이 Tab은 설계할 때의 단위(User Units), 도면 크기(Size),
소수점 아래 자리수(Accuracy) 및 원점(Origin) 등을 다음 그림과 같이 설정한다.

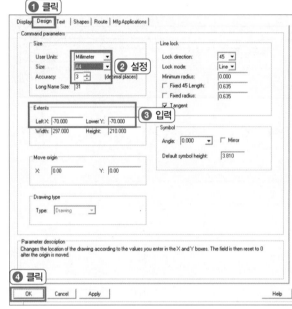

1. Design 탭을 선택한다.
2. Size
   ❶ User Units: Millimeter
   ❷ Size: A4
   ❸ Accuracy: 3
   (소수점 아래 3자리까지 표현)
3. Extents(확장)
   Left X: −70, Lower Y: −70
   (원점 왼쪽으로 70mm, 아래쪽
   70mm로 Layout 설계공간 확장)
4. [OK]를 클릭한다.

ㄷ. Grid를 0.1로 설정한다.

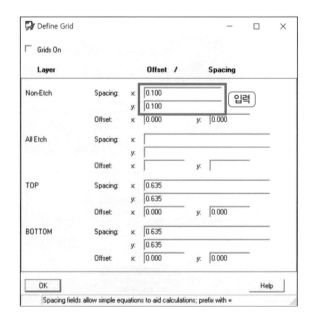

E. 핀 배치

ㄱ. D55의 핀을 넣기 위해 메뉴바에서 [Layout] 〉
[Pins]를 클릭한다.

ㄴ. 패드스택을 이용하기 위해 옵션 창에서
Padstack 입력란 옆에 □ 버튼을 클릭한다.

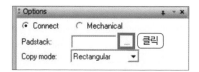

ㄷ. [PAD2_6*]을 검색 콤보 란에 입력한 후 [엔터]를 눌러서 패드스택을 검색하여
[PAD2_6REC1_6]을 선택하고 [OK]를 클릭한다.

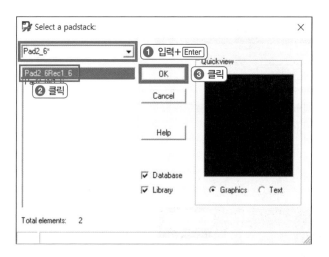

ㄹ. 옵션 창에서 핀의 옵션을 다음 그림과 같이 설정한다.

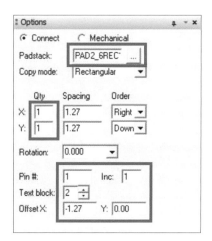

1. Padstack 확인
2. 축의 개수, 간격, 방향 입력
   X축 1개
   Y축 1개
3. Pin #(핀 숫자)
   1부터 시작해서 1씩 증가
4. 핀 번호의 text 크기를 2로 설정
5. 패드에서 왼쪽으로 1.27mm만큼 떨어진
   위치에 핀 번호 숫자 표시

ㅁ. 상태줄에 add pin이 표시된 것을 확인하고, Command 창에 1번 핀 좌표 [x 1.8,0]을 입력한 후 엔터([Enter.┘])를 누른다.

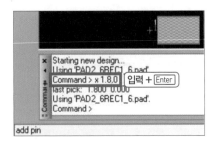

ㅂ. 상태줄에 add pin이 표시된 것을 확인하고, Command 창에 2번 핀 좌표 [x -1.8,0]을 입력한 후 엔터([Enter.┘])를 누른다.

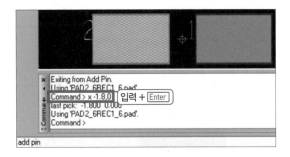

ㅅ. 키보드의 [F6]을 누르거나 MRB(마우스 오른쪽 버튼) 메뉴의 [Done]을 클릭해서 핀 입력을 완료한다.

F. 커패시터 D55의 부품 외곽선 작성

ㄱ. Assembly_TOP 면에 부품 외곽선 그리기

Package Geometry 〉 Assembly_TOP 면에 절대좌표를 이용하여 직선으로 부품 외곽선을 그린다.

❶ 메뉴바에서 [Add] 〉 [Line]을 클릭한다.

❷ 부품 외곽선을 그리는 것이므로 Option 창에서
 [Package Geometry], [Assembly_Top]으
 로 선택하고, 라인의 각도를 [45]로, 폭을 [0.1]
 로 설정한다.

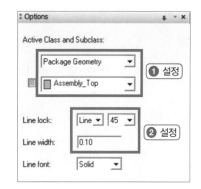

❸ 상태줄에 add line이 표시된 것을 확인하고, Command 창에 부품 외곽선 왼쪽 윗부분
 직선의 시작점을 절대좌표 [x −3.2,2.15]로 입력하고 엔터([Enter↵])를 누른다.

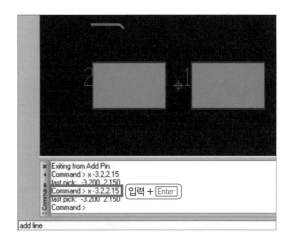

❹ 부품 외곽선을 따라서 차례로 절대좌표를 Command 창에 입력한다.

절대좌표 이용	절대좌표
x −3.2,2.15 [Enter↵] x 2.6,2.15 [Enter↵] x 3.2,1.55 [Enter↵] x 3.2,−1.55 [Enter↵] x 2.6,−2.15 [Enter↵] x −3.2,−2.15 [Enter↵] x −3.2,2.15 [Enter↵]	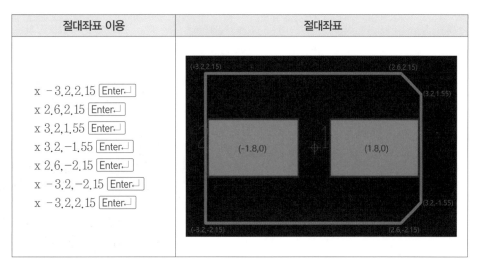

❺ 키보드의 F6을 누르거나 MRB(마우스
오른쪽 버튼) 메뉴의 Done을 클릭하여
Assembly_TOP 면에 부품 외곽선 그리
기를 마친다.

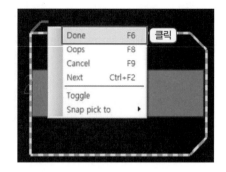

ㄴ. Silkscreen_TOP 면에 부품 외곽선 그리기

[Package Geometry] 〉 [Silkscreen_Top] 면에 절대좌표를 이용하여 직선으로 보드
외곽선을 그린다. 옵션 창에서 [Package_Geometry], [Silkscreen_top]을 선택하고
[Assembly_Top] 면에 그린 것과 같이 부품 외곽선을 한 번 더 그린다.

❶ 메뉴바에서 [Add] 〉 [Line]을 클릭한다.

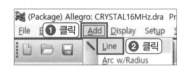

❷ 부품 외곽선을 그리는 것이므로 Option 창
에서 [Package Geometry], [Assembly_
Top]으로 선택하고, 라인의 각도를 [45]로,
폭을 [0.1]로 설정한다.

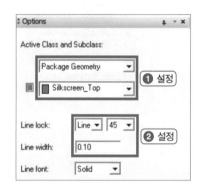

❸ 상태줄에 add line이 표시된 것
을 확인하고, Command 창에 부
품 외곽선 왼쪽 윗부분 직선의 시
작점을 절대좌표 [x −3.2,2.15]로
입력하고 엔터(Enter↵)를 누른다.

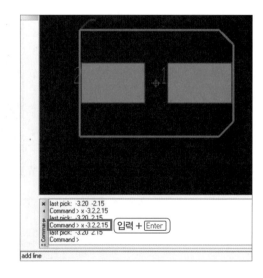

❹ 부품 외곽선을 따라서 차례로 절대좌표를 Command 창에 입력한다.

절대좌표 이용	절대좌표
x − 3.2, 2.15 [Enter↵] x 2.6, 2.15 [Enter↵] x 3.2, 1.55 [Enter↵] x 3.2, −1.55 [Enter↵] x 2.6, −2.15 [Enter↵] x − 3.2, −2.15 [Enter↵] x − 3.2, 2.15 [Enter↵]	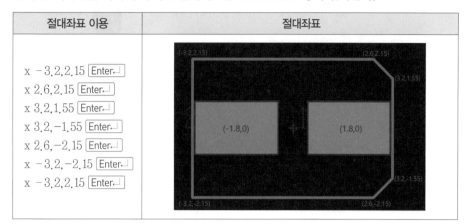

❺ 키보드의 F6을 누르거나 MRB(마우스 오른쪽 버튼) 메뉴의 [Done]을 클릭하여 Assembly_ TOP 면에 부품 외곽선 그리기를 마친다.

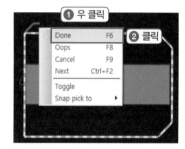

ㄷ. 부품 외곽선에 필렛을 적용한다.

❶ 메뉴바에서 [Dimension] > [Fillet]을 클릭한 후 Options 창에서 반지름을 0.5로 설정한다.

❷ 필렛을 적용할 모서리를 마우스로 드래그한다.

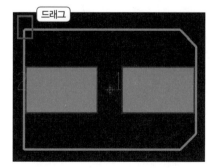
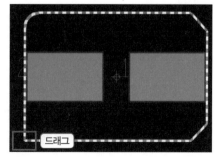

❸ 키보드의 F6을 누르거나 MRB(마우스 오른
쪽 버튼) 메뉴의 Done을 클릭하여 필렛 적
용을 마친다.

G. 커패시터 D55의 참조 문자(Prefix) 입력

ㄱ. 그리드(Grid) 설정(이미 그리드가 0.1로 설정되어 있으면 생략한다.)

그리드를 x축, y축 모두 [0.1]로 설정하고 Prefix를 입력하면 참조 문자를 원하는 위치에
입력할 수 있다.

❶ 메뉴바에서 [Setup] 〉 [Grid]를 클릭한다.

❷ 그리드 설정 창에서 x축, y축을 0.1로 설정하고 [OK]를 클릭한다.

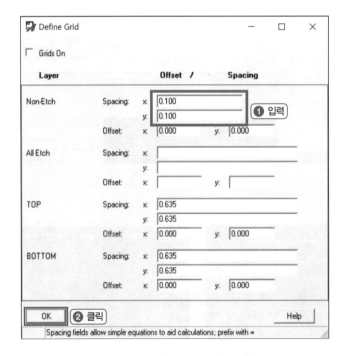

ㄴ. 메뉴바에서 [Layout] 〉 [Labels] 〉
[RefDes]를 클릭한다.

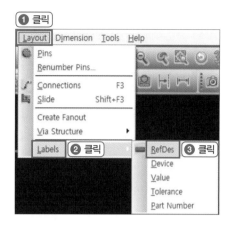

ㄷ. [RefDes] 〉 [Assembly_Top] 면에 참조 문자(Prefix) 입력

❶ 옵션 창에서 참조 문자(Prefix)를 입력
할 영역을 [RefDes], [Assembly_Top]
으로 선택하고, 참조 문자(Prefix)의 크
기를 2로 설정한다.

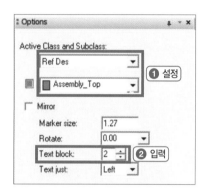

❷ 부품의 테두리 안에 참조 문자(Prefix)를
[C*]로 입력한다.

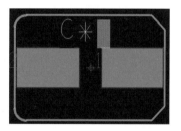

❸ 키보드의 F6을 누르거나 MRB(마우스 오른쪽 버튼) 메뉴의 [Done]을 클릭해서 참조
문자(Prefix) 입력을 완료한다.

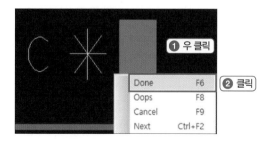

ㄹ. [RefDes] 〉 [Silkscreen_Top] 면에 참조 문자(Prefix) 입력

❶ 옵션 창에서 참조 문자(Prefix)를 입력할 영역을 [RefDes], [Silkscreen_Top]으로 선택하고, 참조 문자(Prefix)의 크기를 2로 설정한다.

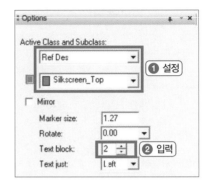

❷ 부품의 테두리 밖에 참조 문자(Prefix)를 [C*]로 입력한다.

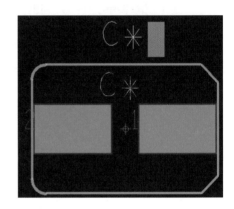

❸ 키보드의 F6을 누르거나 MRB(마우스 오른쪽 버튼) 메뉴의 [Done]을 클릭해서 참조 문자(Prefix) 입력을 완료한다.

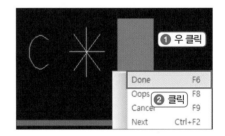

H. 커패시터 D55 부품의 보호 영역 설정

다른 부품이나 배선 등이 D55 부품의 영역을 침범하면 심각한 오류가 발생하므로 부품의 영역을 보호하는 조치를 취한다.

ㄱ. 메뉴바에서 [File] 〉 [Edit] 〉 [Z–Copy Shape]를 클릭한다.

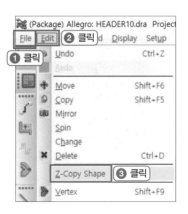

ㄴ. 옵션 창에서 보호할 영역을 [PACKAGE_GEOMETRY], [PLACE_BOUND_TOP] 면으로 설정하고, 방향을 **안쪽(Contract)** 으로 설정한다.

ㄷ. 커패시터 D55의 테두리를 클릭하면 부품의 영역에 격자무늬가 생기며 보호기능이 생긴다.

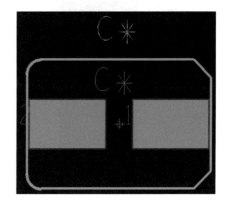

ㄹ. 키보드의 F6을 누르거나 MRB(마우스 오른쪽 버튼) 메뉴의 [Done]을 클릭하여 부품의 보호영역 설정(Z-Copy Shape)을 마친다.

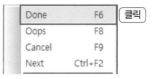

9) 직접 생성한 라이브러리(패드스택 및 Footprint 심벌) 추가

■ PCB 설계(Layout) 흐름

프로그램 실행	부품 확인	환경 설정	Board Outline 작성	hole 삽입	grid 및 color 설정	부품 배치	Constraint (설계규약) 설정	배선	카퍼	DRC	레퍼런스 정리	보드명 기입	Dimension 작성 (치수 기입)	드릴 파일 생성	거버 데이터 생성	거버 파일 인쇄
패드 디자이너		패드스택, 비아 생성														
라이브러리(풋프린트 심벌) 생성																
라이브러리 추가																

PCB Editor 프로그램에서 제공하지 않아서 직접 생성한 라이브러리(Footprint 심벌)의 경로를
설정해서 부품을 배치할 수 있도록 한다.

가. 메뉴바에서 [Setup] 〉 [User Preferences...]를 클릭한다.

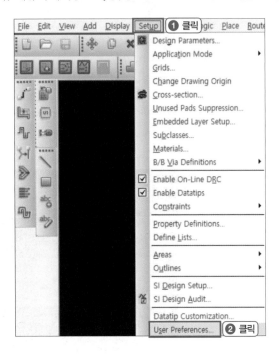

나. User Preferences Editor 창에서 Paths 폴더의 펼치기 아이콘(＋)을 클릭하고 Library 폴더
를 클릭한다.

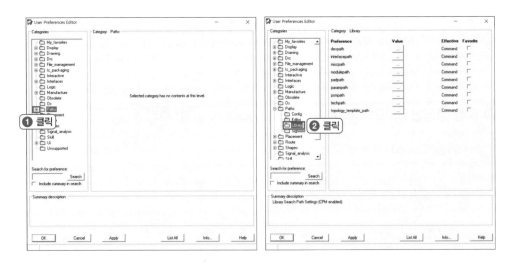

다. [padpath](직접 생성한 패드스택이 저장된 경로)를 추가한다.

A. padpath 행 Value 열의 ⬚ 버튼을 클릭한다.

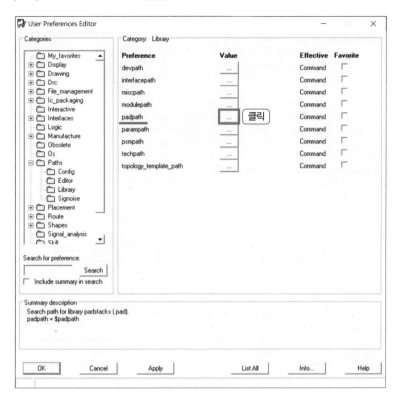

B. padpath Items 창에서 [라이브러리 삽입] 아이콘을
클릭한다.

C. 직접 생성한 패드스택이 저장된 경로를 설정하기 위
해 ⬚ 버튼을 클릭한다.

D. Select Directory 창에서 경로를 [바탕화면\06\06] 폴더로 설정하기 위해 [DESKTOP\06] 폴더를 더블 클릭한다.

E. [DESKTOP\06\06] 폴더를 더블 클릭한다.

F. 경로를 확인하고 [OK]를 클릭한다.

G. padpath Items 창에서 경로를 확인하고 [OK]를 누른다.

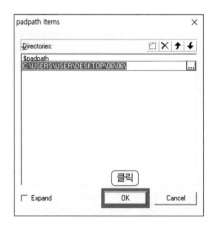

라. [psmpath](직접 생성한 풋프린트 심벌이 저장된 경로)를 추가한다.

A. psmpath 행 Value 열의 ⬚ 버튼을 클릭한다.

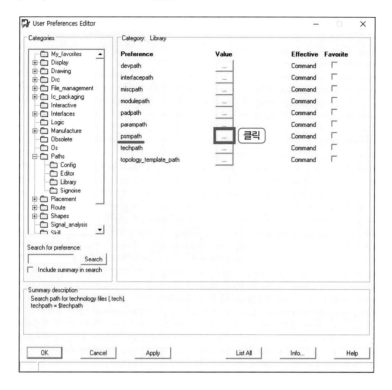

B. psmpath Items 창에서 [라이브러리 삽입] 아이콘을
클릭한다.

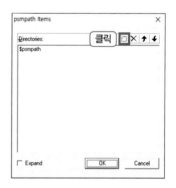

C. 직접 생성한 패드스택이 저장된 경로를 설정하기 위해
⬚ 버튼을 클릭한다.

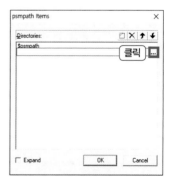

D. Select Directory 창에서 경로를 [바탕화면\06\
   06] 폴더로 설정하기 위해 [DESKTOP\06] 폴더
   를 더블 클릭한다.

E. [DESKTOP\06\06] 폴더를 더블 클릭한다.

F. 경로를 확인하고 [OK]를 클릭한다.

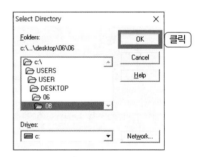

G. psmpath Items 창에서 경로를 확인하고 [OK]를
   누른다.

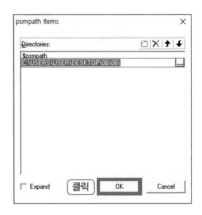

마. User Preferences Editor 창에서 [OK]를 클릭한다.

바. 직접 생성한 라이브러리 부품의 Footprint를 확인한다.

메뉴바에서 [place] 〉 [Manually...]를 클릭
하여 Placement 창에서 C10, C11, J1, J2,
U3, Y1의 Quickview를 확인한다.

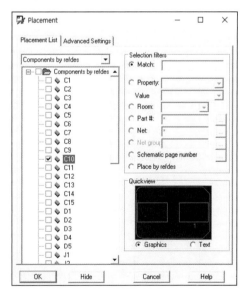

10) Component Placement(부품 배치)

부품 배치는 주요 부품(J1, J2) 배치와 그 외 부품 배치로 볼 수 있다. 주요 부품은 고정 부품으로 부
품의 좌표가 문제에서 정해져 있다. 이를 어길 시 불합격되므로 주의하자. 그 외 부품을 배치할 때

에는 회로 도면의 위치 및 연결사항 등을 참고하며 커다란 부품(U1~U5 등)을 먼저 배치한 후 각각의 커다란 부품과 연결된 부품을 가까이에 배치한다.

■ PCB 설계(Layout) 흐름

프로그램 실행	부품 확인	환경 설정	Board Outline 작성	hole 삽입	grid 및 color 설정	부품 배치	Constraint (설계규약) 설정	배선	카퍼	D R C	레퍼런스 정리	보드명 기입	Dimension 작성 (치수 기입)	드릴 파일 생성	거버 데이터 생성	거버 파일 인쇄
패드 디자이너			패드스택, 비아 생성													
라이브러리(풋프린트 심벌) 생성																
라이브러리 추가																

조건 과제 **2** PCB 설계(Layout) 바.

바. 부품 배치

    A. 주요 부품은 위 그림과 같이 배치하고, 그 외는 임의대로 배치하되, 부품은 TOP 면에만 실장한다.

    B. 부품을 실장할 때 이격거리를 고려하여 배치하고, IC와 LED 등 극성이 있는 부품은 되도록이면 동일한 방향으로 배열하여 배치한다.

가. 주요 부품(J1, J2) 배치

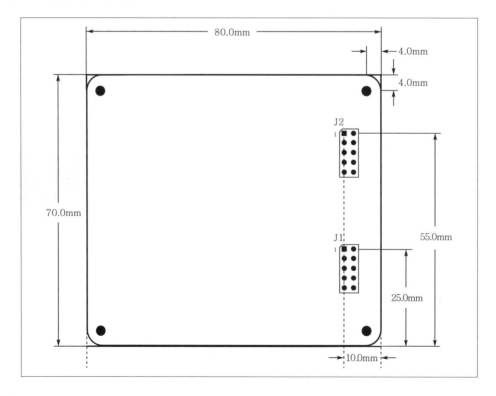

A. 메뉴바에서 [Place] 〉 [Manually]를 선택하거나 툴바에서 Place Manual 아이콘(▣)을 클릭한다.

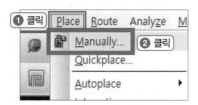

B. Placement 창에서 Placement List Tab을 선택한다. Components by refdes를 선택하여 아래 그림과 같이 [J1]의 체크박스를 클릭한다.

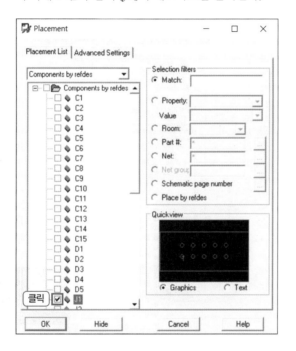

C. 부품 배치 시 부품을 회전할 경우 부품이 커서에 붙어 있는 상태에서 MRB(마우스 오른쪽 버튼) 메뉴의 [Rotate]를 클릭한다. 방향 핸들 키를 조정하여 원하는 방향이 되었을 때 클릭한다.

D. command 창에 절대좌표 **[x 70,25]**
를 입력하고 엔터(Enter.)를 누른
다.

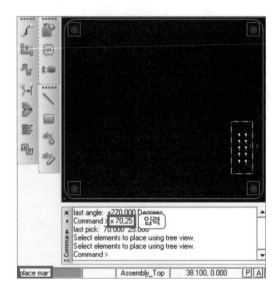

E. Placement 창에서 Placement List
Tab을 선택한다. Components by
refdes를 선택하여 아래 그림과 같이
[J2]의 체크박스를 클릭한다.

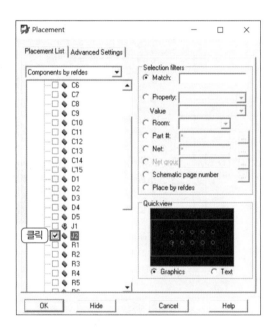

F. 부품 배치 시 부품을 회전할 경우 부품이 커서에 붙어 있는 상태에서 MRB(마우스 오른쪽
버튼) 메뉴의 **[Rotate]**를 클릭한다. 방향 핸들 키를 조정하여 원하는 방향이 되었을 때 클릭
한다.

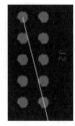

G. command 창에 절대좌표 **[x 70,55]**
를 입력하고 엔터(Enter↵)를 누른다.

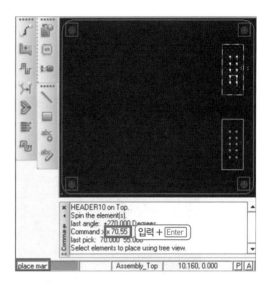

H. 키보드의 F6 을 누르거나 MRB(마우스 오른쪽 버튼) 메뉴에
서 **[Done]**을 클릭해서 주요 부품 배치를 완료한다.

클릭	Done	F6
	Oops	F8
	Cancel	F9

나. 그 외 부품 배치

A. 부품의 크기가 가장 크고 연결 부품이 많은 U1을 먼저 배치하고, 연결 부품이 많은 U4를
두 번째로 배치한다. U2, U3, U5를 적당한 위치에 놓는다.

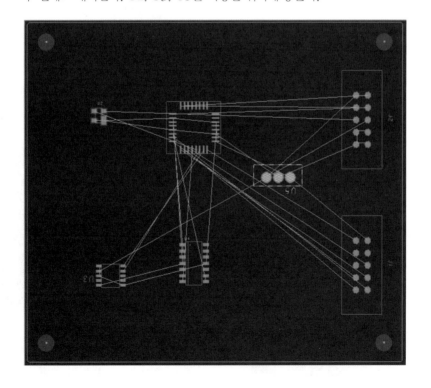

B. 회로 도면에서 U1 주변에 있는 부품을 작업 창(디자인 창)에서도 U1 주변에 놓고, 회로 도면에서 U2 주변에 있는 부품을 작업 창(디자인 창)에서도 U2 주변에 배치한다. C8~C13은 전압 안정을 위한 커패시터이므로 U1~U5 주변에 각각 배치한다.

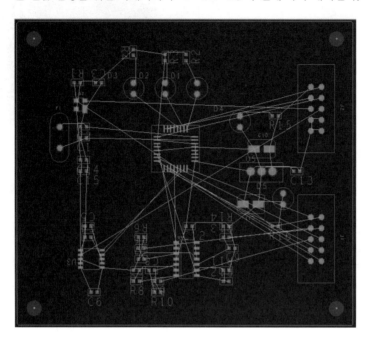

다. 부품 정렬하기

A. 툴바의 Placementedit 아이콘( )을 선택한다.

B. 부품만 보이도록 하기 위해 상태줄이 [Idle]인 것을 확인하고, [Unrats All] 아이콘을 클릭하여 안내선을 보이지 않도록 한다.

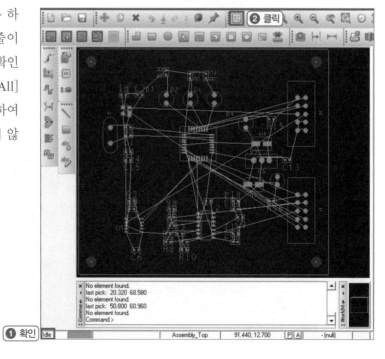

C. 정렬하고자 하는 부품을 드래그하여 선택하고 MRB(마우스 오른쪽 버튼) 메뉴의 [Align components]를 클릭한다.

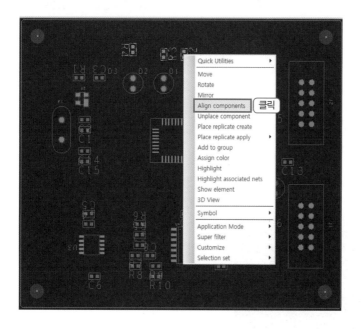

D. 키보드의 [F6]을 누르거나 MRB(마우스 오른쪽 버튼) 메뉴의 [Done]을 클릭해서 Idle 상태로 만든다.

E. 정렬하고자 하는 부품을 드래그해서 선택하고 MRB(마우스 오른쪽 버튼) 메뉴에서 [Align components]를 클릭하고, 키보드의 [F6]을 누르거나 MRB(마우스 오른쪽 버튼) 메뉴의 [Done]을 클릭해서 Idle 상태로 만든다.

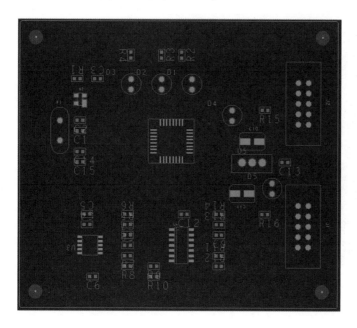

부품 배치

1. 부품을 배치할 때 OrCAD Capture의 회로 설계 도면을 참조하여 큰 부품(U1, U2...)부터 배치하고, 각 큰 부품의 주변에 있는 부품을 가까이에 배치한다.

2. PCB Editor 프로그램의 메뉴바에서 [Place] 〉 [Manually]를 클릭하여 Placement 창을 열어놓은 상태에서, OrCAD Capture 프로그램의 회로 설계 창에서 부품을 클릭 또는 드래그하여 하나 또는 여러 개의 부품을 선택한다. 그러면 OrCAD Capture 프로그램에서 선택한 부품이 PCB Editor 프로그램의 작업 창(디자인 창)에서 마우스 커서에 따라다닌다. 이러한 방법으로 배치하면 부품이 많고 복잡한 회로일 경우에 OrCAD Capture 프로그램의 설계 도면을 보다 효율적으로 참고하여 배치할 수 있다.

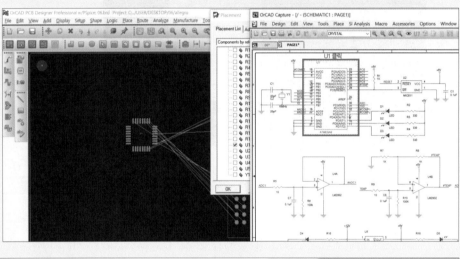

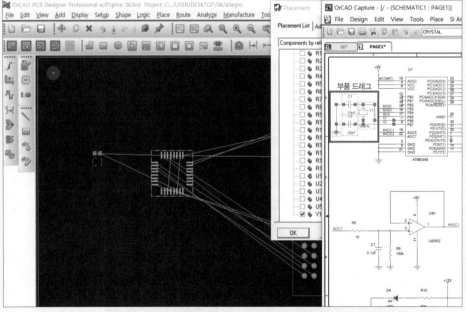

11) Constraint 설정 (설계 규약 설정)

Constraint란 PCB 설계 시 제약사항을 말하며, Net 두께, 네트와 카퍼 이격거리, DRC 조건 등을 설정한다.

■ PCB 설계(Layout) 흐름

프로그램 실행	부품 확인	환경 설정	Board Outline 작성	hole 삽입	grid 및 color 설정	부품 배치	Constraint (설계규약) 설정	배선	카퍼	DRC	레퍼런스 정리	보드명 기입	Dimension 작성 (치수 기입)	드릴 파일 생성	거버 데이터 생성	거버 파일 인쇄
패드 디자이너		패드스택, 비아 생성														
라이브러리(풋프린트 심벌) 생성																
라이브러리 추가																

조건 과제 2 PCB 설계(Layout)의 사, 차.

사. 네트(NET)의 폭(두께)

네트명	폭(두께)
+12V, +5V, GND, X1, X2	0.5mm
그 외 일반선	0.3mm

차. 비아(Via)의 설정

비아의 종류	드릴 홀 크기(hole size)	패드 크기(pad size)
Power Via(전원선 연결)	0.4mm	0.8mm
Stadard Via(그 외 연결)	0.3mm	0.6mm

가. Allegro Constraints Manager 창 열기

메뉴바에서 [Setup] 〉 [Constraints] 〉 [Constraint Manager]를 선택하거나 툴바의 Cmgr아이콘(▦)을 클릭한다.

나. Physical

Worksheet selector의 Physical 부분에서는 전기적 속성을 가진 Net 두께 및 Via 등을 설정한다. Spacing 부분에서는 네트와 카퍼와의 이격거리, DRC 조건을 설정한다.

A. 일반선 라인 두께 및 Stadard Via 설정

ㄱ. 일반선 라인 두께 0.3mm를 설정하기 위해 Physical의 All Layers를 클릭한다. Line Width 부분의 [DEFAULT] 행 [Min] 열에 **[0.3]**을 입력한다.

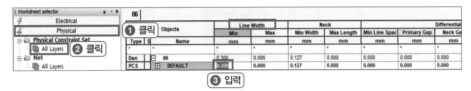

ㄴ. 일반선을 입력할 때 Via를 사용하면 항상 [STADARD_VIA0_3C0_6]이 사용되도록 설정하기 위해 Vias 부분의 **[VIA]**를 클릭한다.

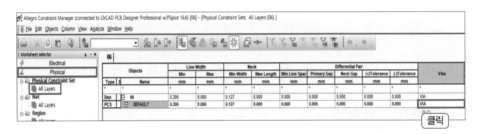

ㄷ. Edit Via List 창에서 그림과 같이 체크한 후 [Filter by name:]에 **[STAD]**를 입력하고 [Select a via from the library or the database:]에서 **[STADARD_VIA0_3C0_6]**을 더블 클릭하여 [Via list:]에 추가한다.

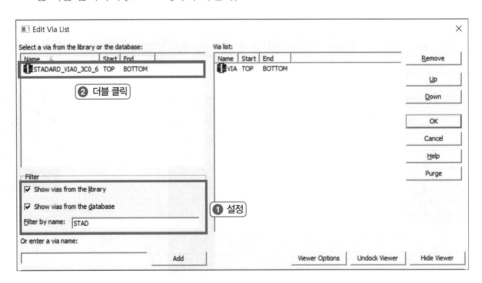

ㄹ. [Via list:]에 [STADARD_VIA0_3C0_6]만 남기기 위해서 [VIA]를 클릭하고 [Remove]를 클릭한다.

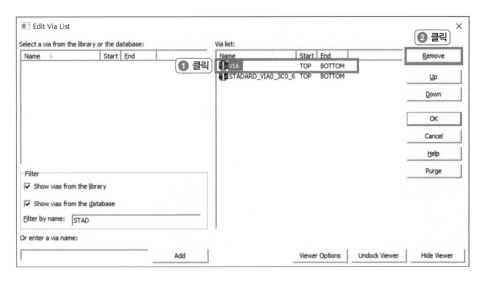

ㅁ. [OK]를 클릭한다.

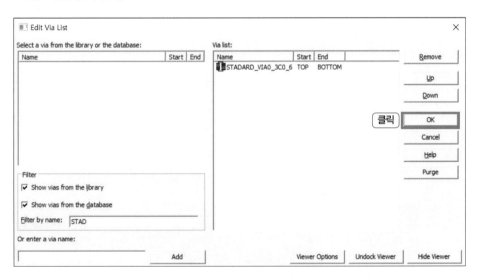

B. POWER_LINE(+12V, +5V, GND, X1, X2) 및 Power Via 추가

ㄱ. 파워선을 추가하기 위해 DEFAULT 위에 마우스 커서를 올리고 MRB(마우스 오른쪽 버튼)을 클릭하여 메뉴에서 **[Create]** 〉 **[Physical CSet]**을 클릭한다.

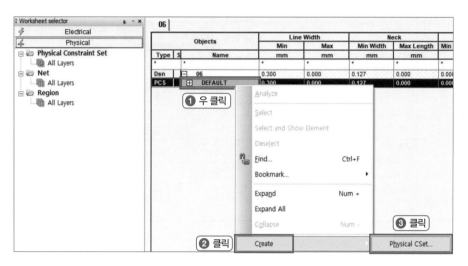

ㄴ. Create Physical CSet 창에서 파워선의 이름을 Physical CSet:에 **[POWER_LINE]**으로 입력하고 [OK]를 클릭한다.

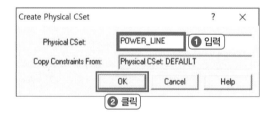

ㄷ. Line Width 부분의 [POWER_LINE] 행 Min 열에 **[0.5]**를 입력한다.

ㄹ. 파워선을 입력할 때 Via를 사용하면 항상 [POWER_VIA0_4C0_8]이 사용되도록 설정하기 위해 Vias 부분의 [STADARD_VIA0_3C0_6]을 클릭한다.

ㅁ. Edit Via List 창에서 그림과 같이 체크한 후 [Filter by name:]에 **[POW]**를 입력하고
 [Select a via from the library or the database:]에서 **[POWER_VIA0_4C0_8]**을
 더블 클릭하여 [Via list:]에 추가한다.

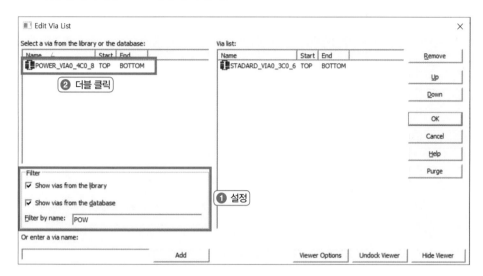

ㅂ. [Via list:]에 [POWER_VIA0_4C0_8]만 남기기 위해서 [STADARD_VIA0_3C0_6]을
 클릭하고 [Remove]를 클릭한다.

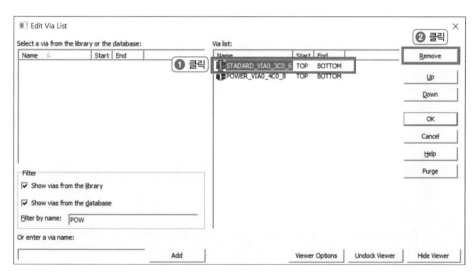

ㅅ. [OK]를 클릭한다.

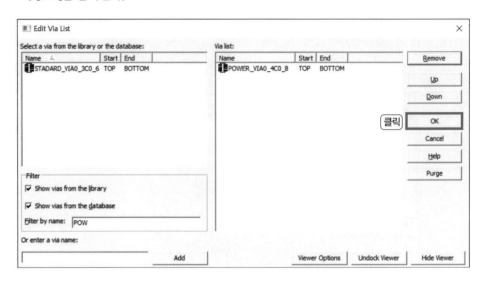

C. +12V, +5V, GND, X1, X2 배선에 정의된 POWER_LINE 적용하기

ㄱ. +5V의 [Referenced Physical CSet] 열을 클릭하면 나타나는 콤보 리스트에서 [POWER_LINE]을 선택한다.

ㄴ. +12V, GND, X1, X2에서도 [Referenced Physical CSet] 열을 클릭하면 나타나는 콤보 리스트에서 [POWER_LINE]을 선택한다.

다. Spacing

네트와 카퍼와의 이격거리, DRC 조건을 설정한다. 스페이싱은 공간이라는 뜻으로 이격거리와 같은 개념이다.

조건 과제 2 PCB 설계(Layout)의 타, 파.

타. 카퍼(Copper Pour)

B. 보드 외곽으로부터 0.5mm 이격을 두고 카퍼 처리한다.

C. 모든 네트와 카퍼와의 이격거리(Clearance)는 0.5mm, 단열판과 GND 네트 사이 연결선의 두께는 0.5mm로 설정한다.

파. DRC(Design Rule Check)

A. 모든 조건은 default 값(Clearance: 0.254mm)을 따른다.

A. Worksheet selector 창 아래쪽의 Spacing 부분을 클릭한다.

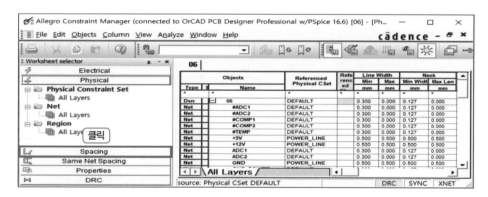

B. Spacing Constraint Set의 All Layers를 클릭하여 Line, Pins, Vias를 **[0.254]**로 모두 입력한다. (DRC Clearance: 0.254mm)

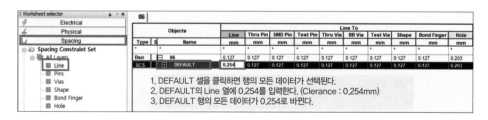

1. DEFAULT 셀을 클릭하면 행의 모든 데이터가 선택된다.
2. DEFAULT의 Line 열에 0.254를 입력한다. (Clearance : 0.254mm)
3. DEFAULT 행의 모든 데이터가 0.254로 바뀐다.

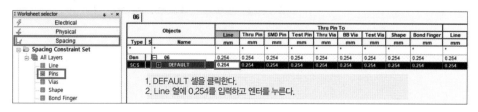

1. DEFAULT 셀을 클릭한다.
2. Line 열에 0.254를 입력하고 엔터를 누른다.

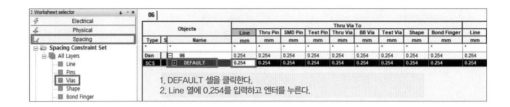

C. [Spacing Constraint Set] > [All Layers] > [Shape]를 클릭하고 모두 [0.5]를 입력한다.
(모든 네트와 카퍼와의 이격거리: 0.5mm)

라. Same Net Spacing

A. Worksheet selector 아래쪽의 [Same Net Spacing]을 클릭한다.

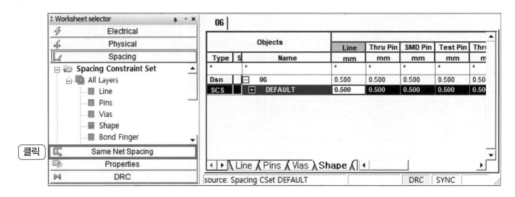

B. Same Net Spacing Constraint Set의 All Layers를 클릭하여 [Shape]의 [DEFAULT] 행을 0.5로 입력한다. (모든 네트와 카퍼와의 이격거리(Clearance)는 0.5mm이고, 카퍼도 GND속성이므로 Same Net Spacing을 0.5mm로 설정한다.)

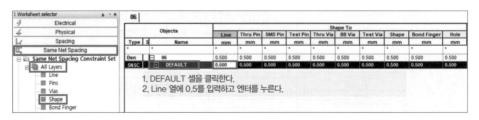

마. GND 배선 숨기기

배선 완료 후 Bottom Layer에 Copper Area를 GND 속성으로 설정하기 때문에 GND 안내선을 숨긴다. (배선 시 GND를 제외한 다른 패턴들만 배선함)

A. Worksheet selector 아래쪽의 **Properties**를 클릭한다.

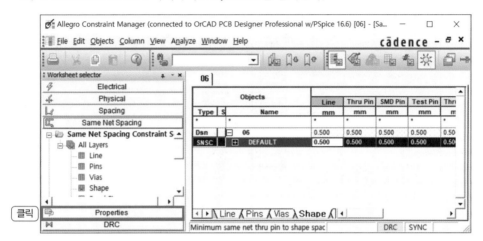

B. NET 폴더 부분의 General Properties를 클릭하고, GND 행의 NO Rat 부분을 ON으로 설정하여 GND 안내선들을 숨긴다.

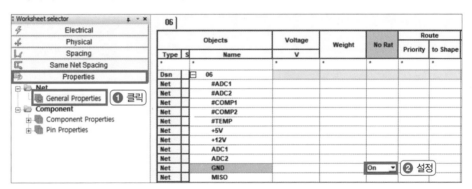

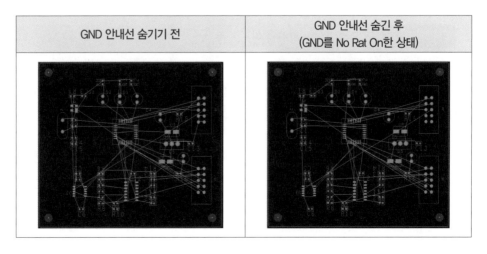

GND 안내선 숨기기 전	GND 안내선 숨긴 후 (GND를 No Rat On한 상태)

C. 기본적인 설정이 완료되었으므로 메뉴바에서 [File] 〉 [Close]를 선택하거나 오른쪽 상단의
   X를 선택하여 작업 창(디자인 창)으로 복귀한다.

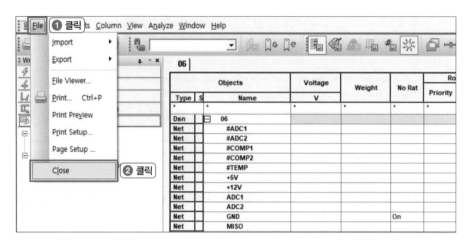

12) Route(배선)

SMD 타입의 부품에 배선을 연결할 때 반드시 TOP 면에서 연결해야 함을 기억하자.

TOP 면에서 가로 배선을 우선으로 하되 안내선이 짧은 것을 먼저 배선하면 Via를 적게 쓰고 배선
하기에 유리하다.

▣ PCB 설계(Layout) 흐름

조건 과제 1 PCB 설계(Layout)의 아.

아. 배선

   A. 배선은 양면(TOP, BOTTOM)에서 한다. (자동 배선을 하면 실격 처리됨)
   B. 배선 경로는 최대한 짧게 한다. 100% 배선하고, 직각 배선은 하지 않는다.
   C. 각 Layer에 가급적 배선 방향 기준을 정하는 것이 좋다. 예를 들어 배선 방향의 기
      준이 TOP Layer에 수평이면, BOTTOM Layer에 수직[또는 TOP Layer에 수직이면,
      BOTTOM Layer에 수평]으로 배선한다.

가. 메뉴바에서 [Route] 〉 [Connect] 또는 툴바의 Add Connect 아이콘( )을 클릭한다. 옵션
창에서 라인의 각도를 45, 라인 폭이 0.3인 것을 확인한다.

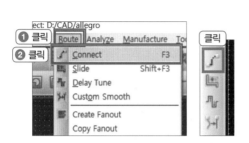 

나. 상태줄에서 상태가 add connect인 것을 확인하고, 배선 작업 시 우측 Control Panel의
Options Tab 등을 확인하여 설계하고자 하는 Board 환경에 맞게 적절히 설정한 후 연결
된 가상선에 따라 각 단자(Pin)를 클릭하여 배선한다. (되도록이면 TOP 면에 수평 배선,
BOTTOM 면에 수직 배선을 한다. TOP 면에 수직 배선, BOTTOM 면에는 수평 배선을 해
도 된다. 이는 배선을 일관성 있으면서 편리하게 하는 방법이 될 수 있다. 또한 SMD 부품의 핀
은 TOP 면에서 배선이 연결되어야 하므로 되도록 TOP 면에 많은 배선을 하는 것이 좋다.)

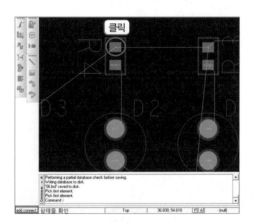 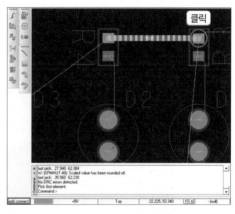

• Act와 Alt – Active와 Alternate Subclass는 현재 작업되어지는
Layer를 결정
• Via – 현재 사용 중인 Via명을 나타냄
• Line Lock – Line 또는 Arc 및 Angle 설정
• Miter – Miter Size의 Value를 설정
• Bubble – Off, Hug only, Shove Preferred
• Gridless – 추가된 Etch에 Routing Grid로 Snap을 줄 것인지 결정
• Smooth – Off, Minimal, Full
• Replace Etch – 삭제하거나 추가하지 않고 기존의 Trace 경로를
변경

다. TOP 면 배선

A. 메뉴바에서 [Route] > [Connect] 또는 툴바의 Add Connect 아이콘(🎵)을 클릭한다.

B. Options 창에서 해당 내용을 입력한 후 안내선을 참조하여 각 연결단자를 클릭하여 배선한다. (주의: Option 창의 Act 영역에 TOP 면이 설정되어있는지 확인 후 배선하기)

C. 안내선이 교차되지 않으며 가로로 되어 있는 선을 최대한 가능한 만큼 배선한다.

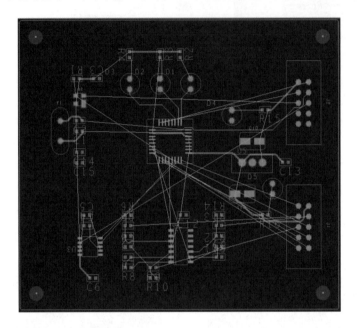

D. SMD 타입의 부품에 배선할 때 반드시 TOP 면에서 연결해야 하므로 안내선이 교차되지 않으며, 세로로 되어 있는 선을 최대한 가능한 만큼 배선한다.

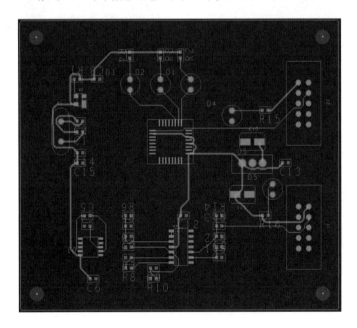

라. Via를 사용하여 TOP 면, BOTTOM 면 혼합 배선

Via를 사용하여 배선하되 Via를 사용하면 작업하던 Layer가 자동으로 변경된다. 한편, Layer 변경 방법은 MRB(마우스 오른쪽 버튼) 메뉴에서 **[Swap Layers]**를 클릭하여 변경해도 되며, 또는 키보드의 ⊞, ⊟ 키를 이용하여 변경한다. 이때 SMD 타입 부품은 TOP 면에 배선해야 함을 주의하자.

A. SMD 타입 부품과 DIP 타입 부품의 연결

ㄱ. 상태줄에서 명령어가 add connect, 옵션 창에서 활동 영역이 TOP 면인 것을 확인한 후 SMD 타입 부품의 단자를 클릭하고 TOP 면에서 일부 배선을 한 후 클릭, MRB(마우스 오른쪽 버튼)을 누르고 메뉴 중 **[Add Via]**를 클릭하면 비아홀이 생기며 활동 영역 이 BOTTOM 면으로 바뀐다.

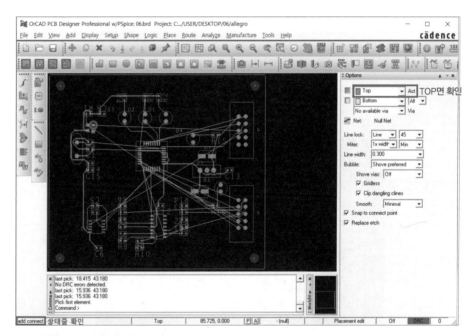

ㄴ. DIP 타입 부품은 BOTTOM 면에서 입력해도 되므로 그대로 배선을 마무리한다.

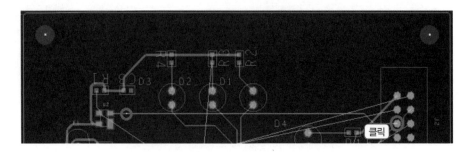

B. SMD 타입 부품과 SMD 타입 부품의 연결

ㄱ. 상태줄에서 명령어가 add connect, 옵션 창에서 활동 영역이 TOP 면인 것을 확인한 후 SMD 타입 부품의 단자를 클릭하고 TOP 면에서 일부 배선을 한 후 클릭, MRB(마우스 오른쪽 버튼)을 누르고 메뉴 중 **[Add Via]**를 클릭하면 비아홀이 생기며 활동 영역이 BOTTOM 면으로 바뀐다.

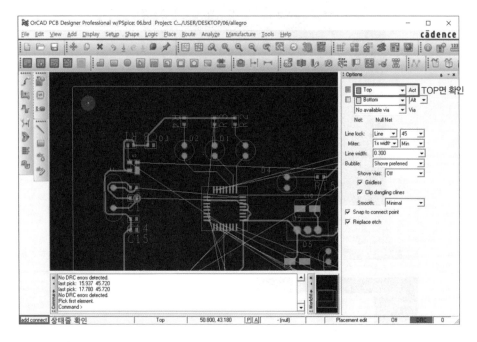

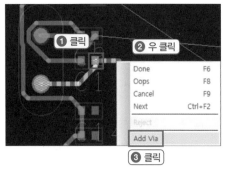

ㄴ. SMD 타입 부품은 TOP 면에서 배선해야 되므로 (교차되는 배선이 있는 부분을 지난 지점에서) 클릭, MRB(마우스 오른쪽 버튼)을 누르고 메뉴 중 [**Add Via**]를 클릭하여 비 아홀을 만들고 활동 영역을 TOP 면으로 바꾼 후 배선을 마무리한다.

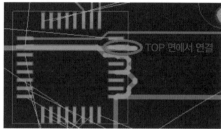

ㄷ. 안내선이 짧은 것부터 긴 순서로, 배선끼리 교차하는 부분에서 Via를 사용하여 배선한 다.

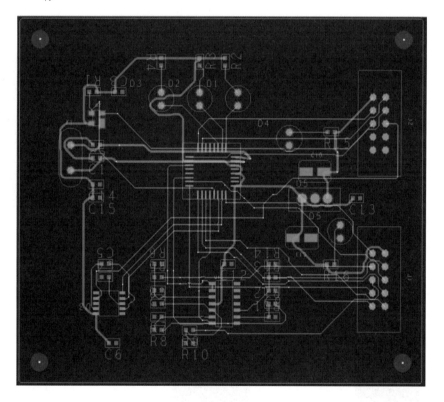

마. 배선 정리

배선을 완료한 후에 Etchedit(배선 편집 ▦) 모드로 설정하고, 다음 표의 아이콘을 이용하여 배선을 정리한다. 가장 많이 사용하는 메뉴는 Custom Smooth(ᄉ)와 Slide(ᅳ)이다.

	Add Connect: Pin들 사이에 전기적인 접속을 만들기 위한 배선 명령으로 핀 간 라우팅을 새로 그릴 수 있는 기능
	Slide: 기존 배선들을 Slide하여 이동시키는 배선 편집 기능
	Delay Tune: 배선의 길이를 맞출 때 사용하며, 완전하게 연결된 NET들이 Delay Constraint 조건을 만족하지 못하였을 경우, Etch를 추가하거나 제거하면 Delay 조건을 충족하도록 Tuning 하는 기능
	Custom Smooth: 곡선이나 꺾인 Etch를 직선으로 바꿀 수 있다. 대화식으로 배선(수동 배선)된 Trace들에 대하여 Smooth 또는 Gloss(매끈하게) 하는 기능
	Vertex: 기존 배선들의 꼭짓점을 수정(추가, 삭제)할 수 있는 기능

A. Custom Smooth( )를 선택한 후에 보드 전체를 드래그하여 선택하면 구불구불하던 선이 최적화되는 것을 확인할 수 있다.

B. Slide( )를 선택한 후에 가까이 붙어 있거나 이동하고자 하는 배선을 클릭한 후 드래그하여 클릭하면 배선이 이동되는 것을 확인할 수 있다.

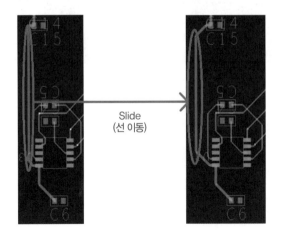

Slide
(선 이동)

13) Copper area 작성

카퍼는 단열판으로의 역할을 한다.

▣ PCB 설계(Layout) 흐름

프로그램 실행	부품 확인	환경 설정	Board Outline 작성	hole 삽입	grid 및 color 설정	부품 배치	Constraint (설계규약) 설정	배선	카퍼	DRC	레퍼런스 정리	보드명 기입	Dimension 작성 (치수 기입)	드릴 파일 생성	거버 데이터 생성	거버 파일 인쇄

패드 디자이너 / 패드스택, 비아 생성
라이브러리(풋프린트 심벌) 생성
라이브러리 추가

> **조건 과제 1** PCB 설계(Layout)의 타, 하.

타. 카퍼(Copper Pour)

A. 보드의 카퍼는 Bottom Layer에만 GND 속성으로 처리한다.

B. 보드 외곽으로부터 0.5mm 이격을 두고 카퍼 처리한다.

C. 모든 네트와 카퍼와의 이격거리(Clearance)는 0.5mm, 단열판과 GND 네트 사이 연결선의 두께는 0.5mm로 설정한다.

하. PCB 제조에 필요한 데이터의 생성

A. 양면 PCB 제조에 필요한 데이터 파일(거버 데이터(RS274-X) 등)을 모두 생성한다.

가. 거버 데이터의 포맷 RS274-X 설정 및 연결선 두께 0.5mm 설정

A. 메뉴바에서 [Shape] 〉 [Global dynamic Params]를 선택한다.

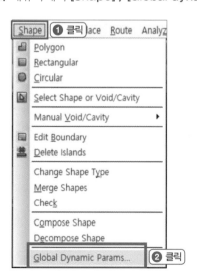

B. 거버 데이터의 포맷을 RS274-X로 설정하기 위해 Void control 탭으로 이동하여 Artwork format(거버 포맷)을 **[Gerber RS274X]**로 선택한다.

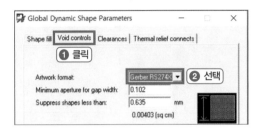

C. 카퍼가 단열판 역할을 하기 때문에 최소 1개가 연결되어도 동작이 가능하도록 [Thermal relief connects Tab]을 선택한 후 [Minimum connects]를 1로 설정하고, 문제에서 단열판과 GND 네트 사이 연결선의 두께는 0.5mm로 조건이 주어졌으므로 [Use fixed thermal width of:]에 **0.5**를 입력하고 [OK]를 클릭하거나 엔터([Enter.◄])를 누른다.

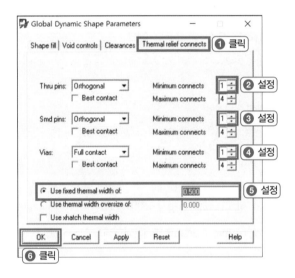

나. Route Keepin 영역 설정

보드 외곽선에서 0.1mm 이격을 두고 카퍼를 씌워야 하므로, Z-Copy를 이용하여 Route Keepin 영역을 보드 외곽선에서 0.1mm 이격을 두고 만든다. 이때 Cloor/Visibility에서 Route Keepin 영역이 보이도록 설정하고, 카퍼의 색을 알아보기 쉽게 변경한다.

A. 메뉴바에서 **[Display] > [Color/Visibillity]**를 선택하거나 툴바의 Color 아이콘(▦)을 클릭한다.

B. Areas를 클릭하고 오른쪽 표 Subclasses에서 Pkg KI의 All을 선택하고 [Apply]를 클릭한다.

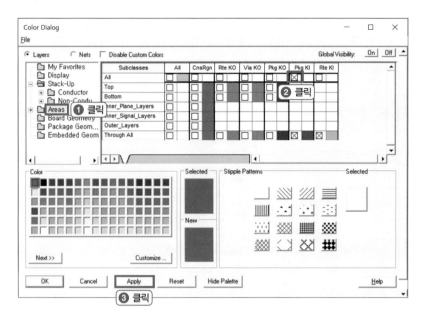

C. [Nets]를 선택하기 위한 원을 클릭하고 [Color]에서 원하는 색상을 클릭하여 정한 후 GND Net 열의 색상 부분을 클릭하여 적용한다.

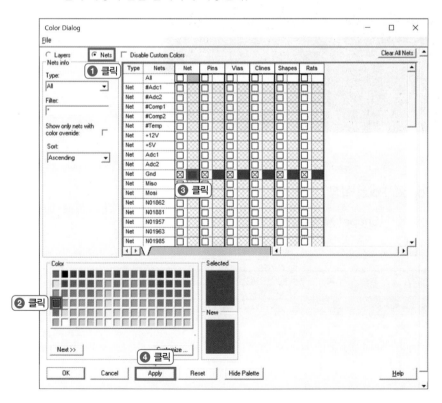

D. [OK]를 클릭하여 Color Display 설정을 마친다.

E. 메뉴바에서 **[Edit] ⟩ [Z−Copy]**를 클릭한 후, 옵션 창에서 [Copy to Class/Subclass:]에 [ROUTE KEEPIN], [ALL]을 선택하고, 보드 외곽선에서 안쪽으로 카퍼를 씌워야 하므로 [Size:]를 [Contract]로 0.1mm 이격하므로 [Offset:]에 0.1을 입력한다.

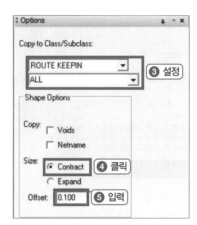

F. 보드 외곽선을 클릭하면 Route Keepin영역이 생긴다.

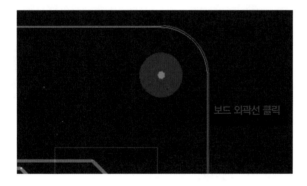

다. 카퍼(Copper Pour) 설정

A. 메뉴바에서 **[Shape] ⟩ [Rectangular]**를 선택한다.

B. Control Panel의 Options 탭에서 [Active Class and Subclass:]를 [Etch], [Bottom]으로 설정하고, [Assign net name:]을 [Gnd]로 설정한다.

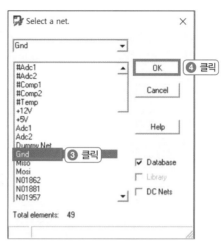

C. 보드 전체를 드래그하여 선택하면 카퍼가 씌워지는 것을 확인할 수 있다.

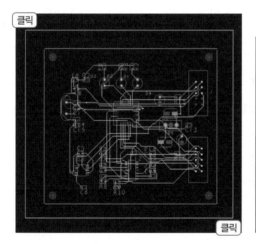
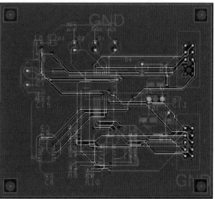

D. 키보드의 F6을 누르거나 MRB(마우스 오른쪽 버튼) 메뉴에서 [Done]을 클릭해서 Copper Area 작성을 완료한다.

라. TOP 면의 GND 연결하기

GND 속성으로 된 카퍼를 BOTTOM 면에 씌웠기 때문에 BOTTOM 면의 GND는 자동으로 연결되지만, TOP 면의 GND는 연결이 되지 않는다. 따라서 GND 선을 보이게 하고, Via를 이용해서 GND 선을 BOTTOM 면의 카퍼에 연결한다.

A. 메뉴바에서 [Setup] 〉 [Constraints] 〉 [Constraint Manager]를 선택하거나 툴바의 Cmgr 아이콘(▦)을 클릭한다.

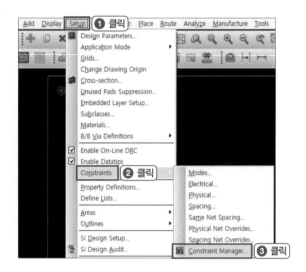

B. Worksheet selector 아래쪽의 Properties를 클릭한다.

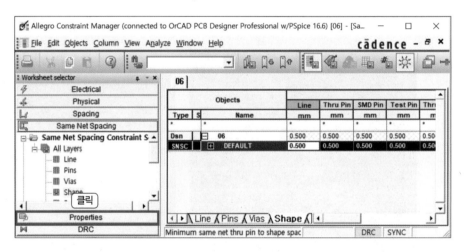

C. NET 폴더 부분의 **General Properties**를 클릭하고, GND 행의 NO Rat 열이 ON으로 설정되어 숨겨진 GND 안내선들을 (clear)로 설정하여 보이게 한다.

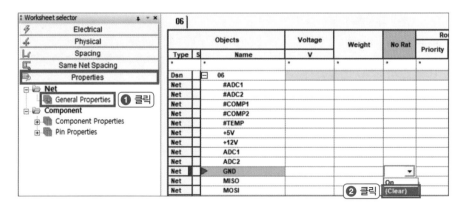

D. 메뉴바에서 [File] > [Close]를 선택하거나 오른쪽 상단의 X를 선택하여 설계 창(디자인 창)
으로 복귀한다.

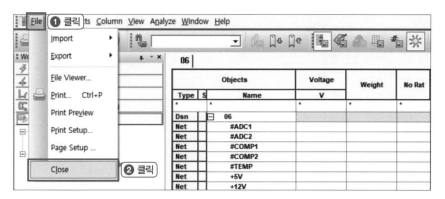

E. Add Connect 아이콘을 클릭하고, Visibility 창 및 Options 창을 그림과 같이 설정한 후에
Gnd 안내선이 연결된 단자를 클릭하고 MRB(마우스 오른쪽 버튼) 메뉴에서 [Add Via]를
클릭하여 Gnd 속성이 부여된 카퍼와 연결한다.

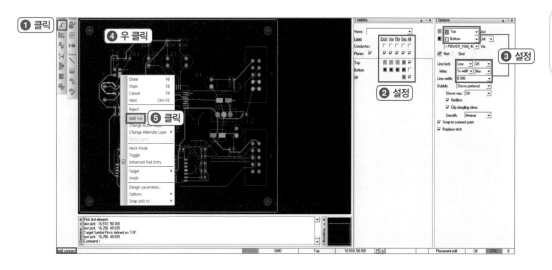

꿀팁! Gnd 속성 자동 부여

1. 메뉴바에서 [Route Create Fanout]을 클릭한다.

2. Visibility 창, Find 창, Options 창을 그림과 같이 설정한다. (단, Via가 생기는 방향은 상황에 맞게
   Options 창의 Via Direction 콤보박스에서 선택한다.)

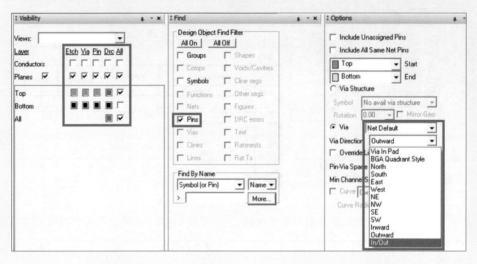

14) DRC(Design Rule Check: 작업 상태 확인 및 에러 체크)

■ PCB 설계(Layout) 흐름

프로그램 실행	부품 확인	환경 설정	Board Outline 작성	hole 삽입	grid 및 color 설정	부품 배치	Constraint (설계규약) 설정	배선	카퍼	D R C	레퍼런스 정리	보드명 기입	Dimension 작성 (치수 기입)	드릴 파일 생성	거버 데이터 생성	거버 파일 인쇄
패드 디자이너		패드스택, 비아 생성														
라이브러리(풋프린트 심벌) 생성																
라이브러리 추가																

PCB 설계(Layout)의 파.

파. DRC(Design Rule Check)
   A. 모든 조건은 default 값(Clearance: 0.254mm)을 따른다.
   B. DRC 검사(설계규칙검사)를 해서 에러가 있으면 수정하여 DRC(설계규칙검사)를
      다시 하고, 에러가 없으면 감독위원에게 확인을 받는다. (감독위원에게 DRC(설계
      규칙검사) 결과 에러가 없다는 것을 확인받지 못하면 실격 처리됨)

가. 메뉴바에서 [Display] 〉 [Status]를 선택한다.

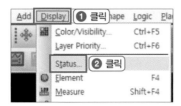

나. 다음과 같이 상태박스가 모두 녹색일 경우가 정상이다. Error가 있을 경우는 빨강 또는 노랑으로 나타난다. Error 확인은 각각 빨강 또는 노랑의 Color Check Box를 클릭하여 확인 가능하다. Check Box 부분이 클릭이 안 될 경우 메뉴바에서 [Tools] 〉 [Report] 〉 [Unconnected Pins Report]나 [Unplaced Components Report] 또는 [Design Rule Check Report] 등을 선택하여 확인할 수 있다. 모든 error를 수정 후 다음 단계로 넘어가도록 한다.

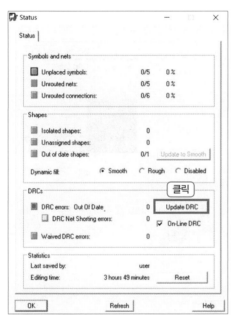
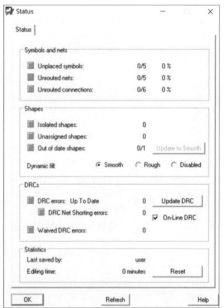

다. 만약 연결되지 않은 배선이 있을 경우 다음 그림과 같은 창이 뜬다. 이때, Unrouted connections 왼쪽의 버튼을 클릭하면 Unconnected Rons Report 창이 뜨고, 여기에서 연결되지 않은 단자의 좌표를 클릭하면 해당 위치를 PCB Editor의 Layout 창에서 보여준다. GND가 연결되지 않았을 경우 Via를 이용하여 연결한다. 또는 독립된 단자를 연결해주기 위해 메뉴바에서 [Route] 〉 [Connect(F3)]를 선택하여 Copper 영역과 연결해줄 수 있으며, 또는 Slide 기능을 이용하여 Clines를 옮겨 독립된 단자가 동박과 연결될 수 있도록 영역을 확보해주는 방법도 있다. (영역이 확보되면 자동 연결됨)

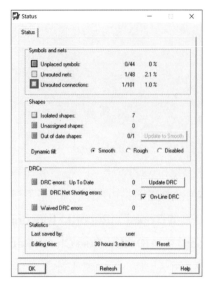

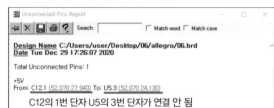

C12의 1번 단자 U5의 3번 단자가 연결 안 됨

라. Isolated 영역(Gnd의 영향이 미치지 않도록 고립된 영역)이 있는 경우에 제거

   A. 메뉴바에서 [Shape] > [Delete Islands]를 선택한다.

   B. 연결되지 않은 Copper 찌꺼기(Island)가 있으면 그림과 같이 Isolated shapes의 왼쪽 버튼이 노란색으로 나타난다. 노란색 버튼을 클릭하면 Isolated shapes 창이 뜬다. 이 창에서 좌표를 클릭하면 Island의 위치를 파악할 수 있다.

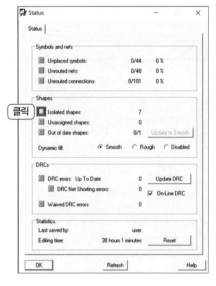

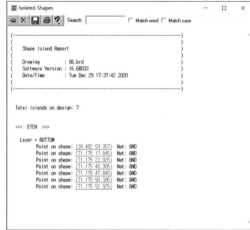

C. 옵션 창에서 **[Delete all on layer]**를 클릭하여 한꺼번에 삭제하거나, 작업 창(디자인 창)에서 Island를 선택하고 옵션 창에 있는 **[First]**를 클릭하여 하나씩 확인하며 삭제할 수 있다. 만약 카퍼 찌꺼기가 없는 경우 이 작업은 생략한다.

마. 만약 카퍼 찌꺼기 영역 안에 [Fanout]이나 [Via]를 통해 Gnd 속성의 카퍼와 연결되어 있다면, 배선을 Slide해서 카퍼 찌꺼기 영역을 없애거나, Gnd 핀끼리 연결하고 카퍼 찌꺼기 영역을 벗어난 곳에서 카퍼 영역과 연결하도록 한다.

TOP 면	BOTTOM 면
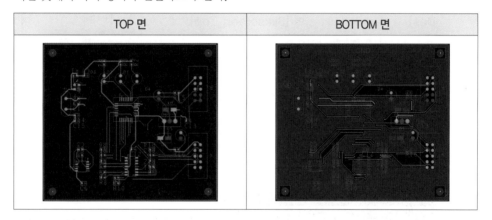	

15) 레퍼런스(Reference) 정리

레퍼런스 정리할 때 주의해야 할 사항은 각종 실크 데이터(Silk Data)와 패드가 겹치는 경우에 실크 데이터로 인해 납땜이 불안정하여 불량의 오류가 되고, 전자캐드기능사 시험에서는 불합격 처리되므로 레퍼런스를 반드시 부품의 외부에 배치한다.

▣ PCB 설계(Layout) 흐름

프로그램 실행	부품 확인	환경 설정	Board Outline 작성	hole 삽입	grid 및 color 설정	부품 배치	Constraint (설계규약) 설정	배선	카퍼	D R C	레퍼런스 정리	보드명 기입	Dimension 작성 (치수 기입)	드릴 파일 생성	거버 데이터 생성	거버 파일 인쇄
패드 디자이너			패드스택, 비아 생성													
라이브러리(풋프린트 심벌) 생성																
라이브러리 추가																

카. 실크 데이터(Silk Data)

A. 실크 데이터의 부품 번호는 한 방향으로 정렬하고, 불필요한 데이터는 삭제한다.

가. Reference 크기를 일정하게 한다.

A. 메뉴바에서 [Edit] > [Change]를 선택한다.

B. Control Panel의 Options 창에서 Class:에 [Ref Des]로, New subclass:에 [Silkscreen_Top]으로, Text block은 [3(또는 2)]으로 설정한다.

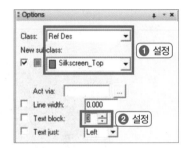

C. PCB Board 전체를 드래그하여 텍스트 크기를 3으로 균일하게 한다.

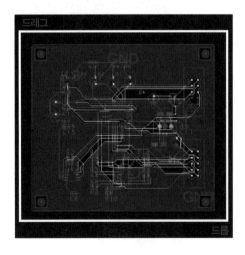
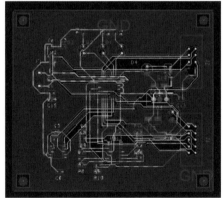

나. Reference의 방향을 동일하게 정렬한다.

A. 메뉴바에서 [Edit] > [Move] 또는 툴바에서 Move 아이콘( )을 클릭한 후 Find 창에서 [All off]를 선택하여 모두 보이지 않게 한 후 Text만 보이도록 체크한다. 실크 데이터는

TOP 면에 위치하므로 Visibility 창에서 BOTTOM 면이 보이지 않도록 Bottom의 All을
체크 해제한다.

B. 메뉴바에서 [Setup] 〉 [Grids...]
를 클릭하고 그리드를 [0.1]로 설
정한다.

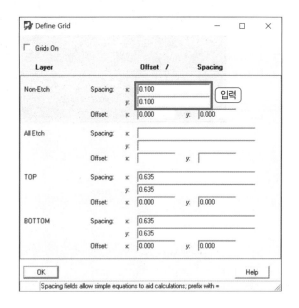

C. Reference를 클릭하여 정렬한다. Reference를 회전하고자 할 때는 Reference를 클릭한
후 MRB(마우스 오른쪽 버튼) 메뉴에서 [Rotate]를 클릭하여 다음 그림과 같이 정리한다.
실크 데이터가 부품의 패드나 배선과 겹치면 실격 처리되므로 겹치지 않도록 주의하자.

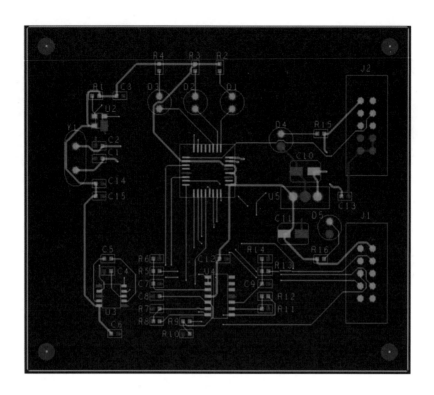

16) 보드명 기입

실크 데이터를 입력할 때 주의해야 할 사항은 각종 실크 데이터(Silk Data)와 패드가 겹치는 경우에 실크 데이터로 인해 납땜이 불안정하여 불량의 오류가 되고, 전기기능사 시험에서는 불합격 처리되므로 실크 데이터가 부품과 겹치지 않도록 입력한다.

■ PCB 설계(Layout) 흐름

[조건] 과제 2　PCB 설계(Layout)의 카.

카. 실크 데이터(Silk Data)
　　B. 다음의 내용을 보드 상단 중앙에 위치시킨다.
　　　(CONTROL BOARD)
　　　(line width: 0.25mm, height: 2mm)

가. Visibility 창을 다음과 같이 설정한다.

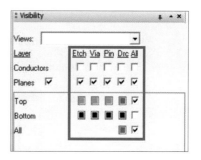

나. PCB Editor 프로그램에서 기본적으로 제공하는 Text Block을 검색하기 위해 메뉴바에서 **[Setup] 〉 [Design Parameters]**를 선택한 후 Text 탭을 클릭한다. 다음과 같이 Setup Test Size(...)를 클릭한다.

 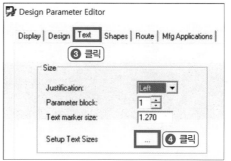

다. Text Setup 창에서 height가 2mm와 최대한 비슷한 텍스트 블록을 찾아서 Photo Width를 **[0.25]**, Height를 **[2]**로 수정한다. (문제에서 주어진 line width 값을 Text Setup 창에서는 Photo Width 값으로 설정한다.) 그리고 Char Space(글자 간격)에 **[0.05]**를 입력한 후 [OK]를 클릭한다. 수정한 텍스트 블록이 6번임을 기억하자.

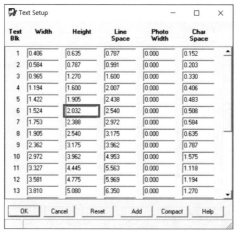 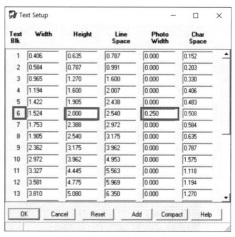

라. 보드명을 기입하기 위해 메뉴바에서 **[Add] 〉 [Text]**를 선택한다. Control Panel의 Option
창에서 Active Class and Subclass 부분을 **[Board Geometry]**, **[Silkscreen_Top]**으로 설
정한 후 Text Block을 **[6]**으로 설정한다. (Text just 부분을 중앙 정렬로 설정하여도 무관하다.)

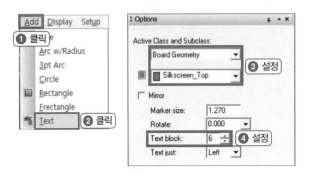

마. 보드 상단 중앙에 마우스 커서를 클릭한 후 보드명 **'CONTROL BOARD'**를 입력하고, F6을 눌
러서 작업을 완료한다.

바. 보드명 위치 수정

보드명의 위치 수정이 필요한 경우 메뉴바에서 **[Edit] 〉 [Move]**를 선택한다. Move 명령어 선
택 후 Control Panel의 Find 창에서 모든 아이템을 [All off] 후 [Text]만 선택하여 입력한 보
드명을 보드 상단 중앙의 적당한 위치로 이동하고, 키보드의 F6을 눌러서 작업을 완료한다.

17) Dimension 작성(치수 기입)

▣ PCB 설계(Layout) 흐름

프로그램 실행	부품 확인	환경 설정	Board Outline 작성	hole 삽입	grid 및 color 설정	부품 배치	Constraint (설계규약) 설정	배선	카 퍼	D R C	레퍼런스 정리	보드명 기입	**Dimension 작성 (치수 기입)**	드릴 파일 생성	거버 데이터 생성	거버 파일 인쇄
패드 디자이너			패드스택, 비아 생성													
라이브러리(풋프린트 심벌) 생성																
라이브러리 추가																

조건 과제 1 PCB 설계(Layout)의 마.

마. 보드

A. 사이즈: 80mm(가로)×70mm(세로)

(치수 보조선을 이용하여 보드 사이즈를 실크스크린 레이어에 표시한다.)**(실크스크린 이외의 레이어에 표시한 경우 실격 처리됨)**

B. 보드 외곽선의 모서리: 필렛(라운드) 처리

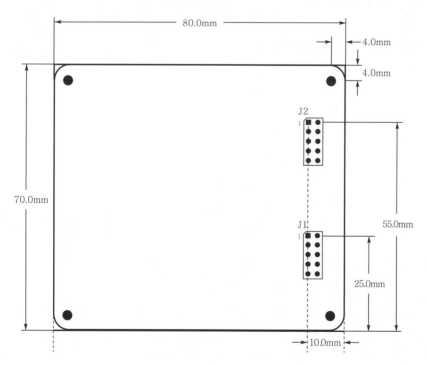

필렛을 적용한 보드 외곽선에 치수선 적용

Grid를 [1]로 설정하고 Grid On을 체크해서 그리드가 보이게 한 후 치수 보조선을 작성하면 편리하다.

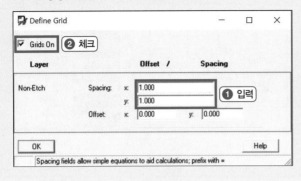

가. 단위 및 Text 크기, Line 크기 등을 설정

A. 메뉴바에서 [Manufacture] 〉 [Dimension Environment]를 선택한다. 단위 및 Text 크기 등을 설정하기 위해서 작업 창(디자인 창)에 커서를 두고 MRB(마우스 오른쪽 버튼) 메뉴에서 [Parameters]를 클릭한다.

B. Drafting Parameters 창의 General 탭에서 [Units:](단위)를 [Millimeters]로 설정한다.

C. Drafting Parameter 창의 Text 탭에서 Text block 크기 설정 및 Text 표시 단위 및 소수
점 자리를 설정할 수 있다.

[Text block:]을 보드 크기에 맞게 적절히(여기에서는 5로) 설정한다. Primary
dimensions 부분에서 Text 표시 Units(단위)를 [Milimeters]로 선택하고, Decimal
places:(소수점 자리)는 [1]로 설정하여 소수 첫째 자리까지 표시되도록 한다.

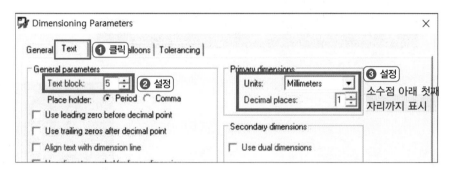

D. Drafting Parameter 창 Lines 탭에서 화살표 모양 및 크기를 설정하고 [OK]를 클릭한다.

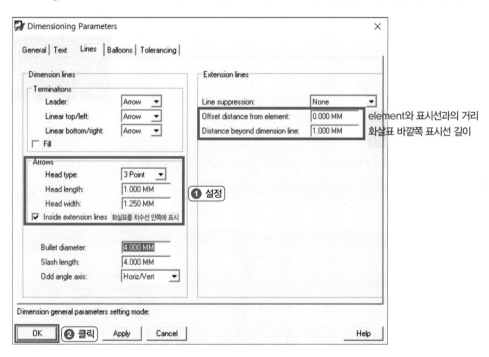

나. 치수 기입

A. 작업 창(디자인 창)에서 MRB(마우스 오른쪽 버튼) 메뉴의
[Linear Dimension]을 클릭한다.

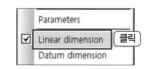

B. 조건에 기입된 치수 보조선을 참고하여 다음의 치수 기입 방법에 따라 원하는 Segment 를 클릭하면 측정된 값이 커서에 붙어 있는 것을 확인할 수 있으며, 적당한 위치에 클릭 하여 치수를 작성한다.

ㄱ. Grid를 확인하며 각 좌표를 클릭하여 작성

ㄴ. 부품과 좌표를 클릭하여 작성

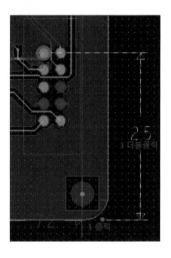

ㄷ. 화살표를 치수 보조선 밖에 표시되도록 할 때 MRB(마우스 오른쪽 버튼) 메뉴에서 **[Parameters]**를 클릭하고, Drafting Parameters 창의 Lines 탭에서 Arrows 부분의 Inside extension lines를 체크 해제한다.

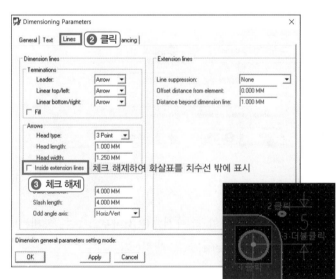

ㄹ. 그리드를 보이지 않도록 설정한 후 키보드의 F6을 누르거나 MRB(마우스 오른쪽 버튼)의 [Done]을 클릭해서 작업을 완료한다.

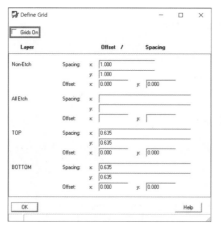 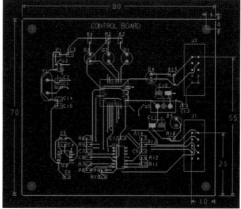

18) Dril file 생성(드릴 심벌 및 리스트 생성)

드릴 심벌 및 리스트를 생성한다.

▣ PCB 설계(Layout) 흐름

프로그램 실행	부품 확인	환경 설정	Board Outline 작성	hole 삽입	grid 및 color 설정	부품 배치	Constraint (설계규약) 설정	배선	카퍼	D R C	레퍼런스 정리	보드명 기입	Dimension 작성 (치수 기입)	드릴 파일 생성	거버 데이터 생성	거버 파일 인쇄
	패드 디자이너		패드스택, 비아 생성													
	라이브러리(풋프린트 심벌) 생성															
	라이브러리 추가															

[조건] [과제 2] **PCB 설계(Layout)의 하.**

하. PCB 제조에 필요한 데이터의 생성

A. 양면 PCB 제조에 필요한 데이터 파일을 모두 생성한다.

가. Drill Customization(드릴 최적화: 심벌 및 리스트 생성)

A. 메뉴바에서 [Manufacture] 〉 [NC] 〉 [Drill Customization] 또는 툴바에서 Ncdrill Customization 아이콘( )을 클릭한다.

B. Drill Customization 창이 뜨면 Drill symbol의 종류, 좌표, 홀수 등의 정보를 확인하고,
하단 중앙의 [Auto generate symbols]를 클릭하여 자동으로 Drill symbol을 생성한다.

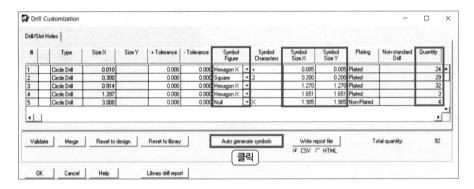

C. 드릴 심벌 생성 확인 창에서 [예]를 클릭한다.

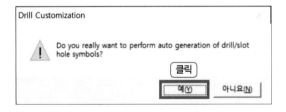

D. 변경된 사항을 확인하고 [OK]를 클릭한다.

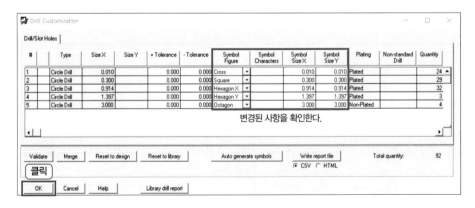

E. 최적화한 사항을 반영할 것인지를 묻는 창에서 [예]를 클릭한다.

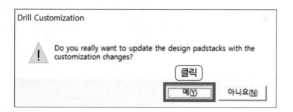

나. Drill Legend(드릴 범례 표 작성)

A. 메뉴바에서 [Manufacture] 〉 [NC] 〉 [Drill Legend] 또는 툴바에서 Ncdrill Legend 아이콘( )을 클릭한다.

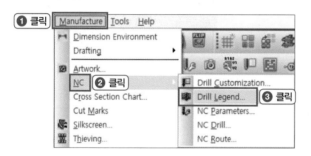

B. Drill Legend 창에서 Output Unit:을 [Millimeter]로 설정한다. (기본적으로 설정되어 있는 값으로 하여도 무방하며, 설계자가 임의로 DRIL CHART에서 Legend Title을 변경할 수 있다.) 기본 설정 완료 후 [OK]를 클릭한다.

C. 커서에 직사각형의 Legend(범례 표)가 붙
   어 있는 것을 확인할 수 있으며, Board 아
   래쪽에 클릭하여 배치한다. (Board 위쪽에
   배치해도 됨)

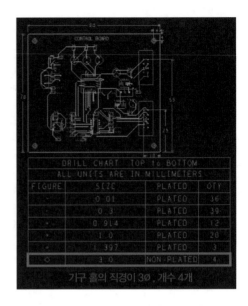

다. Drill parameters(드릴 변수 설정)

A. Drill 좌표 데이터에 대한 변수를 설정하기
   위해 메뉴바에서 [Manufacture] 〉 [NC] 〉
   [NC Parameters]를 선택하거나 툴바에서
   Ncdrill Param 아이콘( )을 클릭한다.

B. NC Parameters 창이 뜨면 그림과 같
   이 Format은 [3.5]로, Output units는
   [Metric]으로 설정하고 [Leading zero
   suppression] 및 [Enhanced Excellon
   format]을 체크한 후 Close를 클릭하여
   창을 닫는다.

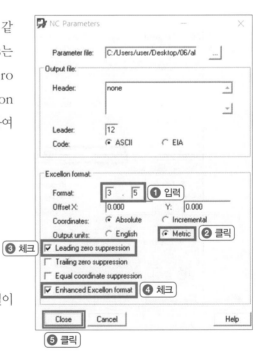

C. allegro 폴더에 [ns_param.txt] 파일이
   생성된 것을 확인할 수 있다.

라. Drill 파일 생성

A. 메뉴바에서 [Manufacture] 〉 [NC] 〉 [NC
Drill]을 선택한다.

B. NC Drill File을 생성할 수 있는 창에서 기본적으로 설정되어 있는 값으로 하여도 무방하며,
설계에 따라 Option들을 적절히 체크하고 [Drill]을 클릭하여 DATA를 생성한다.

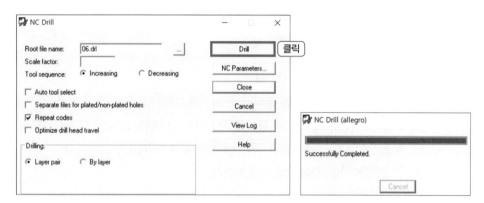

C. NC Drill 창 하단에 [NC Drill Complete] 메시지가 뜨면 F6을 누르거나 [Close]를 클릭
하여 창을 닫는다.

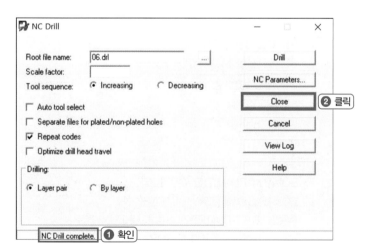

D. 06-1-2.drl 파일이 allegro 폴더에 생긴 것을 확인할 수 있다.

19) 거버 데이터(Artwork Files) 생성

PCB Board를 제작하기 위해서는 거버 파일이 필요하다. 거버 파일 각 Layer에 필요한 Artwork Film 요소를 기억하자.

▣ PCB 설계(Layout) 흐름

프로그램 실행	부품 확인	환경 설정	Board Outline 작성	hole 삽입	grid 및 color 설정	부품 배치	Constraint (설계규약) 설정	배선	카퍼	DRC	레퍼런스 정리	보드명 기입	Dimension 작성 (치수 기입)	드릴 파일 생성	거버 데이터 생성	거버 파일 인쇄
			패드 디자이너	패드스택, 비아 생성												
			라이브러리(풋프린트 심벌) 생성													
			라이브러리 추가													

조건 과제 2 PCB 설계(Layout)의 하.

하. PCB 제조에 필요한 데이터의 생성

A. 양면 PCB 제조에 필요한 데이터 파일(거버 데이터(RS274-X) 등)을 모두 생성한다.

B. 이동식 저장장치에 작업한 폴더를 저장하여 감독위원 PC로 이동한다. (파일 제출 후 작품 수정 시에는 부정행위자로 간주하여 실격 처리됨)

C. 감독위원이 입회하에 작품을 출력한다.

Layer	Artwork Film 요소
TOP	ETCH/TOP PIN/TOP VIA CLASS/TOP BORAD GEOMETRY/OUTLINE
BOTTOM	ETCH/BOTTOM PIN/BOTTOM VIA CLASS/BOTTOM BORAD GEOMETRY/OUTLINE
SST (Silkscreen_Top)	BORAD GEOMETRY/SILKSCREEN_TOP BORAD GEOMETRY/OUTLINE BORAD GEOMETRY/DIMENSION PACKAGE GEOMETRY/SILKSCREEN_TOP REFDES/SILKSCREEN_TOP

SMT (Soldermask_Top)	BORAD GEOMETRY/OUTLINE PIN/SOLDERMASK_TOP VIA CLASS/SOLDERMASK_TOP
SMB (Soldermask_Bottom)	BORAD GEOMETRY/OUTLINE PIN/SOLDERMASK_BOTTOM VIA CLASS/SOLDERMASK_BOTTOM
DRD (Drill_Data)	BORAD GEOMETRY/OUTLINE MANUFACTURING/NCLEGEND−1−2

가. 메뉴바에서 [Manufacture] 〉 [Artwork] 또는 툴바에서 Artwork 아이콘( )을 선택한다.

나. Artwork Control Form 창의 General Parameters 탭에서 Device type을 [Gerber RS274X]로, Output units를 [Millimeters]로, Format의 Integer places:를 [5]로 입력한다.

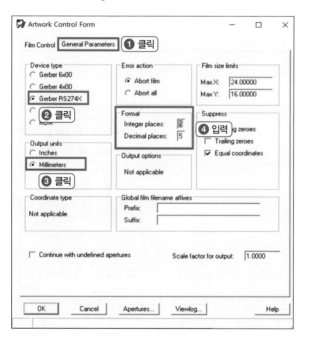

Device type:
문제에서 RS274−X로 조건이 정해짐

Output units:
거버 파일의 단위를 밀리미터로 정함

Format
Integer places: 정수 부분 자리수
Decimal places: 소수점 아래 자리수

다. Artwork Film을 생성하기 위해 Film Control 탭을 선택
한다. 기본적으로 Etch Subclass가 있는 부분(배선이 있는
부분)은 Film이 기록되어 있는 것을 확인할 수 있다.

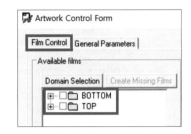

라. Artwork control Form 창을 닫지 않은 상태에서 TOP, BOTTOM의 필름 요소들을 수정하
고, Silkscreen_Top, Soldermask_Top, Soldermask_Bottom, Drill draw 등 새로운 필
름을 생성한다.

A. TOP

TOP Layer의 Artwork Film Subclass(하위 요소)에 BORAD GEOMETRY/OUTLINE
요소가 누락되었으므로 추가한다.

- ETCH/BOTTOM
- PIN/BOTTOM
- VIA CLASS/BOTTOM
- BORAD GEOMETRY/OUTLINE → 추가

ㄱ. TOP 폴더를 열어서 TOP Layer의 Artwork Film
하위 요소에 BORAD GEOMETRY/OUTLINE
요소가 누락된 것을 확인한다.

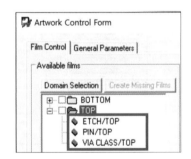

ㄴ. TOP Layer 하위 요소에 BORAD GEOMETRY/
OUTLINE 요소를 추가하기 위해 TOP 면 하위 요
소 중 하나 위에서 MRB(마우스 오른쪽 버튼) 메뉴
의 [Add]를 클릭한다.

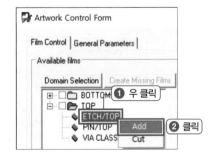

ㄷ. Subclass Selection(하위 요소 선택) 창에서 BORAD GEOMETRY의 [OUTLINE]을
체크하고 [OK]를 클릭하거나 엔터(Enter↵)를 누른다.

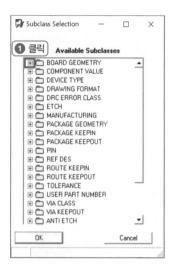
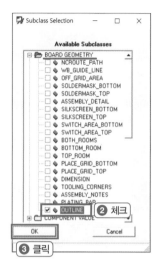

ㄹ. TOP Layer의 Artwork Film 하위 요소에
BORAD GEOMETRY/OUTLINE 요소가 추가
된 것을 확인한다.

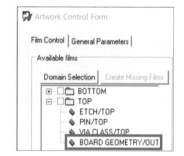

ㅁ. TOP 폴더명 위에 마우스 커서를 올리고 MRB(마우스 오른쪽 버튼) 메뉴의 [Display
for Visibility]를 클릭하면 작업 창(디자인 창)에 BORAD GEOMETRY/OUTLINE
요소가 추가된 TOP 면이 보인다.

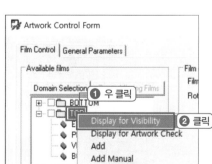
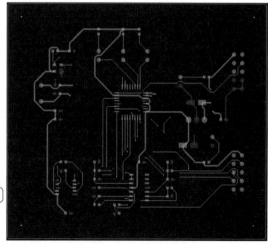

B. BOTTOM

BOTTOM Layer의 Artwork Film Subclass(하위 요소)에 BORAD GEOMETRY/OUTLINE 요소가 누락되었으므로 추가한다.

- ETCH/TOP
- PIN/TOP
- VIA CLASS/TOP
- BORAD GEOMETRY/OUTLINE → 추가

ㄱ. BOTTOM 폴더를 열어서 BOTTOM 면의 Artwork Film 하위 요소에 BORAD GEOMETRY/OUTLINE 요소가 누락된 것을 확인한다.

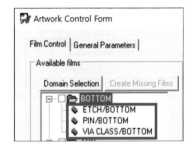

ㄴ. BOTTOM Layer 하위 요소에 BORAD GEOMETRY/OUTLINE 요소를 추가하기 위해 BOTTOM 면 하위 요소 중 하나 위에서 MRB(마우스 오른쪽 버튼) 메뉴의 [Add]를 클릭한다.

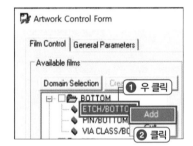

ㄷ. Subclass Selection(하위 요소 선택) 창에서 BORAD GEOMETRY의 OUTLINE을 체크하고 [OK]를 클릭하거나 엔터(Enter↵)를 누른다.

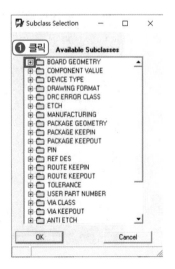
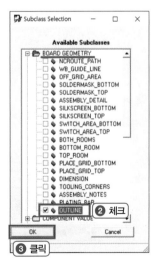

ㄹ. BOTTOM Layer의 Artwork Film 하위 요소에 BORAD GEOMETRY/OUTLINE 요소가 추가된 것을 확인한다.

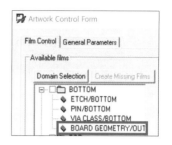

ㅁ. BOTTOM 폴더에 마우스 커서를 올리고 MRB(마우스 오른쪽 버튼) 메뉴의 [Display for Visibility]를 클릭하면 작업 창(디자인 창)에 BORAD GEOMETRY의 OUTLINE 요소가 추가된 현재 BOTTOM 면 Film의 결과가 보인다.

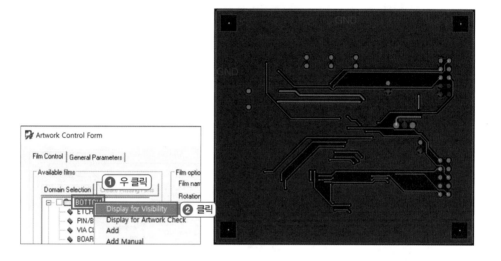

C. SST(Silkscreen_Top)

치수 보조선을 반드시 Silkscreen_TOP 면에 작성하도록 한다. 치수 보조선을 다른 영역에 작성하면 불합격 처리됨을 유의한다.

ㄱ. SST 면을 추가한다.

Artwork Control Form 창의 Film Control 탭에서 Available films 부분의 **[TOP]**을 클릭한 후 MRB(마우스 오른쪽 버튼) 메뉴의 **[Add]**를 클릭한다. 추가할 필름명 **[SST]**를 기입한 후 [OK]를 클릭한다.

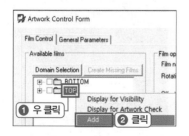

ㄴ. 메뉴바에서 [Display] 〉 [Color Visibility] 또는 Color 아이콘( )을 클릭한다. 오른쪽 상단 Global Visibility의 [Off]를 클릭하여 모든 Class 및 Subclass를 보이지 않도록 설정한다. ([Apply]를 클릭하여 확인 가능) 확인 창에서 [예]를 클릭한다.

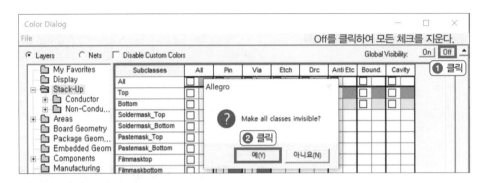

ㄷ. Color Dialog 창에서 다음 내용의 Subclasses를 체크한 후 Display를 하기 위해 [Apply]를 클릭하여 작업 창(디자인 창)을 확인한다.

– Board Geometry의 Subclass에서 Outline, Dimension, Silkscreen_Top을 체크
– Package Geometry의 Subclasses에서 Silkscreen_Top을 체크
– Components의 RefDes 부분의 Silkscreen_Top을 체크

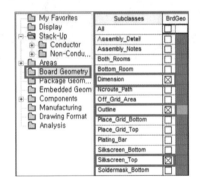 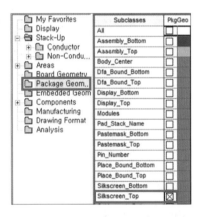

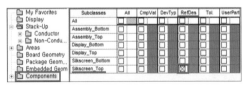 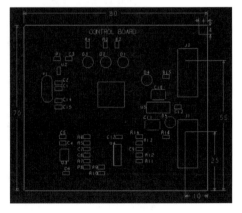

ㄹ. 작업 창(디자인 창)에 보이는 것과 같은 SST 필름의 하위 요소를 생성하기 위해 Artwork Control Form 창의 Film Control 탭에서 Available films 부분의 [SST]를 클릭한 후 MRB(마우스 오른쪽 버튼) 메뉴의 [Match Display]를 클릭한다. SST의 하위 요소 생성 결과를 확인한다.

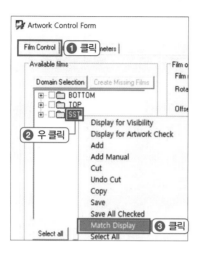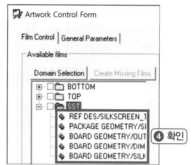

D. SMT(Soldermask_Top)

ㄱ. SMT 면을 추가한다.

Artwork Control Form 창의 Film Control 탭에서 Available films 부분의 [SST]를 클릭한 후 MRB(마우스 오른쪽 버튼) 메뉴의 [Add]를 클릭한다. 추가할 필름명 [SMT]를 기입한 후 [OK]를 클릭한다.

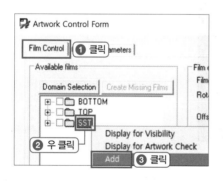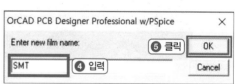

ㄴ. 메뉴바에서 [Display] > [Color Visibility] 또는 Color 아이콘(▦)을 클릭한다. 오른쪽 상단 Global Visibility의 [Off]를 클릭하여 모든 Class 및 Subclass를 보이지 않도록 설정한다. ([Apply]를 클릭하여 확인 가능) 확인 창에서 [예]를 클릭한다.

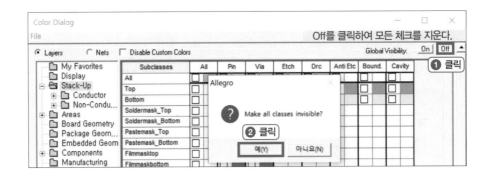

ㄷ. Color Dialog 창에서 다음 내용의 Subclasses를 체크한 후 Display를 하기 위해 [Apply]를 클릭하여 작업 창(디자인 창)을 확인한다.

– Stack-Up의 Subclass에서 Soldermask_Top의 Pin, Via를 체크
– Board Geometry의 Subclass에서 Outline을 체크

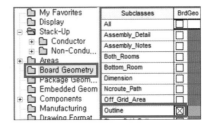

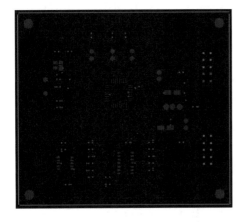

ㄹ. 작업 창(디자인 창)에 보이는 것과 같은 SMT 필름의 하위 요소를 생성하기 위해 Artwork Control Form 창의 Film Control 탭에서 Available films 부분의 [SMT] 를 클릭한 후 MRB(마우스 오른쪽 버튼) 메뉴의 [Match Display]를 클릭한다. SMT의 하위 요소 생성 결과를 확인한다.

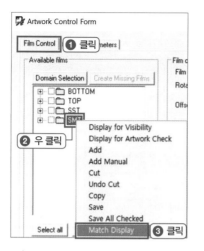

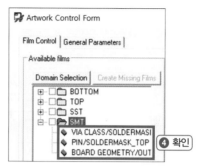

E. SMB(Soldermask_Bottom)

ㄱ. SMB 면을 추가한다.

Artwork Control Form 창의 Film Control 탭에서 Available films 부분의 [SMT]를 클릭한 후 MRB(마우스 오른쪽 버튼) 메뉴의 [Add]를 클릭한다. 추가할 필름명 [SMB]를 기입한 후 [OK]를 클릭한다.

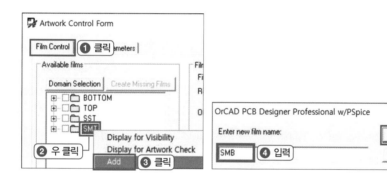

ㄴ. 메뉴바에서 [Display] 〉 [Color Visibility] 또는 Color 아이콘( )을 클릭한다. 오른쪽 상단 Global Visibility의 [Off]를 클릭하여 모든 Class 및 Subclass를 보이지 않도록 설정한다. ([Apply]를 클릭하여 확인 가능) 확인 창에서 [예]를 클릭한다.

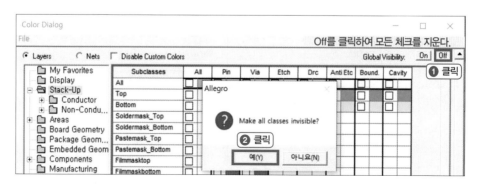

ㄷ. Color Dialog 창에서 다음 내용의 Subclasses를 체크한 후 Display를 하기 위해 [Apply]를 클릭하여 작업 창(디자인 창)을 확인한다.

- Stack-Up의 Subclass에서 Soldermask_Bottom의 Pin, Via를 체크
- Board Geometry의 Subclass에서 Outline을 체크

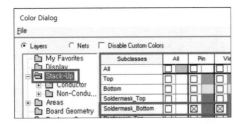
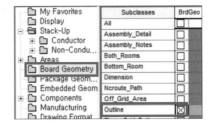

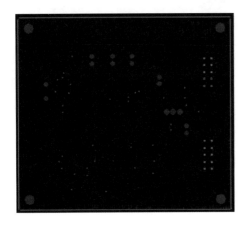

ㄹ. 작업 창(디자인 창)에 보이는 것과 같은 SMB 필름의 하위 요소를 생성하기 위해 Artwork Control Form 창의 Film Control 탭에서 Available films 부분의 [SMB]를 클릭한 후 MRB(마우스 오른쪽 버튼) 메뉴의 [Match Display]를 클릭한다. SMB의 하위 요소 생성 결과를 확인한다.

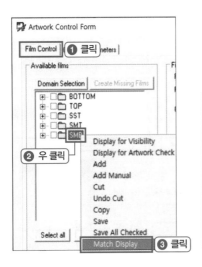
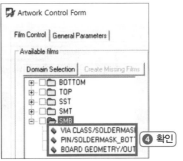

F. DRD(Drill_draw)

ㄱ. DRD 면을 추가한다.

Artwork Control Form 창의 Film Control 탭에서 Available films 부분의 **[SMB]**를 클릭한 후 MRB(마우스 오른쪽 버튼) 메뉴의 **[Add]**를 클릭한다. 추가할 필름명 **[DRD]**를 입력한 후 [OK]를 클릭한다.

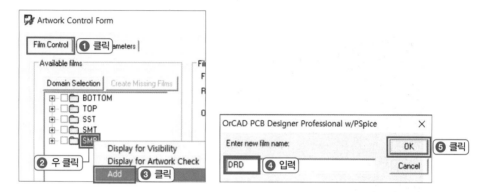

ㄴ. 메뉴바에서 **[Display]** 〉 **[Color Visibility]** 또는 Color 아이콘( )을 클릭한다. 오른쪽 상단 Global Visibility의 **[Off]**를 클릭하여 모든 Class 및 Subclass를 보이지 않도록 설정한다. ([Apply]를 클릭하여 확인 가능) 확인 창에서 [예]를 클릭한다.

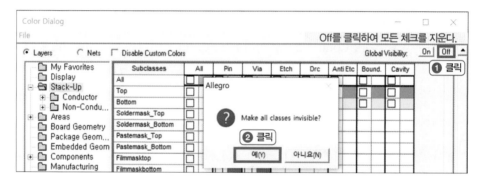

ㄷ. Color Dialog 창에서 다음 내용의 Subclasses를 체크한 후 Display를 하기 위해 [Apply]를 클릭하여 작업 창(디자인 창)을 확인한다.

- Board Geometry의 Subclasses에서 Outline을 체크
- Manufacturing Subclasses에서 NClegend-1-2를 체크

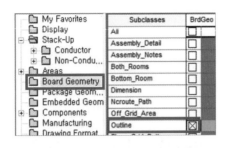

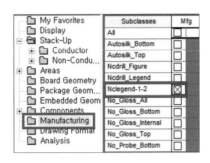

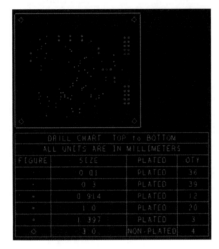

ㄹ. 작업 창(디자인 창)에 보이는 것과 같은 DRD 필름의 하위 요소를 생성하기 위해 Artwork Control Form 창의 Film Control 탭에서 Available films 부분의 [DRD]를 클릭한 후 MRB(마우스 오른쪽 버튼) 메뉴의 [Match Display]를 클릭한다. DRD의 하위 요소 생성 결과를 확인한다.

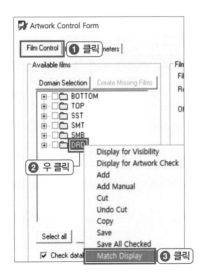

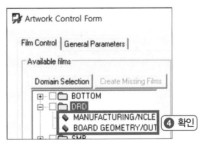

마. 거버 파일의 Undefined line width 설정

만약 두께가 설정되지 않은 Line이 있을 경우에 필름이 출력되지 않으므로 각 필름(TOP, BOTTOM, SST, SMT, SMB, DRD)의 Film options에서 Undefined line width 부분에 [0.15]를 입력한다.

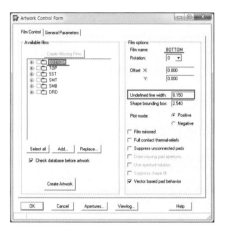
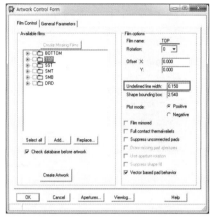

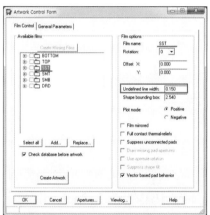
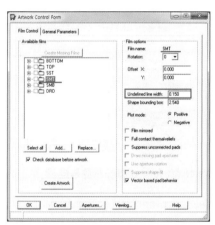

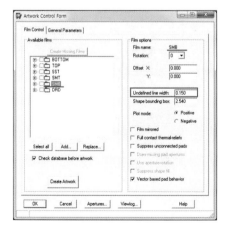
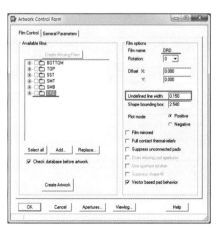

바. Gerber Film 생성

A. 모든 Film의 체크박스를 선택하기 위해 [Select all]을 클릭한다.

B. 선택 후 Artwork Film을 생성하기 위해 [Create Artwork]를 클릭한다.

C. Artwork Film이 생성되면 팝업 창 하단 부분에 [Plot generated] 메시지가 뜨면, [OK]를 클릭하여 완료한다.

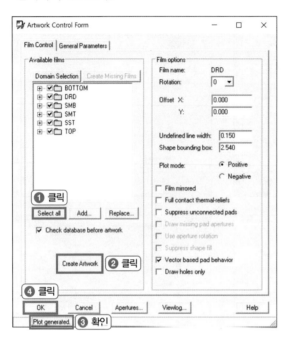

 Create Artwork 시 에러 해결 방법

1. [Create Artwork] 실행 중 Error 메시지가 발생하면 메뉴바에서 [Tools] 〉 [Database Check]를 클릭하여, 다음 그림과 같이 Update all DRC, Check shape outlines 체크박스를 선택한 후 [Check]를 클릭한다.

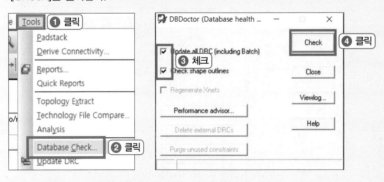

2. 다시 [Create Artwork] 버튼을 클릭한다.

D. Gerber Film 확인하기

우측 Control Panel의 Visibility 창의 Views 콤보박스에서 각 필름을 클릭하면 작업 창
(디자인 창)에 생성된 Film이 보인다.

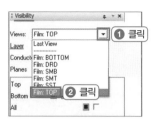

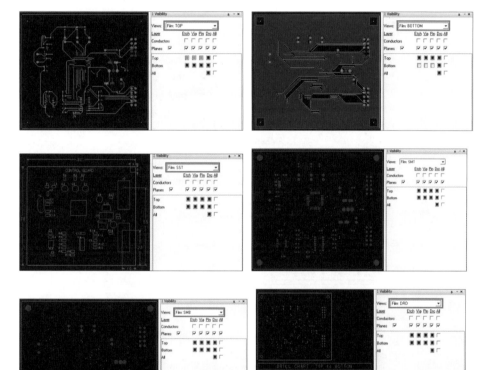

사. Gerber File을 USB에 옮긴다.

생성된 거버 파일(TOP.art, BOTTOM.art, SST.art, SMT.art, SMB.art, DRD.art)을 복사
하여 USB에 붙인다. 이렇게 PCB 설계(Layout) 결과 생성된 6장의 필름인 거버 파일을 이용
하고, SMT를 운용하여 PCB 보드를 제작할 수 있다.

A. 바탕화면\06\allegro 폴더에서 *.art 파일을 선택하고, MRB(마우스 오른쪽 버튼) 메뉴의
[복사]를 클릭한다.

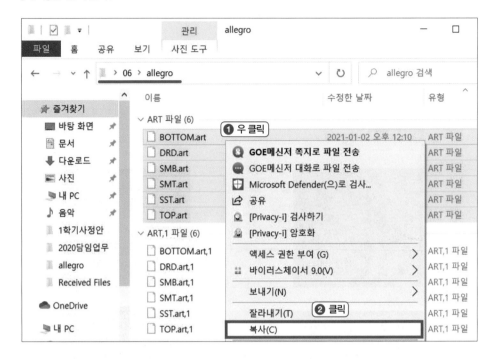

B. USB 폴더에서 MRB(마우스 오른쪽 버튼) 메뉴의 [붙여넣기]를 클릭한다.

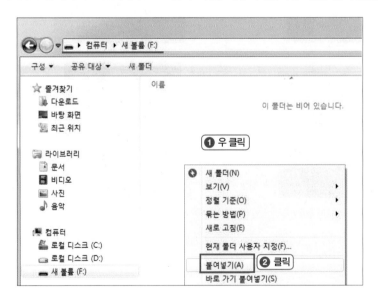

20) Gerber File 인쇄하기

■ PCB 설계(Layout) 흐름

프로그램 실행	부품 확인	환경 설정	Board Outline 작성	hole 삽입	grid 및 color 설정	부품 배치	Constraint (설계규약) 설정	배선	카퍼	DRC	레퍼런스 정리	보드명 기입	Dimension 작성 (치수 기입)	드릴 파일 생성	거버 데이터 생성	거버 파일 인쇄

패드 디자이너 / 패드스택, 비아 생성

라이브러리(풋프린트 심벌) 생성

라이브러리 추가

조건 과제 2 PCB 설계(Layout)의 하.

하. PCB 제조에 필요한 데이터의 생성

B. 이동식 저장장치에 작업한 폴더를 저장하여 감독위원 PC로 이동한다. **(파일 제출 후 작품 수정 시에는 부정행위자로 간주하여 실격 처리됨)**

C. 감독위원이 입회하에 작품을 출력한다.

D. 수험자가 전자 회로도와 PCB 제조에 필요한 데이터 파일(거버 데이터 등)을 실물 (1:1)과 같은 크기로 출력한다. **(실물과 다르게 출력한 경우 실격 처리됨)**

가. 프린터로 인쇄하려면 메뉴바에서 **[File] 〉 [Plot Setup]**을 선택하여 다음과 같이 설정한다.

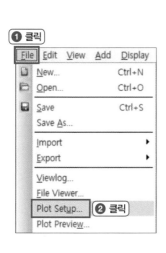

나. 우측 Control Panel의 Visibility 창의 Views 콤보박스에서 각 필름을 선택하고, 메뉴바에서 [File] 〉 [Plot Preview]를 선택하여 미리보기를 한 후, [Close]를 클릭하여 작업 창(디자인 창)으로 복귀한다.

다. 메뉴바에서 [File] 〉 [Plot]을 선택하여 프린터로 출력한다.

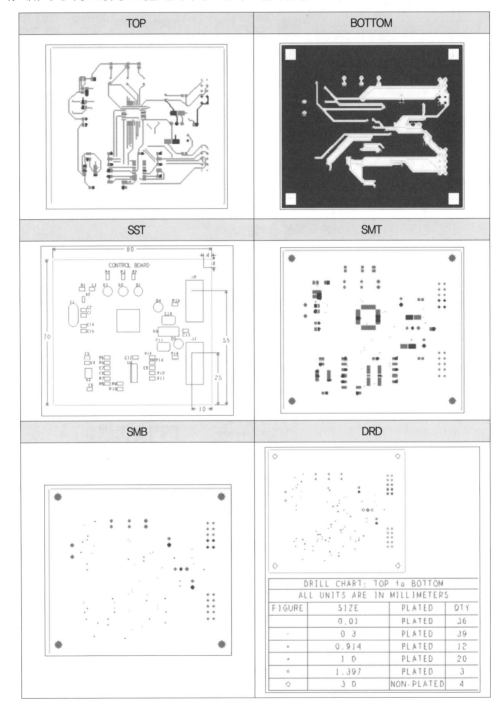

부록

Craftman Electronic CAD

부록

I 확장자명(∗.opj, ∗dsn, ∗.olb, ∗.drc, ∗.brd, ∗.dra, ∗.art)

1. ∗.opj (OrCAD Project file)

– 디자인 파일(∗.dsn), 라이브러리 파일(∗.olb), 디자인 룰 체크 파일(∗.drc) 등 OrCAD Capture 프로그램에서 작업한 모든 파일의 정보가 저장되는 파일이다.

– OrCAD Capture 프로그램에서 프로젝트를 생성하면 생기는 파일이다.

2. ∗.dsn (OrCAD Design file)

– 회로 도면과 그 도면에 사용된 부품의 경로가 저장되는 디자인 파일이다.

3. ∗.olb (OrCAD Library file)

– 부품(파트)의 정보가 저장되는 파일이다.

4. ∗.drc (Design Rule Check file)

– 전기적인 규칙, 물리적인 규칙 등의 검사 결과가 저장되는 파일이다.

– DRC를 하면 생기는 파일이다.

5. ∗.brd (Board design file, Netlist file, 보드 파일)

– 핀과 핀 간의 연결 정보와 Footprint 정보를 담고 있는 파일이다.

– 도면 작성의 결과임과 동시에 PCB Editor 프로그램이나 시뮬레이션 프로그램에서 입력 데이터로 사용되는 파일이다.

– PCB Editor 프로그램에서 작업하는 모든 정보가 저장되는 파일이다.

6. ∗.dra (풋프린트 심벌 라이브러리 파일)

– Footprint(풋프린트) 심벌 정보가 저장되는 라이브러리 파일이다.

7. *.art (artwort file)

- OrCAD 회로 설계의 최종 목적 파일이다.

- 거버 파일이라고 불린다.

- PCB 제작 업체에서 이 파일들을 가지고 PCB 기판을 생산한다.

Ⅱ　OrCAD Capture 프로그램 단축키

1. P –부품 심벌 불러오기

2. R – 부품 회전

3. H – 부품 수평 대칭

4. W – 배선

5. F4 – 자동 배선(같은 배선을 복사해서 그리드 하나 아래에 배선)

6. Shift – 사선 배선

7. G – 파워, GND 등의 심벌 불러오기

Ⅲ　PCB Editor 프로그램 단축키

1. F2 – 현재 보이는 작업 창(디자인 창)의 크기에 맞춰서 보드의 크기 조정

2. Ctrl + 마우스 휠 UP – 화면 확대

3. Ctrl + 마우스 휠 DOWN – 화면 축소

4. + – TOP 면 BOTTOM 면 변경

Ⅳ　OrCAD Capture 프로그램에서 필요한 창 불러오기

1. 툴바

– 메뉴바에서 [View] 〈 [Toolbar] 〉 [Draw]를 클
릭한다.

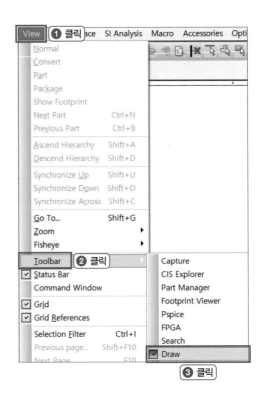

2. 타이틀 블록

Title	CONTROL BOARD		
Size	Document Number		Rev
A4	ELECTRONIC CAD, 2021.01.01		1.0
Date:	Friday, January, 1, 20XXX1	Sheet 1 of 1	

– 메뉴바에서 [Place] 〉 [Title Block]을 클릭한다.

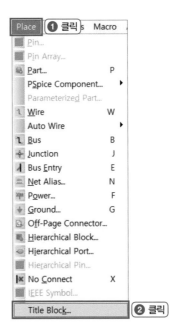

V | PCB Editor프로그램에서 Option, Find, Visibility 창을 보이게 하는 방법

– 메뉴바의 [View] 〉[Windows]에서 [Option] 또는 [Find] 또는 [Visibility]를 클릭한다.

VI | 부품정보(부품명, 회로 심벌, Part 이름, Footprint 이름, Footprint 심벌) 예시

[Part 이름]은 OrCAD Capture 프로그램에서 부품을 불러올 때 쓰이는 이름이다.

부품명	회로 Symbol	Part 이름	Footprint 이름	Footprint Symbol
저항 (DIP Type)	R1 1K	RESISTOR	RES400	
저항 (SMD Type)	R1 1K	RESISTOR	SMR0603	
커패시터 (DIP Type, 극성 없음)	C1 20pF	CAP NP	CAP300	
콘덴서 (DIP Type, 극성 있음)	C1 CAP POL	CAP POL	CAP196	

부품명	회로 Symbol	Part 이름	Footprint 이름	Footprint Symbol
콘덴서 (SMD Type, 극성 없음)	C1 20pF	CAP NP	SMP0603	
LED (DIP Type, 극성 있음)	D2 LED	DIODE	CAP196	
LED (SMD Type, 극성 있음)	D1 LED	DIODE	SML0805	
트랜지스터	Q1 C1815	NPN ECB	TO92	
가변저항	R3 RESISTOR VAR 2	RESISTOR VAR	RESADJ	
푸시버튼 스위치 (DIP Type)	SW1 SW PUSHBUTTON	SW PUSH	CAPCK05 (100mil)	
푸시버튼 스위치 (DIP Type)	SW1 SW PUSHBUTTON	SW PUSH	CAPCK06 (200mil)	
제너다이오드	D1 DIODE ZENER	DIODE ZENER	DO41	
크리스털	Y1 CRYSTAL	CRYSTAL	CRY*	*

부품명	회로 Symbol	Part 이름	Footprint 이름	Footprint Symbol
LM2902		LM2902	SOIC14	
LM7805		LM7805C/TO3	TO220AB	
MIC811		MIC811	SOT143	
* 데이터시트에서 핀 간격이 7.62(3mil)인 IC	*	*	DIP10_3 DIP14_3 DIP *_*	*

Ⅶ 꿀팁 Index

참고문헌

- 2020년 기능사 3회부터 시행[공개문제] 전자캐드기능사.pdf. www.q-net.or.kr

- PCB 개발 및 SMT 운용

- OrCAD PCB 설계. 김동룡 류기주 저. 성안당.

- Allegro OrCAD PCB Designer를 이용한 PCB 설계. 허찬욱, 차태호, 정영훈, 이태현, 유수일 공저. 복두출판사

- Allegro OrCAD. 김종오, 안태원, 박현찬 저. 복두출판사

- 말비노의 전자회로. Albert Paul Malvino. 교보문고

- 숨마쿰라우데 중학수학 1-상, ㈜이룸이앤비

- 개념원리 중학수학 1-1, ㈜개념원리

전자캐드기능사 실기

2021. 6. 23. 1판 1쇄 인쇄
2021. 7. 2. 1판 1쇄 발행

지은이 | 최미선
펴낸이 | 이종춘
펴낸곳 | **BM** ㈜도서출판 **성안당**
주소 | 04032 서울시 마포구 양화로 127 첨단빌딩 3층(출판기획 R&D 센터)
10881 경기도 파주시 문발로 112 파주 출판 문화도시(제작 및 물류)
전화 | 02) 3142-0036
031) 950-6300
팩스 | 031) 955-0510
등록 | 1973. 2. 1. 제406-2005-000046호
출판사 홈페이지 | www.cyber.co.kr
ISBN | 978-89-315-5062-7 (13000)
정가 | 23,000원

저자와의
협의하에
검인생략

이 책을 만든 사람들
책임 | 최옥현
진행 | 최창동
본문 디자인 | 인투
표지 디자인 | 박원석
홍보 | 김계향, 유미나, 서세원
국제부 | 이선민, 조혜란, 김혜숙
마케팅 | 구본철, 차정욱, 나진호, 이동후, 강호묵
마케팅 지원 | 장상범, 박지연
제작 | 김유석